TROISIÈME ÉDITION

LES
CAUSES CÉLÈBRES
DE L'ANGLETERRE

PAR

J. D. LEWIS

ANCIEN MEMBRE DE LA CHAMBRE DES COMMUNES

MAGISTRAT ANGLAIS

PARIS. CHARAVAY FRÈRES, ÉDITEURS

4, RUE DE FURSTENBERG

1884

[illegible]

[illegible]

[illegible]

[illegible]

LES CAUSES

CÉLÈBRES

DE L'ANGLETERRE

LES CAUSES CÉLÈBRES

DE L'ANGLETERRE

PAR

J. D. LEWIS

ANCIEN MEMBRE DE LA CHAMBRE DES COMMUNES

MAGISTRAT ANGLAIS

PARIS, CHARAVAY FRÈRES, ÉDITEURS

4, rue de Furstenberg.

1884

LES GLOIRES

CÉLÈBRES

DE L'ANTIQUITÉ

AVANT-PROPOS

Dans ce livre, j'ai essayé de raconter sommairement quelques-uns des procès célèbres de l'Angleterre. A l'exception de celui de Palmer, l'empoisonneur, je les crois à peu près inconnus en France.

Quoique n'offrant au lecteur que des résumés de ces causes retentissantes, je puis l'assurer que ces résumés ont été faits, comme dit La Bruyère « de première main », c'est-à-dire sur la foi de documents originaux et contemporains des faits.

Avant de combattre à la Chambre des Communes des projets de loi tendant à l'abolition de la peine de mort, (ce que j'ai eu l'honneur de faire avec succès, à deux reprises, en 1869 et 1872) j'avais cru de mon devoir d'étudier de près les grands crimes et les fameux criminels, et à cet effet, de me procurer, à chaque occasion qui se présentait, des vieux livres de procès, des brochures, et autres écrits se rapportant aux causes principales du passé, en sorte que, peu à peu, une petite collection dans ce genre s'était formée sur les rayons de ma bibliothèque. C'est cette collection qui m'a inspiré l'idée du livre que voici.

Les mots « peine de mort » viennent de tomber de ma plume. Certes, ce n'est pas ici le lieu de s'étendre sur ce sujet tant discuté, mais qu'on me permette deux ou trois observations, en passant, qui m'ont été suggérées par un article récemment paru dans un journal de Paris. D'autant plus que probablement je n'aurais pas songé à faire ce livre, si ce n'eût été dans l'espérance qu'il pourrait fournir un léger appui aux hommes de réflexion, qui estiment que les intérêts de la société comptent pour quelque chose et que ceux de l'assassin doivent leur être subordonnés.

La peine capitale est à peu près supprimée en France, grâce à la seule volonté de M. Grévy, dont personne ne mettra en doute les bonnes intentions. Mais on a dit que le chemin de l'enfer est pavé de bonnes intentions, et il est

à craindre que celles de M. le Président n'aient
facilité le passage de vie à trépas de plus d'un
innocent, qui, sous un chef d'Etat *mal inten-
tionné*, serait encore de ce monde. A la place
de la Roquette on a substitué la Nouvelle-Calé-
donie, pays dont le climat vaut bien celui de
la France, et qui produit la vigne, le cocotier
et les cannes à sucre. Les assassins ne jouent
plus leurs têtes, c'est le mal de mer qu'ils doivent principalement redouter : on ne les re-
tranche plus du nombre des humains, mais de
celui des Parisiens : on en fait ce que des milliers de vertueux Anglais, Irlandais, Allemands deviennent tous les ans, de leur propre
gré, des colons. A moins, toutefois, qu'ils
n'aient eu la malencontreuse idée de s'attaquer
à leur père ou à leur mère, ce qui leur porte
quelquefois malheur, (*) l'épouse et les enfants
ne comptant pas.

(*) Cela était vrai au temps où j'écrivais ces lignes. On venait
précisément d'immoler en public — à Versailles, il me semble — un
malheureux égaré de cette espèce. Mais, depuis lors, la clémence
présidentielle a fait le seul pas qui lui restait à faire et, maintenant,
le parricide n'a pas plus à craindre que ses confrères. Dans la ville
que j'habite en ce moment, (Bordeaux) un jeune condamné à mort
a eu sa peine commuée dernièrement. Il avait tué sa mère dans des
circonstances horribles : il avait ensuite dépecé le cadavre, et jeté
les morceaux dans un puits.

La déportation ! voilà un mot qui tinte désagréablement aux oreilles d'un honnête homme. Mais il ne s'agit ici, ni de mots, ni d'honnêtes gens : de quelle façon les classes criminelles envisagent-elles la chose ? Après un certain temps, on jouira d'une liberté conditionnelle là-bas, on reverra ses amis, on se mariera, on établira un petit commerce, on fera fortune, sauf à revenir en France, pour y jouer le gentleman. Si ce n'est pas là positivement l'avenir qui attend notre *escarpe*, c'est, à coup sûr, celui sur lequel il compte. Voyez ce que raconte à ce sujet M. Grison dans l'article du *Figaro* dont je viens de parler.

« Savez-vous ce qu'a dit Foullois, quand on l'a arrêté ? — Peuh ! j'aime les voyages. Ça m'amusera de passer la mer !

Et le *Rouquin*, l'assassin du boulevard Rochechouart ? — J'ai des amis à *la Nouvelle*. J'irai leur serrer la main.

Et Bistor, l'assassin de la rue de Charenton ? — On ne guillotine plus, et puis je suis trop jeune. Je vais apprendre l'anglais pour faire fortune là-bas.

Et Napoléon, et Grosjean, et Robert ? — Le *père Grévy* (pardon, mais ce sont eux qui parlent) le père Grévy ne nous laissera pas couper le cou. Il nous paiera un voyage d'agrément (1). »

Et il existe des gens assez simples pour se figurer qu'une perspective aussi riante sera de nature à restreindre des monstres, tels qu'on en voit dans tous les pays, qui, pour gagner une pièce de cent sous, seraient parfaitement disposés à supprimer M. Grévy lui-même?

Quels sont les résultats de cette funeste clémence? « En un mois, » nous dit M. Grison, dans l'article déjà cité « cinquante-trois assassinats ! »

En un mois, cinquante-trois morts ! Mais non, le chiffre n'y est pas, parmi ces exploits il y en avait à deux, trois, jusqu'à quatre victimes. On a conquis des pays sauvages avec une perte moindre d'hommes. On a perdu ses hommes, mais on est resté vainqueur. Ici, c'est la civilisation qui est vaincue par les sauvages, et cela parce qu'elle s'est désarmée.

Que l'on me permette une réflexion que

(1) *Figaro*. 8 Mars 1882. L'assassin Tawell (1845) dit à un de ses compagnons de prison qui venait d'être condamné à vingt ans de déportation. — Ne vous désolez pas. J'ai été déporté moi-même et je sais ce qui en est. Deux ou trois ans de désagrément voilà tout. *Après quoi, vous trouverez la vie plus facile en Australie qu'en Angleterre.*

m'ont inspiré mes études des Causes criminelles.

Parmi les adversaires de la peine de mort, les plus raisonnables — je veux dire ceux qui ne se paient pas de phrases creuses « l'inviolabilité de la vie humaine » et d'autres billevesées de la même valeur — les plus raisonnables, dis-je, s'appuient fortement sur la possibilité d'une erreur judiciaire que l'infliction de la peine rend irréparable. Ce n'est pas pour dire qu'ils n'aient pas d'autres arguments à faire valoir, mais celui-ci est, certes, de beaucoup le plus effectif auprès des masses. Pourtant, en compulsant les registres criminels de l'Angleterre et de la France, pendant les deux derniers siècles, combien y trouvera-t-on d'exemples d'erreurs judiciaires dans les affaires capitales ? En Angleterre, je n'en connais que deux : les causes sont racontées dans ce livre (2). En France, je ne connais guère que ceux de Calas et de Lesurques.

Donc, pour bien faire le calcul de ce que le citoyen peut gagner ou perdre par la conservation ou la suppression de la peine de mort,

---

(2) L'innocence d'Elisa Fenning, jeune fille, exécutée à Londres, au commencement de ce siècle, pour une tentative d'empoisonnement, a été affirmée par quelques écrivains.

chacun doit mettre du côté de la conservation le danger qu'il court de monter sur l'échafaud pour un crime qu'il n'aura pas commis. Ce danger me paraît à peu près nul. De l'autre côté, il faudrait inscrire le risque auquel il est exposé d'être assassiné par un malfaiteur qui n'aurait pas osé tuer, si la peine de mort avait été maintenue. Ce risque, qu'on peut appeler additionnel, me paraît très sérieux par le temps qui court, surtout pour certaines classes de la société.

Car n'oublions pas que ce sont les gens du peuple et les êtres faibles qui sont le plus en butte aux actes de violence. Lisez les journaux : Vous n'y verrez pas des familles de sénateurs égorgées, des femmes seules de la maison Rothschild assommées dans leur appartement, des filles de ducs, de généraux ou de banquiers violées et ensuite étranglées au coin d'un bois. Non ! mais les paysans habitant des fermes isolées, la petite rentière du quatrième, la fille des champs revenant de son travail, voilà les malheureux qui ont quelque chose à craindre. Tous ces philosophes, ces philanthropes, ces poëtes, ces orateurs, qui s'apitoient sur le sort de l'assassin, sont précisément ceux qui sont le moins exposés à sa brutalité. Ce

sont eux qui font tout le tapage humanitaire, et
ce sont eux que l'on ne devrait pas écouter.
Cette question, je le répète, intéresse au premier chef le peuple, et le peuple de la Suisse
l'a sagement résolue en votant le rétablissement
de la peine de mort.

Eh bien ! pour mon compte, et pour en revenir à mon calcul, je me trouverais beaucoup
plus en sûreté, beaucoup moins menacé d'une
mort imméritée dans un pays où la guillotine
fonctionnerait, en acceptant tous les risques
possibles d'une erreur judiciaire à mes dépens,
que dans un autre où ma vie ne serait protégée
que par une peine illusoire. Que l'on se souvienne que l'innocent qui périt par suite de
cette clémence mal entendue est une victime
non moins regrettable (on pourrait dire victime
d'une *erreur judiciaire*) que celui qui, comme
Lesurques, meurt sur un échafaud.

Heureusement, ce système anodin, d'une naï-
veté épouvantable, produira un jour ou l'autre
une réaction dont les honnêtes gens bénéficie-
ront. Ce sera leur tour de ne pas avoir à
craindre la mort. En attendant, les assassins
n'ont qu'à battre le fer pendant qu'il est chaud.
Il me paraît que c'est là précisément ce qu'ils

sont en train de faire, avec une énergie qui ne laisse rien à désirer — rien que la corde ou le couperet — comme s'ils pressentaient déjà le moment où le gouvernement, se fâchant pour tout de bon, finira par les prendre au sérieux.

LES CAUSES CÉLÈBRES

DE L'ANGLETERRE

I

LE MAITRE D'ÉCOLE ASSASSIN

Eugène Aram est le nom d'un assassin qui a fourni le sujet d'un des plus beaux poëmes de la langue anglaise, « le rêve d'Aram ; par Hood », et celui d'un excellent roman de feu Lord Lytton. Il a de même figuré, honneur assez rare pour les assassins vulgaires, dans une histoire d'Angleterre, celle de Smollett, le continuateur de Hume. Cela prouve que son crime, qui eut un retentissement énorme parmi ses contemporains, offre certains traits saillants, de nature à se graver dans le souvenir du peuple. Le souvenir de ce meurtre est loin d'être effacé, il s'en faut de beaucoup. Le lieu où fut découvert le cadavre de la victime est encore, à l'heure qu'il est, un lieu de pélerinage. Il y a quelques années, me trouvant à Harrogate, station de bains située dans le voisinage, je l'ai visité, pour ma part, en nombreuse compagnie. En somme, tous les baigneurs s'y rendaient. Il est vrai que le local est une ancienne grotte de saint Robert, mais le bon saint n'y est pour rien ; et la preuve c'est que, quand, errant à travers champs, nous demandions à chaque paysan qui se présentait, de bien vouloir nous indiquer la grotte de saint Robert, pas un d'entre eux n'avait jamais entendu prononcer ce nom. Enfin, nous nous trouvâmes en face d'une douzaine de ruraux, hommes, femmes et enfants, se reposant de leurs travaux, à l'ombre d'une meule de foin, et dévorant le pain garni de lard, dîner habituel du paysan anglais. Pas plus que les autres, ils n'avaient entendu parler ni du saint, ni de sa grotte : lorsqu'un de nous s'avisa de leur poser la question : Connaissez-vous la grotte d'Eugène Aram ?.... Et tous, de répondre à l'unisson : Eugène Aram, eh bien, oui ! le premier sentier à droite, et ensuite le deuxième à gauche. Dans un petit quart d'heure, nous avions touché au but de notre expédition.

L'intérêt du crime d'Aram se rattache en partie à la position de l'accusé. Il en sera de même pour l'affaire que j'aurai à raconter plus tard : celle de Lord Ferrers. Qu'un meurtrier sorte tant soit peu du type reconnu des *escarpes*, il devient, par cela même, un être à part pour le vulgaire, une étude curieuse pour l'observateur. C'est là, positivement, la source unique de la renommée de Lacenaire, médiocre assassin, (que l'on me passe le mot) s'il n'eût été en même temps poëte médiocre. Dans le cas d'Eugène Aram, il y a eu aussi d'autres éléments déterminants, le mystère d'abord, ensuite l'intervalle qui sépare le crime de la découverte. Cette dernière circonstance est, chacun le sait, un point capital pour déterminer ce qu'on pourrait appeler en langage de théâtre, *la vogue* d'un crime.

Un jour de l'an 1759, quelques laboureurs occupés à creuser la terre aux environs du village de Knaresborough, dans le Yorkshire, découvrirent un squelette. Rentrés chez eux, ils se mirent à causer naturellement au cabaret, et ailleurs, de ce qu'ils avaient trouvé. La découverte portait à croire à un crime, et l'on se demandait si quelqu'un n'avait pas disparu du voisinage dans les derniers temps. Alors, on se souvint que quinze ans auparavant un certain Clark avait disparu du village, sans pourtant que, pour cela, un crime eût été soupçonné, ou plûtot si crime il y avait eu, il était moins grave, disait-on, car le criminel, qui n'était autre que Clark lui-même, avait simplement emporté des objets de valeur escroqués aux habitants. Cependant, dans un de ces cercles improvisés, où sont discutées les nouvelles des villages, quelqu'un s'étant avancé jusqu'à dire : « Si pourtant le squelette était celui de Clark ? un des assistants, le nommé Houseman, riposta : « Ce n'est pas celui de Clark » A la demande plusieurs fois répétée : Comment savez-vous cela ? il se contenta de répondre toujours sur le même ton. Enfin, perdant la tète, ou, ce qui est le plus probable, à moitié ivre, et incapable d'apprécier la portée de ses paroles, il ajouta : « Parce que je sais où est déposé le cadavre de Clark. »

Cette phrase parut singulière et ne manqua pas de rappeler au souvenir de ceux qui les avaient entendues, certaines expressions tombées de la bouche d'une femme du bourg, dont le mari, ancien ami de Houseman, était absent depuis quelques années. Cette femme, dans un moment d'abandon, avait juré qu'elle pouvait, d'un seul mot, mettre la corde autour du cou, non seulement de son mari, mais de quelques autres habitants de la ville.

On ne tarda pas à arrêter Houseman (1) qui, bientôt, entra dans la voie des révélations. Il compléta sa déposition volontaire, en y ajoutant que le cadavre de Clark serait retrouvé dans une ancienne grotte, connue dans le pays sous le nom de grotte St-Robert. Des fouilles pratiquées à cet endroit mirent en effet à jour un deuxième squelette qui, d'après les témoignages des hommes de l'art, avait dû être enseveli, depuis quinze ou vingt ans. La complicité de Houseman dans l'assassinat, si toutefois il y avait eu un assassinat, était, à moins de circonstances exceptionnelles, à peu près démontrée. Dans tout autre pays de l'Europe, il aurait été mis à la question, mais la torture physique n'existait plus en Angleterre sauf dans un seul cas, qui n'était pas celui de Houseman, (2) et la torture morale pratiquée par les lieutenants du roi, juges de paix etc., était également hors d'usage. Quoique de nombreux abus aient défiguré la procédure criminelle des Anglais jusqu'à une époque beaucoup plus rapprochée de nos jours, ce que je ne me ferai pas faute de signaler toutes les fois que l'occasion s'en présentera, que cela soit au moins noté, en passant, à son honneur. Cependant le criminel, sans être aiguillonné, éprouve souvent le désir de faire des aveux, et c'est ce que fit Houseman. A vrai dire, il est probable que s'étant avancé aussi loin qu'il l'avait fait, par mégarde, et commençant à craindre pour sa vie dans le cas probable de découvertes ulté-

(1) La prescription pour les crimes, n'existe pas en Angleterre.

(2) « La peine forte et dure » dans le cas où un accusé refusait de répondre à la question d'usage : Etes-vous coupable, ou non coupable ?

rieures, il se décida à la racheter par des révélations sur le compte d'autrui, en se ménageant un rôle secondaire et quasi innocent dans l'affaire.

Il déclara donc que Clark avait été assassiné par un certain Eugène Aram, le mari de la femme dont nous avons déjà parlé, et que lui, Houseman, avait été témoin du fait. La femme Aram, interrogée, fournit des détails sur les relations de ces divers personnages, qui parurent confirmer le récit du délateur. Un mandat d'arrêt fut immédiatement lancé contre Eugène Aram, employé, à cette époque, en qualité de sous-maître à l'école publique de King's Lynn, dans le comté de Norfolk.

Quels étaient donc ces deux hommes, qui avaient disparu, presque ensemble, depuis tant d'années, et quelles avaient pu être leurs relations ?

La légende, comme nous l'avons remarqué, s'est de bonne heure emparée d'Aram. Voici comment l'historien Smollett en parle déjà :

« Si jamais l'assassinat avait quelque droit à l'indulgence, on aurait peut-être agi convenablement en l'accordant à cet homme, dont le génie prodigieux était capable d'enfanter des œuvres d'utilité générale. En dépit des obstacles que lui avaient suscités la bassesse de son origine et son état de gêne, il avait fait, grâce à ses talents et à sa volonté, des progrès remarquables dans les mathématiques et la philosophie. Il avait acquis toutes les langues, anciennes et modernes, il avait exécuté en partie un dictionnaire celtique, qui, si le temps lui eut été donné pour le compléter, aurait pu jeter une lumière essentielle sur l'origine et les obscurités de l'histoire Européenne. » (1)

(1) Smollett. Histoire d'Angleterre, règne de Georges II.

On le voit déjà poindre, cet être légendaire, ce pion dans une école publique de troisième catégorie, qui a acquis *toutes les langues*, et qui est en train de jeter des lumières essentielles sur les questions les plus compliquées. Quelques fragments de ce fameux dictionnaire nous sont parvenus, et ne nous paraissent pas à la hauteur de la réputation qu'on lui a faite. Pour rester dans le vrai, Aram était un homme de capacité, âpre à l'étude, comme on en voit beaucoup aujourd'hui, dans la même carrière, surtout dans les lycées de l'Ecosse. Ajoutez à cela sa défense devant le tribunal, dont nous donnerons plus loin quelques extraits, et qui, sans être une œuvre d'art, comme on l'a voulu, est un plaidoyer d'un bon style ; en voilà bien assez pour expliquer la réputation de génie qu'on lui a faite, après coup.

Daniel Clark, petit bourgeois de Knaresborough, jouissait d'une assez bonne réputation parmi ses voisins, jusqu'à l'époque de sa disparition ; cela résulte des faits mêmes acquis au procès. Voici, d'après plusieurs témoins, les circonstances qui se rattachaient à cet événement mystérieux. Quelques jours avant, Clark avait acheté à crédit, dans la ville, une quantité considérable d'argenterie, des montres, des bijoux, et d'autres objets semblables. Un témoin lui avait vendu une grande coupe d'argent, une poivrière, un pot au lait, des cuillers du même métal, et ainsi de suite. Clark prétendait qu'un négociant de Londres, faisant le commerce d'exportation, lui avait donné commission d'acheter toute l'argenterie qu'il trouverait disponible dans le voisinage, et que celui-ci s'était engagé à en remettre le montant, au reçu des objets vendus. Comme Clark passait pour un homme honorable, les villageois s'empressèrent « d'être de l'affaire » et séduits par la perspective de gros bénéfices à englober, se mirent en quatre, pour chercher, qui dans quelque recoin obscur, qui dans un vieux bahut oublié, les anciens bijoux de famille, qui figuraient parfois aux jours de fête.

Tous les témoins étaient d'accord pour admettre que pas un d'entre eux n'avait soupçonné la bonne foi de Clark avant sa fuite. Alors, seulement, on flaira une supercherie. Le bruit se répandit que l'escroc était parti pour l'étranger, et après un certain temps on ne pensa plus à lui.

Le témoin à charge le plus important était nécessairement Houseman. Celui-ci eut à subir un procès pour son propre compte, et, faute de preuves suffisantes s'élevant contre lui, fut acquitté. Il se trouvait désormais en état de déposer légalement contre Aram. Ce n'est pas là, par parenthèse, un procédé qui serait suivi, à l'heure actuelle, en Angleterre. (2) Sa déposition au procès d'Aram, se ressent nécessairement de ses efforts pour se mettre à l'abri, mais il est facile de lire entre les lignes, et voici ce qui en résulte clairement :

Aram et Houseman, (ce dernier l'avoue) ont suggéré à Clark l'idée de son escroquerie ; visaient-ils simplement à partager avec lui les bénéfices de l'opération, ou avaient-ils déjà conçu la pensée de se défaire de leur complice, avec l'intention de s'approprier le butin ? Personne ne l'a

(2) C'est-à-dire dans l'espèce. Le King's Evidence, comme cela s'appelle, existe toujours, dans la jurisprudence anglaise, mais depuis trente ans, je ne connais guère qu'une dizaine de cas, où on ait eu recours à cette espèce de témoignage.

su. En tout cas, le projet d'assassiner fut arrêté entre eux, sinon d'avance, à coup sûr immédiatement après la réussite de l'entreprise. — Aram dit Houseman, a proposé dans la nuit du 7 au 8 février 1744-5, de faire une promenade à trois dans la direction de la grotte St-Robert. Nous avions, auparavant, discuté entre nous deux le moyen le plus sûr d'accaparer pour notre propre compte, les objets achetés à crédit. Lorsque nous fûmes arrivés devant la grotte, je vis Aram frapper Clark trois ou quatre fois ; Clark est tombé, et je n'ai plus rien vu.

D. — De quel instrument l'accusé s'est-il servi pour frapper Clark ?

R. — Je n'ai vu aucun instrument. Il faisait nuit, et je me trouvais de l'autre côté d'une haie, à environ trente pieds de distance.

D. — Comment donc avez-vous pu voir ce qui s'est passé ?

R. — Il y avait la lune qui, quoique partiellement obscurcie par des nuages, m'a permis de voir Aram lever la main sur Clark, mais il n'y avait pas assez de lumière pour me permettre de distinguer un instrument quelconque.

Nous citerons quelques extraits du plaidoyer d'Aram. Parmi les usages barbares de la procédure criminelle anglaise de cette époque, il y en avait un qui a survécu jusqu'aux jours de nos pères. Il était permis à un accusé de se pourvoir d'un défenseur qui jouissait du privilége d'interroger les témoins dans l'intérêt de son client, et de discuter devant le Tribunal les questions de droit, de jurisprudence et de procédure, qui surgissaient dans le courant du procès. Mais la faculté de s'adresser au jury lui était interdite. Il fallait que l'accusé présentât sa défense en personne. Elle était, cela va sans dire, ordinairement préparée par l'homme de robe, et le prévenu ne faisait que la lire. Le discours d'Aram fut écrit de sa propre main, et il ne paraît pas qu'il ait été en aucune façon, assisté par un membre du barreau.

« Mylord, je ne sais si c'est de droit, ou par l'effet d'une indulgence particulière accordée par votre Seigneurie, que je me trouve en état de parler devant ce tribunal et de tenter une défense. Je suis, hélas, inexpérimenté et incapable en pareille matière, et lorsque j'envisage cette immense assistance, palpitant d'intérêt, frémissant de je ne sais quelle attente, ce n'est pas la conscience qui me fait trembler, c'est l'épouvante. Voici la première fois de ma vie que je me vois dans l'enceinte d'une Cour de justice ; je suis complètement ignorant du droit, des us et coutumes des tribunaux, des procédés judiciaires. Je n'ose croire qu'il me sera donné de parler convenablement ; en pareille circonstance, mes espérances seront dépassées, si je réussis à proférer des paroles quelconques.

» Mylord, j'ai entendu l'acte d'accusation, dans lequel je me vois imputer le plus affreux des crimes, une scélératesse dont je suis incapable, un forfait exigeant une insensibilité de cœur et une dépravation de mœurs qui me furent toujours étrangères.

» Et d'abord, Mylord, toute ma vie antérieure dément l'acte d'accusation. Permettez-moi de le dire, je n'aurais jamais parlé de ma vie, si les circonstances actuelles ne m'en avaient imposé la nécessité. Mes journées ont toujours été honnêtement laborieuses, mes nuits vouées aux études les plus sévères; et j'ose affirmer, sans toutefois me départir de l'humilité qui me convient, que ce détail mérite votre attention, et que je puis l'indiquer, sans paraître ni impertinent, ni importun. Qu'un homme dont la vie s'est écoulée paisiblement, dont la série de pensées et d'actions n'ont présenté qu'un ensemble d'existence rangée et méthodique, qu'un tel homme se soit lancé tout d'un coup dans l'abîme de la scélératesse et de l'infamie, une telle hypothèse est non seulement improbable, Mylord, elle est inadmissible; elle est sans exemple, elle répugne à l'ordre établi des choses humaines. Non, ce n'est jamais par les grands coups que l'on débute ; l'homme n'est jamais corrompu d'un seul trait : il faut, pour cela, que tout sentiment d'honneur soit perdu, que toute idée d'obligation morale soit à jamais effacée, et réduite au néant.

» De plus, et voilà ce qui doit nécessairement se présenter à l'esprit de chacun, un crime tellement atroce, est absolument inconnu, à moins qu'en examinant les mobiles secrets qui l'ont déterminé, on y trouve soit le désir de se maintenir dans la paresse, soit une satisfaction de convoitise, d'avarice ou de vengeance, en somme, le désir de suppléer à quelque besoin vrai ou imaginaire. Mylord, tous ceux qui me connaissent, pourront vous dire que je n'ai jamais été obsédé par des idées pareilles. »

Jusqu'ici, comme on le voit bien, Aram ne sort pas de ces généralités sonores, de ces lieux communs, tant soit peu ampoulés, qui étaient, du reste, fort goûtés de ses contemporains. Mais ce qu'il convient d'ajouter, et ce qui ne ressort pas de notre traduction, c'est que cette thèse, où la forme domine évidemment sur le fond, n'est pas dépourvue d'une certaine valeur littéraire. Abordant ensuite l'examen des faits, Aram s'efforce de démontrer que la mort de Clark n'a pas été légalement constatée. De ce qu'il a disparu, peut-on conclure qu'il n'existe plus ? l'accusé cite le cas de William Thompson qui a disparu de la prison de York (lieu ou lui-même est enfermé), deux ans auparavant. Malgré toutes les recherches de la police, malgré les annonces insérées dans les journaux, personne ne sait ce qu'il est devenu. Eh bien! que dirait-on d'une poursuite criminelle dirigée contre l'individu qui aurait le malheur d'avoir été le dernier vu, en compagnie de Thompson ?

Vient ensuite le squelette. « Est-il bien prouvé que c'est celui d'un homme, et non d'une femme ? Ou a-t-il été découvert ? Dans un ermitage. Or, je défie qui que soit, continue l'accusé, de nommer un endroit quelconque où il y aurait plus de chances de découvrir des restes humains qu'un ermitage, à la seule exception d'un cimetière. Tout le monde sait que ces locaux étaient des lieux, non seulement de recueillement pieux, mais aussi d'enterrement. Mais on vous dit que le crâne de ce cadavre est fracturé ; et d'abord, qui nous prouvera que la fracture n'a pas été causée par le dépérissement naturel du corps? En admettant qu'elle soit le produit de la violence, cette violence a-t-elle été exercée avant ou après la mort? En 1732, les restes de Guillaume, archevêque de cette province, furent, en vertu d'une permission spéciale, enlevés de la Cathédrale, et l'on trouva le crâne et les os brisés. Or, ce prélat n'a certainement pas péri par la violence.

» A Knaresborough il existe un château, à l'heure actuelle, tombé en ruines, mais jadis forteresse importante. Qui ne sait pas qu'elle fut assiégée par les troupes parlementaires, dans la guerre civile, et que partout dans le voisinage les corps des morts ont dû être enterrés ? En temps de guerre, tout lieu est un lieu de sépulture. Quoi de plus probable, que ce que vous avez devant vous, c'est la dépouille d'un de ces soldats, tombé au champ de bataille, et enfoui par ses camarades, dans l'obscurité de la grotte ? »

L'accusé rappelle les troubles de la réforme, époque à laquelle tant de cadavres, surtout de saints, ont été déterrés et mutilés, ensuite rejetés dans leurs tombes. Après avoir cité plusieurs exemples d'erreurs judiciaires, il termine ainsi sa plaidoirie :

« Et maintenant, Mylord, ayant montré que cette accusation répugne en tout à mon caractère, qu'elle est incompatible avec l'état de ma santé à cette époque, qu'il ne s'ensuit pas de ce qu'une personne est disparue, qu'elle soit vraiment morte, que les grottes des ermites étaient constamment le lieu de leur sépulture, que les révolutions religieuses, et la fortune de la guerre ont enterré tant de victimes et mutilé tant de cadavres, je vous engage à tirer la conclusion que la raison exige, et, j'ose le dire, exige avec impatience. Quant à moi, après une année de détention, me résignant à la fortune, qu'elle me soit favorable ou funeste, je me remets à la candeur, à la justice, à l'humanité de votre seigneurie, et entre vos mains, Messieurs les jurés ! »

Un verdict de culpabilité ayant été rapporté, l'accusé fut condamné à mort. Tout en refusant d'entrer dans les détails de son crime, il avoua franchement que justice lui avait été rendue, et qu'il méritait son sort. En effet, son crime n'est pas douteux, mais on est à se demander si, dans des circonstances pareilles, Aram serait condamné aujourd'hui. Nous croyons qu'il aurait quelques chances en sa faveur. En réalité, la mort de Clark n'a jamais été établie d'une manière satisfaisante, et le corps pouvait bien être celui d'un autre. En admettant que ce fût vraiment là le cadavre de Clark, et que celui-ci eût péri victime d'un guet-apens, un avocat habile aurait eu beau jeu à soutenir, devant le jury, la culpabilité de Houseman. Lui serait le véritable assassin, et il n'aurait dénoncé Aram qu'avec l'intention de sauver sa peau.

Le jour même de l'exécution, le condamné essaya de se donner la mort en se coupant le bras avec un rasoir, mais il manqua l'artère. Un chirurgien, appelé à la hâte, parvint à arrêter l'effusion du sang, et l'on traîna Aram sur l'échafaud, plus mort que vif. Après l'exécution, le corps fût *pendu enchaîné* (*) dans la forêt de Knaresborough.

II

LE LORD ASSASSIN

En Angleterre, comme ailleurs, bien des nobles ont

(*) Cet usage barbare resta dans les lois jusqu'à l'an 1834. Le cadavre du supplicié, recouvert de goudron, était enfermé dans une espèce de cage, ou ouvrage en chaîne, et ensuite suspendu à un gibet érigé dans quelque lieu public *exempli causa*. En Ecosse, cette habitude était déjà, du temps d'Aram, tombée en désuétude. Le dernier exemple connu date de 1755. Voyez le procès de Burke.

porté leur tête sur l'échafaud, triste enjeu réclamé par leurs crimes politiques, vrais ou imaginaires. Mais pas un d'entre eux, que je sache, n'a été simplement pendu, pour un assassinat vulgaire, à l'exception de Laurence, comte Ferrers.

Le cas de ce malheureux ne présente, à vrai dire, aucune particularité frappante. C'est uniquement à son rang, à sa position dans le monde, qu'est due la survivance de sa légende. Mais en parcourant les détails de cette affaire célèbre, on y aperçoit quelques traits assez curieux de la vie anglaise au dernier siècle, et qui méritent la peine qu'on s'y arrête un instant.

Lord Ferrers, né en 17..., était issu d'une famille frappée d'aliénation mentale. Son père est mort dans un hospice, et sa tante a été longtemps internée dans une maison de santé. Dès sa jeunesse, des accès de furie l'avaient rendu la terreur de ceux qui le fréquentaient. Devenu, en 1752, l'époux d'une jeune fille douce et charmante, mademoiselle Meredith, il la traita avec une telle violence, qu'à la fin, la justice fut obligée d'intervenir, et bientôt, la Chambre des Lords, accorda le divorce à la malheureuse. En même temps, les biens de Lord Ferrers furent frappés de séquestre, et placés sous la main d'un administrateur. Il fut même question, dans sa famille, de l'enfermer dans une maison de santé.

Le nom de l'administrateur était Johnson. Dans les premiers temps, Lord Ferrers le traita avec les plus grands égards. Il croyait trouver en lui un instrument facile, se prêtant aux exigences de sa vie déréglée. Mais Johnson était un honnête homme, prenant son rôle au sérieux, et pénétré du sentiment du devoir. Aux demandes non justi-

fiées d'argent de Lord Ferrers, il fit la sourde oreille, et
finit par un refus catégorique. Sur quoi, le comte, pris
d'un de ses accès de folie furieuse, résolut de s'en défaire.

A cette époque, ce dernier habitait un château non
loin du bourg d'Ashby-de-la-Zouch, dans le comté de
Leicester. Son intérieur était composé de sa maîtresse,
madame Clifford, de quatre de ses filles, de deux valets
de chambre et de trois domestiques du sexe féminin.
L'intendant Johnson était logé dans une ferme située à
environ un kilomètre de distance du château. Le comte,
ayant arrêté son plan, invita celui-ci à se rendre auprès
de lui pour une discussion d'affaires. Il avait eu soin
d'éloigner, sous un prétexte quelconque, les dames et les
deux hommes de service. Ainsi il ne restait au château
que les trois servantes.

Sur ces entrefaites, Johnson se rendant sans défiance à
l'invitation qui lui était parvenue, entra dans le cabinet du
comte. Ce dernier, ayant fermé la porte à double tour,
sortit un papier de sa poche, qu'il tendit à Johnson, avec
ordre de le signer. Cet écrit contenait une prétendue confession de certaines supercheries, dont lui, Johnson, était
censé s'avouer coupable dans l'administration du domaine.
Il se récria sur le coup, et voulut faire des remontrances,
mais aussitôt Lord Ferrers, lui appliquant un pistolet sur
la poitrine, « à genoux ! à genoux ! hurla-t-il d'une voix
tellement retentissante, qu'elle fut entendue par une des
servantes, au dehors. Avoue tes crimes, et meurs ! »
Aussitôt il lâcha le coup, et la balle alla frapper le malheureux intendant au-dessous de la dernière côte. Il parvint néanmoins à se relever, et regarda un moment son

assassin d'un air affligé. Celui-ci ne manifestait aucun trouble ; pourtant il sortit de la chambre, et ordonna à l'une des servantes d'aller quérir un homme, pour porter Johnson sur un lit. Un chirurgien fut en même temps appelé. Dans l'intervalle, le comte qui jusqu'à ce moment, avait été sobre, mais dont l'ivrognerie était un des vices marquants, s'était mis à boire coup sur coup, de sorte qu'à l'arrivée de l'homme de l'art, il était complètement ivre. Il se fit indiquer le chemin que la balle avait parcouru, tout en exprimant sa surprise de ce que le projectile était logé dans le corps de la victime et ne l'avait pas traversé. « Il y a de cela quelques jours », dit-il, « j'ai essayé ces mêmes pistolets, et j'ai percé une planche épaisse de deux pouces ». Sur quoi, il se mit à tempêter, et se jetant sur l'agonisant, tenta de lui arracher sa perruque, jurant que cette fois, il le tuerait pour tout de bon. C'est à peine si les assistants réussirent à arracher la victime des mains du forcené.

Johnson ayant rendu le dernier soupir, la justice avertie se préparait à se transporter sur les lieux, lorsque quelques-uns d'entre les voisins, craignant peut-être un nouveau crime, résolurent de s'emparer de l'assassin. A leur arrivée, ils le virent arpentant à grands pas le boulingrin du château, armé d'un fusil, de deux ou trois pistolets, et d'un grand couteau poignard. Pourtant, un homme du peuple s'étant avancé hardiment pour le saisir, il se livra sans difficulté, jurant qu'il avait tué un misérable, et qu'il se vantait de son action.

Il fut dirigé sur Londres, dans son propre carrosse, attelé de six chevaux, et portant l'habit d'un jockey. Le 16 avril 1760, après une détention de deux mois et demi, il comparut devant la Chambre des Lords, comme coupable d'homicide prémédité.

Le malheureux eût peut-être réussi à sauver sa vie, en citant des témoins qui auraient déposé de sa folie. Mais au lieu d'agir de la sorte, il se défendit avec un sang-froid et une astuce des plus remarquables. Le résultat ne pouvait donc être douteux, il fut condamné à être pendu, et l'arrêt de la Cour, suivant la coutume barbare de l'époque, livrait le corps du supplicié aux expériences des chirurgiens.

De nos jours, un homme tel que Lord Ferrers serait probablement enfermé dans une maison d'aliénés. Mieux conseillé, il consentirait à ce que les preuves de sa démence fussent portées à la connaissance du tribunal, ou, si par hasard il s'y refusait, on trouverait toujours le moyen de constater le fait après le procès, et de commuer la peine prononcée. Je me sers du mot « probablement », en parlant de l'Angleterre, car en France l'affaire serait certainement résolue de cette façon. Mais sur ce point épineux, la jurisprudence des deux pays n'est pas la même. Pour ce qui concerne la France, je n'ai pas la prétention de connaître au juste le degré d'aliénation mentale regardé comme suffisant pour mettre un accusé à l'abri de la responsabilité. En Angleterre, il ne suffit pas de prouver qu'un prévenu ne jouit pas de la totalité de ses facultés, pour le soustraire à la punition. Il faut, en outre, que le jury soit d'avis, qu'en commettant l'acte qui est à sa charge il n'avait pas conscience du mal qu'il faisait. Tel qui se croit le Messie, ou tel autre qui se figure être une théière de porcelaine, (ce sont des cas que j'ai connus) ne se verrait pas excusé, par le fait même de sa folie, d'avoir empoisonné un parent, ou volé une montre. — Prenez, par exemple, le cas de l'homme-théière : Un ami s'approche de lui, dans l'intention de le frapper amicalement sur l'épaule ; notre homme se figure que c'en est fait de lui, que la matière fragile dont il est bâti sera brisée du coup ; il enfonce un couteau dans le cœur de son ami. Eh bien! il sera acquitté pour cause de folie. Mais que le même individu mette le feu à sa maison, après l'avoir assurée, ou qu'il se rende coupable d'un faux, ou d'un vol avec effraction, sans que sa manie spéciale entre pour quoique ce soit dans l'affaire, le juge, dans son résumé, conseillera au jury , dans le cas où les preuves du fait lui paraîtront suffisantes, de rendre un verdict affirmatif sur la culpabilité.

En somme, sur ce point, il existe deux théories distinctes, en Angleterre : la théorie médicale, et la théorie légale. La dernière est la seule reconnue par les tribunaux. En France, à ce que je crois, c'est sur la première qu'on s'appuie, ou plutôt, (ce qui revient pourtant au même) l'opinion bien arrêtée des médecins sur l'état mental d'un prévenu est acceptée comme concluante dans l'espèce. En Grande-Bretagne comme en Amérique, le résultat d'un procès de ce genre est souvent celui-ci : le juge, comme je viens de le dire, invite le jury à reconnaître l'accusé coupable en se rapportant au système légal, et le jury s'empresse de l'acquitter, en donnant raison au système médical.

Céci posé comme principe, il n'est pas certain qu'aujourd'hui, en pareille circonstance, Lord Ferrers ne serait pas condamné à mort. Mais, comme, dans les pays civilisés, la voix de la clémence est heureusement à l'heure actuelle bien plus retentissante que celle de la loi, il est plus que probable que sa peine serait commuée en une détention perpétuelle.

L'exécution était fixée pour le 5 Mai 1760. A cette époque, les condamnés vulgaires, extraits de la prison de Newgate, et montés sur une charrette, parcouraient les grandes artères de la ville : Holborn-Hill, Holborn, Oxford Road, jusqu'à Tyburn, lieu de supplice situé dans les champs, à l'ouest de Londres. Cela faisait une procession un peu dans le genre de celle du Lord Maire actuel, au comique près, un vrai jour de gala-pour les habitants. Sur la colline de Holborn se trouvait une auberge, étape presque obligatoire du cortége, où le condamné, en compagnie des assistants tout joyeux, y compris l'aumônier, buvaient le « coup de l'étrier ». Pour les malfaiteurs de condition, qui étaient en état de fournir la dépense, la charrette était remplacée par une voiture. Comme Lord Ferrers partit de la *Tour* bien à l'est de Newgate, la procession mit près de trois heures à arriver : le condamné dans sa propre voiture, les shériffs, les constables, les soldats à pied et à cheval, enfin un char funèbre attelé de six chevaux. A mi-chemin, le condamné demanda du vin au lieu de bière, boisson accordée aux criminels vulgaires, mais sur l'observation du shériff, qu'un arrêt ne servirait qu'à grossir la foule et à ralentir la marche déjà assez pénible du cortége, il retira sa demande. Encore un détail curieux, et qui peint l'époque ; sa maîtresse postée près de la potence, l'attendait dans une voiture couverte, et ce ne fut que sur les instances du même shériff, qu'il se refusa la consolation de lui faire ses derniers adieux.

Chemin faisant, la conversation entre l'aumônier et le

condamné roula nécessairement sur la religion. Le monde, dit l'ecclésiastique, sera bien content d'apprendre les sentiments de votre Seigneurie à cet endroit. Il répondit qu'il croyait en Dieu, mais que pour ce qui se rapportait à ses idées particulières, il croyait n'en devoir aucun compte aux hommes. Tous les peuples, continua-t-il, ont adopté les croyances qui, en somme, leur ont convenu le mieux; il est bon de les laisser subsister telles quelles. C'est pour cette raison que je n'approuve pas la conduite de Lord Bolingbroke, qui a publié des ouvrages destinés à semer le doute. Vos sectes et vos disputes sur les dogmes ont à peu près chassé la moralité du logis. Quant à la foi, c'est-à-dire la théorie qu'un homme peut être sauvé en disant tout simplement « je crois à telle ou telle chose », je n'y ajoute aucune importance.

On voit que la folie de Lord Ferrers ne manquait pas d'une certaine logique.

Arrivé au pied de l'échafaud, il sauta lestement de la voiture, et se mit à grimper l'escalier, suivi de près par l'aumônier, qui lui demanda la permission de répéter l'Oraison dominicale. Faites, faites, répliqua-t-il, c'est, en effet, une fort belle prière. Et, s'agenouillant sur un coussin, il se mit à la répéter lui-même, d'une voix ferme et qui ne trahissait aucune émotion. Ensuite, s'étant levé, il fit cadeau à M. Vaillant, le shériff, de sa montre d'or, et voulut en même temps gratifier le bourreau d'un pourboire de cinq guinées; mais soit qu'il ne sût pas distinguer entre les deux hommes, soit par suite d'une confusion d'esprit, naturelle à un tel moment, au lieu de remettre l'argent au bourreau en chef, il la remit à l'aide. Une dispute s'éleva sur-le-champ entre ces deux vauriens.

e chef cherchant à s'emparer de la somme, et son valet au contraire se débattant, rixe ignoble, qui fut avec peine comprimée par le shériff ; mais c'était bien là une scène dans les mœurs d'une époque où Hogarth a peint, probablement d'après nature, le bourreau à califourchon sur la potence, fumant une pipe, en attendant le condamné.

Les préparatifs terminés, le comte monta sur une espèce d'estrade établie sur l'échafaud, et qui, cédant sous ses pieds, à un signal convenu, le laissa suspendu. Quelques oscillations du corps, et le malheureux avait vécu.

La légende affirme qu'il a été pendu avec une corde de soie. C'est une erreur, la corde était tout bonnement de chanvre, et absolument pareille à celle dont on se servait pour les criminels vulgaires.

Le cadavre, emporté dans un cercueil doublé de satin blanc, fut ensuite livré aux chirurgiens ; ceux-ci pratiquèrent une grande incision, depuis le cou jusqu'au bas de la poitrine, puis une autre à travers la gorge. La partie inférieure de l'abdomen fut mise à nu, et les intestins retirés. Les hommes de l'art déclarèrent n'avoir jamais vu un sujet plus solidement bâti, ou qui donnât tant de signes intérieurs de longévité.

Après avoir été publiquement exposé dans le Surgeon's Hall (Collége des Chirurgiens), le corps fut livré le 8 mai aux parents du défunt.

III

LES ÉTRANGLEURS

Cinquante ans se sont écoulés depuis la série de forfaits qui a conduit Burke à l'échafaud, mais son souvenir, pas plus que celui de son associé Hare, n'est effacé de la mémoire du peuple. Nous serions presque tenté de dire, assuré d'avance que le lecteur ne se méprendra pas sur le sens que nous attachons à l'expression, que ces deux monstres sont restés enchaînés au pilori de l'histoire, comme les types les plus *populaires* de l'assassin dans la Grande-Bretagne. Ils ont même fourni un nouveau mot à la langue anglaise, un mot qui, débutant par l'argot, est parvenu à se faire recevoir dans le style sérieux, sinon élevé « to burk » (étouffer).

Vers la fin de l'année 1827, et dans le commencement de 1828, la ville d'Edimbourg fut à plusieurs reprises émue par certains bruits qui couraient des disparitions mystérieuses. On parlait d'une courtisane assez répandue dans le monde équivoque, Mary Patterson, qui, sans prévenir, avait manqué à ses rendez-vous habituels, et l'on citait, sans les préciser, d'autres cas semblables. Un malaise général s'était emparé des esprits, lorsque tout à coup, un fait notoire vint donner du renfort aux bruits qui circulaient. Un jeune mendiant, portant le sobriquet de « Daft Jamie » (Jacques, l'idiot), garçon bien fait de sa personne, aimable, et, comme il arrive quelquefois aux aliénés de cette espèce, doué d'une grande dose de vivacité, disparut soudainement, sans laisser derrière lui la moindre trace qui pût servir d'indice à la justice. Sa mère éplorée courut en vain les places publiques et les marchés. Depuis un certain jour, personne ne l'avait vu, personne n'avait entendu prononcer son nom. Or, Jamie était pour ainsi dire un personnage, un lazarone connu par ses excentricités, recherché, estimé dans toute la ville, et par conséquent son absence mystérieuse était de nature à fixer l'attention du public. L'imagination populaire se complut à enfanter une quantité d'histoires, plus merveilleuses les unes que les autres. On affirmait l'existence d'une société secrète, véritable croisade infernale, s'attaquant au genre humain, dont les membres cherchaient leurs victimes la nuit pour les immoler au milieu d'orgies épouvantables, de banquets de chair humaine. Les journaux se mirent bientôt de la partie, et, toujours sans préciser, faisaient entrevoir la probabilité de quelque révélation terrible. Elle se fit jour, enfin, cette révélation, et il se trouva que l'imagination populaire avait par hasard deviné juste, quant au fond de l'affaire, qu'une organisation telle qu'elle l'avait conçue existait en effet, et que sans trop violenter la métaphore, on pouvait dire que ses membres se nourrissaient de chair humaine.

Tel était l'état de surexcitation des esprits, lorsque le 1er novembre 1828, le sieur Gray se rendit chez l'agent de police Fisher, pour lui faire part de certains faits suspects qui étaient arrivés à sa connaissance et à celle de sa femme : Voici ce que Gray raconta, en substance :

« Depuis peu de temps, il logeait dans une maison occupée par un Irlandais nommé Burke, cordonnier de son état, mais vivant un peu à l'aventure. La veille, le

3i octobre, Burke, qui avait l'habitude de sortir de grand
matin, ramena chez lui, pour déjeuner, une femme d'un
certain âge, très mal vêtue, parlant avec un accent Irlandais des plus prononcés. Le déjeuner terminé, elle passa
le reste de la journée à la maison, en compagnie de son
hôte, et d'une fille qui vivait avec ce dernier, Helen Mac-
dougall. Dans le courant de la soirée, Burke s'aboucha
avec les Gray, auxquels il fit savoir que la personne qu'il
avait introduite était une de ses parentes qu'il avait
rencontrée, par hasard, en se promenant dans la ville.
Il lui avait promis, ajouta-t-il, un gîte pour la nuit suivante, et comme il n'y avait au logis, hormis le sien,
aucun lit dont il pût disposer, il les pria de bien vouloir
découcher, pour une fois. Afin de les rendre favorables à
son projet, il s'engagea à aller en personne louer, pour
leur compte, une chambre dans une maison voisine, tenue
par un de ses amis, nommé Hare.

C'était, on le verra plus tard, un prétexte pour les éloigner. Cependant, ils agréèrent la demande de Burke, tout
en la trouvant quelque peu singulière.

Le lendemain matin, rentrés chez eux, ils allèrent, sur
son invitation, déjeuner dans sa chambre. Un jeune
homme du nom de Broggan était de la société. Leur
première demande fut naturellement après la cousine, et
ce ne fut pas sans surprise qu'ils apprirent qu'elle était
partie de bonne heure. Dans un coin de la chambre, entre
le pied du lit et la cloison, un tas de paille était amoncelé
sur le parquet, ce qui n'était pas fait pour surprendre dans
un taudis où des objets de toute espèce se trouvaient entassés pêle-mêle, les uns sur les autres. Cependant, la
femme Gray s'étant approchée de la paille, dans l'intention

d'y chercher les chaussettes d'un de ses enfants, égarées à l'occasion d'une visite antérieure, Burke s'élança sur elle, en lui criant : « N'allez pas de ce côté-là ! » En même temps, Broggan s'assit sur une chaise placée de façon à masquer cette partie de l'appartement. Mais il paraît, et ce détail est presque incroyable, que sa faction l'a vite fatigué, car Burke étant sorti peu de temps après, il s'esquiva de son côté, laissant le champ libre aux Gray.

Ceux-ci, mûs par une curiosité naturelle, se mirent aussitôt à fouiller la paille. Le premier objet dégagé par leurs doigts, fut un bras humain, puis, poursuivant leurs recherches, ils mirent à découvert un cadavre entier. C'était bien celui de l'étrangère qu'ils avaient vue la veille. Ce corps était complétement nu, et tout autour de la bouche et sur le visage on voyait des gouttelettes dé sang. Les époux Gray, qui paraissent avoir été d'honnêtes gens, stupéfiés par leur découverte imprévue, s'apprêtèrent à quitter la maison sur-le-champ. Sur le seuil, ils rencontrèrent la Mac-dougall, et lui firent part de ce qu'ils avaient vu. Celle-ci parut très agitée, et les pria de n'en rien dire. « Le silence », dit-elle, vous vaudra au moins dix livres par semaine. Ces paroles leur semblaient, et avec raison, équivaloir à l'aveu d'un crime.

Voilà le résumé des événements que Gray s'empressa de porter à la connaissance du policier Fisher le jour même de sa découverte.

Fisher, à ce qu'il paraît, n'ajoutait pas, dans le commencement, beaucoup de foi aux renseignements de Gray. Il n'y voyait qu'une historiette arrangée entre lui et sa femme, ayant en vue de satisfaire une rancune parti-

culière. Avait-il des raisons pour envisager ainsi l'affaire ?
Nous n'en savons rien, il est certain toutefois, qu'au
début, il montra peu d'intelligence dans l'instruction.
Cependant, il se transporta chez Burke, et se mit à l'interroger.

— Où sont vos locataires ? demanda-t-il.

— En voici un — répliqua Burke, indiquant Gray, qui
avait accompagné l'agent, — je viens de lui donner congé,
à cause de sa mauvaise conduite.

— Mais qu'est devenue la petite vieille qui était ici hier ?

— Elle est partie.

— A quelle heure ?

— Vers les sept heures du *matin*, et mon voisin Hare,
peut vous certifier qu'il l'a vue partir.

Sur quoi, Fisher se mit à visiter la maison, et surtout
le lit, sur lequel il remarqua plusieurs taches de sang.

— D'où vient ce sang ? demanda-t-il, cette fois à la Mac-
dougall ?

— Mon Dieu, répondit-elle, une femme a accouché là, il
y a de cela environ une quinzaine de jours, et les taches de
sang n'ont pas encore été enlevées. Quant à la petite
vieille dont vous parlez, il est facile de la retrouver, elle
habite la Plaisance, et je l'ai vue ce soir, rue Vennel.

— Et quelle heure m'avez-vous dit qu'elle est partie ?

— Vers les sept heures *du soir*, répliqua imprudemment
la Mac-Dougall.

Ce manque d'accord entre les réponses de Burke et de
sa maîtresse eût été pour tout autre un trait de lumière,
et ce fut là, en effet, l'étincelle qui fit sauter la mine. Jus-
que-là, le bon policier avait pris le change assez facilement sur tout ce qu'on lui débitait, il avait été parfaitement

satisfait, il l'a avoué depuis, dès explications données relativement au sang, oui, c'était bien une vengeance de Gray, il n'en démordait pas. Mais la contradiction évidente entre les deux récits, en ce qui concernait l'heure du départ de la visiteuse, ne pouvait lui échapper. Il en fut frappé, sans en soupçonner l'importance, et il crut devoir en référer à son chef immédiat.

Celui-ci, par bonheur, envisageant bien autrement l'affaire, se rendit immédiatement chez Burke, accompagné du docteur Black, chirurgien de la police, et de Fisher lui-même. Une perquisition minutieuse amena la découverte d'une chemise de nuit, rayée, qu'une des voisines reconnut pour l'avoir vue entre les mains de la vieille, et de plus, en furetant de nouveau la paille, on y trouva du sang frais, mêlé à une quantité de salive.

Burke et la Mac-Dougall, soit dit en passant, avaient été provisoirement arrêtés, par suite de la démarche de Fisher. Il va sans dire que sur ces entrefaites on se décida à les garder. Agissant d'après d'autres renseignements qui lui étaient parvenus dans l'intervalle, le commissaire de police fit le lendemain matin une visite domiciliaire chez le docteur Knox, professeur d'anatomie, à l'Université d'Edimbourg. Le docteur était absent, mais son assistant, interrogé s'il savait qu'une malle expédiée à l'adresse de son chef était arrivée chez lui l'avant-veille, répondit que oui, qu'elle était effectivement à la cave, mais qu'il en ignorait le contenu. La cave fut, sur-le-champ, visitée, et la malle ouverte sous les yeux de l'autorité. Elle contenait le cadavre entièrement nu d'une femme, que Gray appelé, reconnut pour celle qu'il avait vue chez Burke. Sur quoi, la dépouille réinté-

grée dans le coffre fut immédiatement expédiée au
bureau de police, avec ordre de procéder sans retard à
une autopsie.

L'autopsie constata plusieurs ecchymoses sur les jambes du cadavre, et d'autres sur les reins, résultant de
violences exercées avant la mort. La partie intérieure des
lèvres présentait des lésions causées par l'empreinte des
dents, portant à croire que la bouche avait été fortement
comprimée. Sur la tête, on remarquait deux contusions
comme si, en se débattant contre des agresseurs, la victime
avait été rejetée avec force sur le sol. L'épiderme au-
dessous du menton était déchiré, il y avait une lacé-
ration des ligaments réunissant les parties postérieures
de deux vertèbres, et, de plus, le sang avait coulé de
la bouche et du nez. Le rapport des médecins concluait à la suffocation avec violence, comme cause de
mort.

Comment la justice avait-elle eu l'idée de tenter une
descente chez le docteur Knox ? Ce détail est d'une
explication facile. La mèche une fois éventée, ce fut
comme toujours : les renseignements commencèrent à
pleuvoir. La police ayant appris qu'une malle avait été
expédiée de chez Burke, la veille, le commissionnaire qui
l'avait portée fut retrouvé, et celui-ci indiqua la demeure du
professeur comme étant la destination qui lui avait été
indiquée. Mais comment un savant professeur d'Edimbourg a-t-il pu se trouver mêlé d'une façon quelconque,
à une affaire si ténébreuse ? Voilà ce dont un lecteur
français demandera nécessairement l'explication.

A l'époque dont nous parlons, les chirurgiens de la
Grande-Bretagne étaient fort embarrassés pour se pro-

curer les sujets nécessaires à leurs expériences ; on leur livrait, il est vrai, dans certains cas, les cadavres des suppliciés ; mais, malgré le code draconien alors en vigueur, ceux-ci n'arrivaient pas en assez grand nombre pour satisfaire à leurs besoins.

De cet état de choses naquit une industrie affreuse, celle des *résurrectionnistes*, ou déterreurs de corps. Ces hyènes à face humaine, guettaient les convois funèbres, surtout dans les endroits les plus retirés de la campagne où les cimetières sont quelquefois à une distance considérable des villages. Là, ils *travaillaient* la nuit, et tel cadavre qui avait été pieusement inhumé dans l'après-midi, adroitement retiré de la terre à minuit, était dirigé sur Londres, ou quelque autre grande ville, sur un char de paysan, recouvert de paille, de fagots ou de pommes de terre. Quelques heures plus tard, il était livré, moyennant une forte récompense qui s'élevait parfois à trois ou quatre cents francs, à une pratique, c'est-à-dire à un chirurgien de connaissance. On lui débitait une petite histoire arrangée de pauvre parent mort, de mendiant décédé subitement dans une auberge, ou de n'importe quoi, pour sauver les apparences, quelquefois même, on ne se mettait pas en frais d'invention, car la provenance du corps lui était parfaitement connue. L'existence de cette industrie était soupçonnée du public, à telles enseignes, que les testateurs cherchaient souvent à se prémunir contre une violation possible de leurs tombeaux, en instituant une garde nocturne aux alentours du cimetière (1).

(1) Lorsque j'étudiais le droit, je me souviens d'avoir eu entre les mains le brouillon d'un testament apporté par un de ses clients, à l'éminent avocat dont j'étais (à la mode anglaise) l'élève, et que

Mais les médecins et les *résurrectionnistes* s'entendaient entre eux, chacun était satisfait de son côté, et l'industrie marchait.

Le génie de Burke ou de Hare, on ne sait au juste lequel des deux, mais tout porte à croire que ce fut le dernier, inventa un procédé plus expéditif que celui qui avait été jusqu'alors pratiqué par les hommes du métier, dans le but de fournir de *bons sujets* aux médecins.

Burke, originaire de l'Irlande, où il naquit en 1792, était un de ces êtres qui rappellent le proverbe anglais « pierre qui roule n'amasse point de mousse. » Tour à tour, boulanger, tisserand, engagé volontaire dans la milice, homme de peine, ouvrier, colporteur, cordonnier, il avait beaucoup *roulé*, jusqu'à l'époque où nous le trouvons, toujours aux prises avec une position difficile, dans la fange d'Edimbourg. Séparé, depuis quelque temps, de sa femme légitime, il s'était lié avec une créature infime, sortie des mêmes bas-fonds que ceux où il grouillait lui-même, Helen Mac-Dougall. Hare était un autre Irlandais du même acabit. Lui aussi, il avait tâté à

celui-ci était chargé de rédiger. Le testateur avait pourvu à ce qu'on veillât sur sa tombe, pendant la semaine suivant son inhumation. L'un des deux gardiens (il lui en fallait deux), devait être un chrétien, et l'autre un juif, et l'on était tenu de les remplacer chaque soir, par une nouvelle paire. Il nous expliqua plus tard, ce qui avait dicté ces précautions singulières. Je veux un juif et un chrétien, dit-il, parce que ces gens se haïssent entre eux, et ne s'entendent pas facilement pour conclure un marché avec un résurrectionniste quelconque, et je veux qu'on les change chaque nuit pour qu'ils n'aient pas le temps de faire plus ample connaissance.

C'était un *excentrique* pur sang. Mais sa démarche montre à quel point l'imagination populaire avait été excitée par les procédés des résurrectionnistes.

bien des industries : il avait été laboureur, débardeur, colporteur, il vendait à l'occasion du poisson, d'autres fois,
il parcourait la campagne avec un char attelé d'une rosse,
et chargé de porcelaine, de pacotille, dont il disposait à
grand rabais aux villageois , l'échangeant quelquefois
contre de la vieille ferraille qu'il revendait ensuite aux
quincaillers de bas étage. Il avait fini par épouser une
compatriote, la veuve Legg, qui tenait un garni à Edimbourg. Burke et la Mac-Dougall vinrent bientôt y trouver
un logement, et c'est dans ce taudis que fut combinée, et
pour la plupart exécutée la terrible série de crimes dont
nous sommes chargé d'entretenir le lecteur. Le quatuor
se composait donc de trois irlandais, Burke, Hare, et la
femme Hare, et d'une écossaise, la Mac-Dougall. Que
d'autres encore aient eu une connaissance criminelle du
complot, la justice l'a soupçonné et la voix publique l'a
hautement proclamé, mais quel que fût le nombre de la
bande, c'étaient bien là ses chefs reconnus.

Un des pensionnaires de Hare, nommé Donald, ancien
militaire qui touchait une petite pension de l'Etat, vint à
mourir subitement, peu de jours avant l'échéance de son
semestre. Or, c'était sur cette somme que Hare comptait
pour se rembourser d'une avance de 4 livres (100 francs),
qu'il avait faite au défunt. Se trouvant dans la débine la
plus complète, il conçut l'idée, si toutefois elle ne lui fut
pas suggérée par Burke, de se tirer d'affaire en vendant
aux médecins le corps de Donald, qui, par parenthèse,
était un fort bel homme. Les deux gredins qui connaissaient tous les bas-fonds de la ville, n'avaient pas manqué de se frotter à des *résurrectionnistes*, ou vendeurs
de cadavres ; ils étaient parfaitement au courant de leurs

procédés, ils avaient peut-être, eux-mêmes, exercé la profession. Ici, il est vrai qu'il s'agissait, non pas d'un désenterrement, mais de l'escamotage d'un cadavre, ce qui nécessitait une substitution. Dans un autre milieu, une telle substitution eût été sinon impossible, au moins d'une exécution difficile; mais dans le monde des Burke et des Hare, on ne regarde pas de si près aux choses, ce qui est prouvé, du reste, par la réussite de leur entreprise. Ayant retiré du cercueil la dépouille de Donald, ils mirent à la place un gros sac rempli de liège qu'ils s'étaient procuré chez un tanneur. Le sac fut dûment enterré, et Donald, vendu au Docteur Knox, rapporta aux associés la somme de 7 livres 18 schellings. (187 fr. 50)

Cet argent, gagné de la sorte, se fondit vite, on le pense bien, en boissons, en parties de plaisir, en achats de chiffons et de faux bijoux pour les femmes. A la suite de quelques ribotes, on se trouva de nouveau à sec. Ce fut alors que Hare, à ce que l'on croit, ouvrit à la société un projet original de son crû, destiné à la maintenir toujours en fonds; c'était un procédé unique, infaillible, en vue de se procurer des sujets. Ce procédé reposait sur deux considérations principales, d'une simplicité extrême.

La première, c'était l'état visible et constaté des *ivres-morts*. Arrivé là, l'individu ne peut évidemment faire aucune résistance à une attaque dirigée contre sa personne. La première condition du problème était donc posée, elle consistait à réduire les victimes à un état d'insensibilité par le whisky, préliminaire d'une exécution facile, dans le cas d'individus tels que Hare se proposait d'en trouver. Or, quoi de plus facile que d'arrêter la respiration de l'ivre-mort, par la compression de sa bouche et de ses narines ? Un individu, expédié de la sorte, ne présentait aucun signe de violence extérieure, et les médecins croiraient facilement à l'apoplexie, c'est du moins ainsi que Hare envisageait l'affaire, et le résultat lui a donné grandement raison. Le transport du corps, dans les circonstances données, n'offrait à vrai dire aucune difficulté. Il s'agissait tout simplement de l'emballer dans une malle que l'on chargerait ensuite sur un char, ou même sur une brouette, dont personne dans les rues qu'il aurait à traverser ne pourrait soupçonner le contenu. Une fois qu'il était déposé chez le chirurgien, l'affaire était terminée.

Restait la deuxième considération, le choix des victimes. Or, il était évident que celles-ci devraient être choisies uniquement dans la classe la plus infime et la plus vagabonde de la population. Les petits marchands forains ou colporteurs, traversant le pays avec leur pacotille, et ne s'arrêtant qu'au jour le jour dans la capitale, les mendiants demandant l'aumône de ville en ville, en passage à Edimbourg, les paysans et les paysannes venus de la province, et cherchant à se placer, les êtres déclassés, sans domicile et sans aveu ; en somme, tous ceux dont la disparition ne pourrait donner occasion à aucune surprise, tel était le gibier que les assassins étaient résolus de chasser. Dans ce but, Burke et Hare, chacun de son côté, devaient fréquenter les lieux publics, et surtout les marchés.

Ces calculs de Hare étaient d'une justesse diabolique, le résultat, nous le répétons, l'a assez prouvé. Son système, mis à l'épreuve, fonctionna pendant quelque temps, sans entrave, on peut même dire, sans friction apparente. Seize personnes y ont succombé de l'aveu des coupables eux-mêmes, mais il y a lieu de croire que le nombre des victimes a été bien plus considérable. Le chiffre aurait pu atteindre des proportions encore plus terribles, et la découverte eût certainement été ajournée, si le programme de Hare avait été rigidement suivi. Heureusement, les criminels systématiques finissent toujours par être grisés par l'impunité. Ni Mary Patterson, courtisane répandue, ni Daft Jamie, vagabond *excentrique* très en vue, n'étaient de ces gens qui, à leur mort ne laissent aucun vide. Enfin le crime qui a amené la découverte, a non seulement été perpétré avec un manque de précautions inconcevables, mais aussi, le *modus operandi* répugnait absolument à la condition la plus importante de celle sur lesquelles Hare avait insisté, l'obligation d'éviter tout acte pouvant éveiller des soupçons par des signes de violence extérieure.

Les deux bandits s'étant mis à l'œuvre, l'un d'eux, Hare, après quelques journées de recherches infructueuses, avisa une vieille femme errant dans Grassmarket (marché aux herbes). On a su depuis que cette femme se nommait Abigail Simpson, qu'elle avait été en condition, et qu'elle vivait d'une petite rente qui lui était servie par un de ses anciens maîtres. Hare la jugeait pauvre, et probablement sans appui et, ce qui à ses yeux valait encore mieux, elle était dans un état d'ivresse très prononcé. Avec une femme telle que celle-ci se révélait déjà, il devait être aisé de mener à bonne fin une entreprise roulant sur les *ivres-morts*. Hare l'aborda sous prétexte qu'il avait déjà fait sa connaissance, et la pria de vouloir bien l'accompagner chez lui, dans le Tanner's-Close, pour y déguster un verre de whisky. L'inconnue accepta sans façon; c'était, une femme d'un caractère liant et enjoué, et chemin faisant, elle se mit à conter à son compagnon toutes ses petites affaires, ce qui se rapportait à sa rente, et comme quoi elle possédait chez elle une fille unique, aussi sage que belle, qui attendait avec impatience son retour.

C'est ici le moment de donner une idée de la demeure de Hare, lieu où fut immolée la majeure partie des victimes. Elle était située dans le Tanner'sClose, allée sale et mal pavée, communiquant avec la rue du West-Port, dans le quartier le plus misérable de la ville. On y descendait par quelques marches, cet enfoncement de la voie au-dessous du sol ajoutant beaucoup à son obscurité. La demeure de Hare, placée à quelques pas de l'escalier, était une masure à un seul étage, renfermant trois pièces, dont deux, destinées à héberger les vagabonds de passage, qui venaient y chercher abri la nuit, étaient jonchées de paillasses pourries et de couvertes rongées par les vers. En arrière de celles-ci, on découvrait, à condition de pénétrer dans un corridor infect, une troisième pièce, donnant sur un mur plein, et un toit à porcs ; celle-ci était complétement isolée, surtout lorsque les locataires étaient sortis pour leur besogne du jour. Or, c'était précisément le matin que les assassins choisissaient de préférence pour travailler, et ce petit appartement était l'autel voué à leurs sacrifices immondes.

Il est inutile de dire que dans ce repaire, Burke, la Mac Dougall et la femme Hare, attendaient. Hare présenta la vieille à la Société, comme une ancienne connaissance, et l'on se hâta de fêter la rencontre. Pendant que le whisky circulait, Burke, qui était doué de quelque voix, se mit à gazouiller une chanson sentimentale. L'orgie ayant duré jusqu'à la nuit, la femme Simpson se trouvait tout à fait dans l'état voulu par ses nouveaux amis, elle était ivre-morte. Mais, soit que les assassins, qui étaient encore à leur coup d'essai, eussent éprouvé quelque défaillance au moment décisif, soit que l'entrée inattendue de quelques locataires les eût gênés, en tout cas ils remirent l'exécution de leur dessein au lendemain. En attendant, la victime fut couchée, sans connaissance, sur un grabat.

Le lendemain matin, de bonne heure, elle avait repris ses sens, elle geignait, elle invoquait le nom de sa fille, tout en subissant les conséquences obligées de sa débauche de la veille, qui se trahissaient en vomissements, et en maux de tête. On s'empressa de la réconforter en l'invitant à noyer ses soucis et, chose incroyable pour ceux qui n'ont jamais sondé le gouffre de l'ivrognerie, elle but coup sur coup jusqu'à nouvelle perte de connaissance. C'était le moment, car les locataires étaient tous sortis pour se rendre à leur besogne de la journée. Les assassins suivirent, dans tous ses détails, le plan qu'ils avaient combiné. Hare fermait de sa main la bouche et les narines de la victime, pendant que Burke s'appuyait sur son corps. Ils ne bronchèrent pas jusqu'à ce que le dernier soupir fut rendu. Quelques heures plus tard, le cadavre était emmagasiné chez le Docteur Knox, moyennant un prix de 10 livres (250 francs).

La fille, soit dit en passant, la fille belle et sage, dont avait parlé la malheureuse vieille, chercha sa mère inutilement pendant plusieurs jours ; une enquête qui fut ouverte, n'aboutit à rien. On finit par croire que celle-ci, ayant perdu son chemin dans l'obscurité, était tombée dans le canal. A propos de cet assassinat, il convient de remarquer que, même à leur première affaire, les associés ont dévié du plan qu'ils avaient tracé ; Abigail Simpson n'était pas une vagabonde sans domicile et sans ressources. Tous ceux qui sont rompus aux investigations judiciaires, ont eu mainte occasion de constater qu'il en est presque toujours ainsi des combinaisons criminelles. Si elles ne pèchent pas par quelque côté essentiel, si quelque précaution d'une simplicité évidente n'a pas été négligée, ce sont les criminels eux-mêmes qui, par leur témérité incroyable, les font, à la fin, avorter.

Le crime consommé, et son prix empoché, on vit dans le Tanner'sClose ce que l'on voit presque toujours en pareil cas. La société se trouvant en fonds, les orgies et les ripailles se suivaient, le whisky coulait à grands flots, les femmes, parées de châles et de foulards voyants, parcouraient les rues d'Edimbourg, toutes fières de leur nouvelle fortune.

Et, toujours ainsi de suite, jusqu'à ce que leurs ressources épuisées, aiguillonnés par le taon de la misère et de la convoitise, ils s'élançaient à la poursuite d'une nouvelle victime. C'était une vraie tanière de bêtes féroces que ce Tanner'sClose. Les êtres immondes qu'il abritait, n'étaient inoffensifs que lorsqu'ils étaient repus. Affamés, ils étaient capables de s'entre-déchirer eux-mêmes. (1)

____

(1). Un jour, à ce que raconte la Mac Dougall, les deux femmes entendirent, à travers une porte entre-baillée, une conversation qui avait lieu entre les deux hommes. « Que ferons-nous, si jamais les victimes viennent à nous manquer ? » demanda Burke ; « Il nous restera toujours nos femmes comme dernière ressource, » riposta Hare.

Nous n'avons certes pas l'intention de fournir une nécrologie complète, de ceux que Burke et Hare ont expédiés d'après leur propre aveu. Une mère et sa fille suivirent de près Abigail Simpson; vint ensuite le tour d'une vieille avec son petit-fils, enfant sourd et muet. Ces victimes furent bientôt rejointes par une paysanne, cousine de Helen Mac Dougall, arrivée d'une province lointaine, pour visiter sa parente. Et toujours, pour prélude, les orgies et les chansons sentimentales de Burke ! Le cortége des morts était continuellement grossi par quelque malheureux déclassé, raccolé dans les lieux publics par l'un ou l'autre des partenaires. Leurs noms, si toutefois ils furent jamais connus, sont depuis longtemps oubliés, et le *procédé* était toujours le même. Nous nous arrêterons cependant un moment à deux d'entre les derniers de ces assassinats, comme présentant certaines particularités frappantes, et servant à indiquer l'audace que l'impunité jusqu'alors assurée avait inspirée à ces misérables. Nous parlons des meurtres de Mary Patterson et de Daft Jamie, dont notre plume a déjà effleuré les noms.

- Nous le répétons, si les associés s'étaient conformés à leur plan original, en ne choisissant des victimes que parmi les inconnus, les étrangers, les vagabonds, si, surtout, ils n'avaient pas négligé les précautions les plus élémentaires, ils auraient pu continuer, pendant un temps indéterminé, leur affreuse industrie. Il est vrai que, à la fin, c'est uniquement à leur incurie que leur perte sera due, car, quant à la victime, elle appartenait parfaitement à la catégorie des inconnus. Mais, la disparition de personnes qui avaient été jusqu'à un certain point en vue, avait donné l'éveil à la justice, et la rendait plus méticuleuse. Ajoutons que le bandeau, dont les artistes se sont complus à voiler les yeux de cette même justice, devait être bien en place, et ne s'était assurément pas détaché à l'occasion des affaires de la Patterson et de Daft Jamie. On s'étonne, avec raison, d'apprendre que ces crimes n'ont pas été sur-le-champ découverts.

Mary Patterson, jeune fille de mauvaise vie, âgée d'environ dix-huit ou dix-neuf ans, était remarquable autant par sa taille bien faite que par la beauté de ses traits. Le Mardi, 8 Avril 1828, par suite d'une infraction aux règles disciplinaires, elle avait été enfermée au dépôt de police, en compagnie d'une de ses amies Janet Brown, mais le lendemain à cinq heures du matin, on les avait relâchées. Sur quoi, elles s'étaient rendues à la demeure d'une dame Laurie, logeuse, où elles avaient habité ensemble. Celle-ci, à ce qu'il paraît, aurait exprimé le désir de les garder, mais elles avaient préféré courir chez Swanston, marchand de boissons. Là, elles étaient occupées à sabler le whisky, lorsque leurs yeux tombèrent sur Burke, qui, déjà à cette heure, buvait du rhum avec le patron de l'établissement. C'était la première fois qu'elles le voyaient, et elles n'avaient aucune intention de lier conversation avec lui, mais lui, qui paraissait les avoir guettées, s'avança et leur offrit du rhum. Ce n'était pas de refus, pour des gaillardes pareilles, et Burke, voyant à qui il avait affaire, les engagea bientôt à venir déjeuner chez lui. Ce « chez lui », se trouvait être pour cette occasion, un logement appartenant à son frère Constantin Burke, dans le Gibb'sClose; autre taudis parfois utilisé par la bande.

Là, toujours la même histoire; le local, comme on le voit, était changé selon les exigences du moment, mais le programme ne variait jamais. Avant peu, Mary Patterson fut dans un état satisfaisant, c'est-à-dire qu'elle dormait du sommeil de plomb des ivres-morts, tandis que Brown, quoiqu'elle eût largement bu, conservait toujours ses sens. Le plus sûr parut de l'éloigner. Burke lui proposa donc une promenade, sous prétexte de faire passer son ivresse, mais bientôt il la mena chez un marchand de liqueurs, où il fit l'emplette de deux bouteilles de whisky. Ensuite ils rentrèrent ensemble à Gibb'sClose. Muni de ce renfort de boisson, il espérait sans doute parvenir à ses fins, en réduisant Brown à la condition de Patterson qui, pendant tout cet intermède, était couchée sans connaissance sur le plancher.

Cependant la tête de Brown résistait toujours. Il y eut même quelques scènes de jalousie entre elle et les femmes des bandits, ce qui peut-être contribua à la sauver, car depuis elle a parlé, dans sa déposition, de la crainte que lui avait inspirée la Mac Dougall. Non pas qu'elle soupçonnât la vérité ou craignit un guet-apens, elle appréhendait tout simplement de la part de Mac Dougall quelque voie de fait, motivée par la jalousie. Enfin on la laissa partir, et ce fut heureux pour elle, car immédiatement après son départ, Hare se présenta au logis. Or, ces deux hommes, Burke et Hare, étaient parfaitement capables, à défaut de pouvoir endormir leurs victimes, de s'en assurer la *possession* par des moyens violents, plutôt que de les relâcher. On en verra un exemple plus loin. En tout cas, la fille Brown partie, ils avaient leurs coudées franches, et ils profitèrent si lestement de l'occasion, que moins d'un quart d'heure après, le corps de Mary Patterson, caché à la vue, gisait inanimé dans un coin de l'appartement.

Suivons un instant les démarches de Brown. Sortie de l'affreux repaire, elle s'en alla droit chez Madame Laurie, à laquelle elle conta tout ce qui lui était arrivé. Cette femme s'alarma, non qu'aucune crainte sérieuse lui vint à l'esprit, mais elle s'intéressait à la Patterson, malgré la conduite de celle-ci, et elle crut devoir s'informer avec plus de certitude de son état. Elle renvoya donc Brown chez Burke, accompagnée d'une servante, avec injonction de ramener Patterson si elle était capable de marcher. Elles trouvèrent Hare, la femme Hare et Mac Dougall, assemblés à Gibb'sClose, mais Burke n'y était plus, s'étant probablement rendu chez le chirurgien pour négo- cier *la nouvelle affaire.*

Hare répondit aux questions de Brown que son amie était sortie accompagnée de Burke, et la pria d'attendre sa rentrée. Sur quoi la servante s'en alla. Inutile de dire que tout ce monde se mit de nouveau à boire. A ce moment, les pieds de Brown touchaient presque au cadavre de Patterson toujours caché dans le coin. Elle commençait cette fois à perdre la tête pour tout de bon, et elle a raconté depuis comme quoi Hare avait fixé sur elle un regard qui ne laissait pas de l'inquiéter, lorsque très inopinément la servante reparut. Madame Laurie, de plus en plus inquiète, l'avait renvoyée avec ordre formel de ramener Brown au moins. Les deux filles partirent, non sans que Hare eût prié Brown avec force instances, de revenir le voir au plutôt, preuve évidente que si, quant à elle, le coup était manqué pour cette fois, il n'était que différé dans la pensée de l'assassin.

Ajoutons que toute démarche tentée dans le but de retrouver Patterson resta naturellement infructueuse. Les assassins avaient varié leur fable, ou plutôt, à l'ancienne ils en avaient ajouté une nouvelle. Patterson, affirmaient-ils, rentrée avec Burke, avait ensuite fait la connaissance d'un colporteur qu'elle avait accompagné à Glasgow. Cette histoire parut singulière à Brown et à la femme Worthington, chez qui les deux filles logeaient à cette époque. Comment Patterson s'était-elle remise si vite de son ivresse ? Pourquoi n'avait-elle pas écrit à Brown, car elle savait écrire, pour lui faire part de cette nouvelle démarche ? Surtout, pourquoi n'avait-elle pas réclamé ses habits restés en dépôt chez la femme Worthington ? Chose étonnante, il ne paraît pas que la police ait été avertie de ces circonstances, qui donnaient tant à penser, et, jusqu'à l'heure de la débandade finale, le mystère ne fut jamais sondé.

La suite de cette triste histoire est détaillée dans une des confessions de Burke. Le cadavre était encore chaud, qu'il s'empressa de couper les cheveux de la tête. Ils étaient très longs et très beaux ces cheveux, et c'était vraiment en perdre la valeur que de les livrer aux chirurgiens. Il comptait les placer, ce que sans doute il fit ultérieurement, chez un marchand d'objets pareils, et Dieu sait sur quelle tête de duchesse ou de lady écossaise ils ont fini par figurer ! Quatre heures plus tard, le corps était déposé à Surgeons'Square. Un détail incroyable, parmi tant d'autres de la même espèce, dont toute cette affaire est semée, signale l'incurie des médecins, pour ne pas la qualifier comme l'a fait le peuple plus tard, d'une épithète encore plus déshonorante pour les hommes de l'art. Un étudiant, qui assistait au *déballage*, poussa un cri de surprise à la vue du cadavre, mouvement qu'il expliqua aussitôt en avertissant Ferguson, l'aide du docteur Knox, qu'il avait connu la défunte, et même avait eu des relations intimes avec elle, peu de jours auparavant. Ferguson, et c'était là le moins qu'il devait faire, se prit à interroger Burke sévèrement sur la provenance du corps, mais celui-ci (autre détail qui tient du prodige !) sut facilement lui donner le change, en affirmant qu'il l'avait acheté d'une vieille femme derrière la Canongate.

Encore un incident à ajouter à ce récit si tristement singulier. Le docteur Knox fut tellement frappé de la beauté du corps, qu'il invita un peintre à venir l'étudier, dans l'intérêt de son art, et, pour comble, il garda trois mois les restes conservés dans de l'esprit de vin.

L'histoire de l'assassinat de Daft Jamie, de son vrai nom, James Wilson, n'est pas moins horrible. Ce jeune malheureux, nous l'avons déjà dit, était un de ces aliénés comme on en rencontre parfois, dont les facultés mentales, arrêtées à un point en deçà de la raison pleine et entière, accusaient néanmoins une grande puissance d'instinct, et, dans certaines occasions, une véritable sagacité. Incapable d'études sérieuses, ou d'une attention soutenue, il retenait pourtant facilement ce qui l'avait intéressé. Ainsi, personne mieux que lui ne connaissait les jours de fête ou de vacances : Pour les étudiants et les lycéens, c'était un vrai calendrier. Nous l'avons appelé malheureux, mais à vrai dire, il n'existait pas un seul garçon plus heureux, dans la ville d'Edimbourg. Comme la plupart de ses semblables, il aimait à passer le jour au grand air, mais la nuit venue, il rentrait régulièrement chez sa mère, qui en prenait le plus grand soin possible. Il était mis avec propreté, changeant de linge, à ce que l'on affirmait, trois fois par semaine. Ses pieds, nus en toute saison, ainsi que sa tête, paraissaient avoir été scrupuleusement lavés, avant sa sortie. Il portait une tabatière en cuivre, avec une cuiller d'étain, dont il se servait pour offrir à ceux qu'il affectionnait particulièrement, du *rappée* (tabac d'Ecosse). C'était en somme un garçon gai, enjoué, serviable dans les limites de son intelligence, et qui n'avait jamais fait de mal à personne. Ajoutez à cela, un physique qui ne manquait pas d'agrément, et l'on s'expliquera facilement la bienveillance qu'il inspirait, et comme quoi il était devenu pour les habitants de la ville, un être privilégié. Quoique vivant des sous qui lui tombaient dans la main, ce n'était pas positivement un mendiant, du moins l'aumône il ne la demandait jamais, quelquefois même il refusait les offres s'écriant qu'il avait assez pris pour sa journée.

Ce fut ce garçon inoffensif que la femme Hare avisa un matin, au commencement du mois d'Octobre 1828, rôdant sur le marché aux herbes. S'étant aperçue qu'il avait l'air de chercher quelqu'un, la Hare, qui avait souvent échangé avec lui quelques paroles dans la rue, l'aborda. « Après qui courez-vous ? » demanda-t-elle, « Je cherche ma mère », répondit-il, « l'auriez-vous vue par hasard ? » Elle est chez moi » répliqua la femme. A ces paroles, le jeune homme la suivit sans défiance, comme aurait pu faire tout autre à sa place. Le hideux Hare était chez lui, attendant le retour de sa *pourvoyeuse*. Il ne paraît pas qu'un seul mot ait été échangé entre les époux, à l'entrée de Jamie ; du reste ce n'était nullement nécessaire. Ils étaient à sec, un étranger avait dépassé leur seuil, pour un tel cas tout était prévu, les rôles étaient préparés, chacun savait d'avance ce qui lui restait à faire. La Hare, laissant Jamie avec son mari, courut avertir Burke, qui était dans une boutique voisine. Elle lui marcha sur le pied, signe qu'il y avait *affaire,* et lui le comprenait ainsi sur-le-champ, car il avait déjà vu de la fenêtre Jamie s'en allant à la remorque de la femme Hare, marchant, c'est sa propre expression, « comme un agneau, au sacrifice ». Il se rendit immédiatement à l'abattoir.

Jamie était assis à côté de Hare, buvant du whisky, c'était de rigueur, mais n'en buvant pas assez pour le compte de ses hôtes. Il regardait à chaque instant la porte, espérant toujours voir entrer sa mère. On l'invita à passer dans la chambre de derrière et à se coucher sur le lit, en attendant l'arrivée de sa parente. C'est ce qu'il ne tarda pas à faire, un peu étourdi par ce qu'on lui avait fait avaler, mais non pas gris, et se refusant absolument à une orgie prolongée. Bientôt, il était paisiblement endormi.

Burke et Hare se consultèrent. Ce n'était pas là le sommeil qu'il leur fallait, ce sommeil de plomb qu'ils avaient acquis l'habitude de perpétuer, sans laisser de traces sur la victime, et sans eux-mêmes courir de danger. Au contraire, il s'agissait d'engager une lutte avec un jeune homme doué d'une vigueur peu commune, et qui, subitement réveillé, était même capable de venir à bout de ses assaillants. « Il est trop fort pour vous » dit Hare, et en effet, Burke attendit quelque temps, mais, à la fin, comme s'il eût été aiguillonné par un démon, il se jeta tout d'un coup sur Jamie, et le saisissant à la gorge, s'efforça de l'étrangler.

Alors, une lutte épouvantable s'engagea. L'instinct de la conservation eût pu éclairer un être encore moins partagé des dons de l'intelligence, que ne l'était le pauvre Jamie, sur le danger immédiat, pressant, qui se présentait. Se réveillant en sursaut, il empoigna son assaillant et le rejeta à quelques pas du lit. Sautant ensuite sur le plancher, debout au milieu de la chambre, il s'apprêta à faire face à une nouvelle attaque. Elle ne se fit pas attendre. Burke, furieux et craignant de voir échapper sa proie, revint à l'assaut et tenta de le terrasser. Mais Jamie était aussi fort que lui, et de plus, il combattait pour sa vie, de sorte que Burke était sur le point d'avoir le dessous, lorsque apostrophant Hare qui jusqu'alors s'était abstenu de la lutte, « Je te poignarde » hurla-t-il, « Si tu m'abandonnes ! » Cette menace parut déterminer Hare, qui, saisissant l'idiot par les jambes, juste au moment ou Burke vaincu était sur le point de lâcher prise, parvint à le jeter par terre.

Cependant tout n'était pas terminé. Hare, de ses mains infernales fermait la bouche et les narines de l'agonisant, tandis que Burke, appuyé sur le corps, s'efforçait de l'assujétir. Plusieurs fois le malheureux, par un effort suprême, parvint à les rejetter, et les deux assassins, suant, haletants, revinrent à la charge. Il fallut au moins un quart d'heure pour achever la victime.

De tous les crimes commis par la bande, cet assassinat fut sans aucun doute le plus imprudent. Supprimer une existence tellement en vue, un individu connu de toute la ville, c'était déjà d'une hardiesse inouïe. Mais que le coup ait été monté avec prévision forcée de faire passer le cadavre sur une table de dissection, voilà qui serait in-

croyable, si ce n'était pas la vérité. Il y avait mille contre
un à parier, que, parmi les étudiants réunis pour la leçcn
d'anatomie, quelques-uns reconnaîtraient Jamie, et qu'une
découverte s'ensuivrait. Cependant il n'en fut rien, quant
à la découverte au moins; mais il est certain que des
bruits circulèrent, venant on ne savait d'où, d'après
lesquels le corps de l'idiot aurait été vu chez un chirurgien. Cependant, personne ne fit de réclamation. L'audace de la bande alla toujours s'augmentant, jusqu'au
dernier crime dont les incidents sont déjà connus du
lecteur.

Nous avons laissé Burke et la Mac Dougall écroués au
dépôt, où Hare et sa femme ne tardèrent pas à les rejoindre.
Le Lord Advocate (procureur général), averti de la découverte, se livra sur-le-champ à des perquisitions minutieuses. Il entrevoyait déjà toute une série de meurtres
systématisés ; mais, dans l'espèce, que faire ? Des témoignages qu'il avait recueillis, il résultait assez clairement,
qu'un assassinat avait été commis sur la personne de
Margery Docherty (c'était le nom de la dernière victime,
ou du moins un des nombreux noms qu'on lui a donnés).
Cependant, il n'était pas facile de réunir des preuves accablantes contre qui que ce fût. Etait-ce Burke qui avait
fait le coup, était-ce Hare, les femmes avaient-elles trempé dans le crime ? Une certitude morale ne suffirait pas
au jury ; il ne suffirait pas non plus de leur mettre sous
les yeux un crime incontestable, il fallait avant tout,
que la personne accusée fut désignée par la logique
inexorable des faits prouvés, comme le vrai coupable.
Or, le Lord advocate pensait avec raison, qu'un procès
aboutissant à un verdict de « not proven » non prouvé,

serait nuisible à la réputation de la justice, et à un plus haut degré, aux intérêts publics.

Les cas de Mary Patterson et de Daft Jamie, dont divers témoignages permettaient enfin de pénétrer le mystère, présentaient d'autres difficultés plus sérieuses encore. A commencer : le *corpus delicti* demandé par la loi anglaise, comme préliminaire obligé d'une poursuite, n'existait pas. Personne n'était en état de déposer devant un tribunal qu'il avait vu et reconnu le corps de l'un ou de l'autre (l'étudiant dont nous avons parlé plus haut, s'était gardé de souffler mot à la justice), et, ces cadavres, en supposant toujours un assassinat, avaient complétement disparu. C'était précisément ce que les associés avaient prévu, là où la découverte n'aurait lieu qu'un certain temps après le crime.

En France, un juge d'instruction se serait vite mêlé à l'affaire; il aurait interrogé, confronté entre eux, apostrophé, torturé les prévenus, et peut-être serait-il arrivé à leur arracher des aveux. Ce procédé peut réussir quelquefois, là où d'autres feraient faute. Ce n'est peut-être pas à moi de critiquer les us et coutumes des peuples étrangers, mais il est certain qu'un pareil système répugnerait en tout au caractère anglo-saxon. Chez nous, comme en Amérique, tout se fait en dehors de l'accusé. Il est censé être innocent, jusqu'au moment où le jury aura prononcé sur son compte. Or, tel du moins est notre avis, il serait injuste de forcer un innocent à parler, bon gré mal gré. Que, *proprio motu*, il essaie de se disculper, qu'il fasse des révélations, ou qu'il dise n'importe quoi, touchant l'accusation, on se servira de sa déposition volontaire au procès, à condition toutefois que l'agent de police, commissaire, magistrat de première instance, ou tout autre auquel il aura adressé ses confidences, l'ait préalablement averti que ses observations, quelles qu'elles soient, seront rédigées par écrit, et paraîtront dans le dossier de l'affaire.

Nous avons, il est vrai, un autre procédé consacré par la jurisprudence anglaise, l'admission de ce qu'on appelle « K'ings Evidence » (le témoin de la Couronne). Il ne peut être employé que lorsque plusieurs individus se trouvent sous le coup de la même inculpation. Alors la justice accepte, dans certains cas, et même excite jusqu'à un certain point les aveux offerts par l'un des accusés et lui promet le pardon, à la condition toutefois de soumettre sa déposition en personne au tribunal, et de subir un interrogatoire des plus rigoureux, de la part des défenseurs. A cette intention, on choisit d'habitude celui d'entre les principaux prévenus qui paraît le moins coupable. Ce système est fort discutable, je l'avoue, mais il faut ajouter qu'il n'est presque plus en usage. Sur l'observation qu'il est tout aussi facile d'en abuser que des moyens employés par les juges d'instruction pour arracher des aveux, sauf à les traduire ensuite dans leur langage à eux, et à faire signer, souvent par des paysans ignorants, des confessions dont ces derniers sont incapables d'apprécier la juste valeur, eh bien, soit! je répondrai: mais depuis trente ans, je ne connais que peu d'exemples de cette procédure, tandis que les juges d'instruction fonctionnent tous les jours.

En face de crimes tels que nous les avons fait connaître, la Justice finit par adopter ce système. Il fallait choisir entre les deux hommes, car les femmes ne seraient

peut-être passibles, en tout cas, que des travaux forcés, comme ayant agi sous l'impulsion de leur mari ou
entreteneur. Mais, de Burke ou de Hare, quel était le
moins coupable ? Une comparaison pareille était impossible, et il était urgent de prendre celui qui le premier se
montrerait disposé à *manger* son camarade. Or, puisque
Hare paraissait tout prêt à entrer dans la voie des révélations, on lui promit le pardon, à condition toutefois
d'une confession complète, et on lui adjoignit sa femme,
en partie comme appui de l'accusation, en partie sans doute
pour éviter le triste spectacle d'une femme condamnée à
mort ou aux galères, par l'intermédiaire d'un mari plus
coupable qu'elle.

Ce fut en décembre 1828 que Burke et Mac Dougall
comparurent devant la Haute-Cour de Justice d'Edimbourg,
présidée par le Lord Justice Clerk Boyle. L'acte d'accusation renfermait trois chefs: 1º Homicide volontaire et
avec préméditation commis sur la personne de Mary
Patterson, en avril 1828, dans la maison de Constantin
Burke, frère de l'accusé ; 2º Homicide volontaire et avec
préméditation sur James Wilson, portant le sobriquet
de Daft Jamie, en octobre 1828, dans la maison de Hare,
Tanner's-Close ; 3º Homicide volontaire avec préméditation sur Margery Docherty, en novembre 1828, dans la
maison de Burke, Portsburgh. Il y avait cinquante-cinq
témoins à charge. Le Lord Avocat, occupait ce qu'on ap-
pellerait en France le siége du Ministère Public. Le bâ-
tonnier de l'ordre des avocats (Dean of faculty), était le
défenseur de Burke ; le célèbre Henry Cockburn, depuis
Lord Cockburn, était celui de Mac Dougall.

Après une délibération préliminaire, la Cour, sur la

demande des défenseurs, ayant consenti à la séparation des trois chefs, arrêta, en outre, que le troisième en ordre serait porté le premier à la connaissance du Jury. Ce fut donc uniquement sur l'assassinat de Docherty que roulèrent les débats (1).

Nous passerons sur ce procès, qui ne fut, du reste, qu'une amplification des incidents déjà connus du lecteur. Il ne restait aux défenseurs qu'un seul moyen, celui de récuser le témoignage de Hare, comme indigne de créance. Il était impossible, insistèrent-ils, d'ajouter foi à des dépositions provenant d'êtres tels que Hare et sa femme s'étaient montrés, d'après leurs propres aveux. Mais, en vérité, ces dépositions avaient été confirmées d'une façon si éclatante, dans leurs parties essentielles, que le résultat ne pouvait être douteux, du moins pour Burke. Celui-ci le vit assez clairement, et dans la pensée que sa compagne serait enve-

(1) En Angleterre, la procédure est toujours celle qu'a suivie la Cour d'Edimbourg, dans ce procès, c'est-à-dire que les différents chefs d'accusation sont soumis au jury séparément. Ainsi, dans l'espèce, Burke serait jugé pour l'assassinat de la Docherty. Si le jury rendait un verdict affirmatif, on n'irait pas plus loin, car il serait impossible de pendre le condamné deux fois. Si, au contraire, le jury l'acquittait, la Cour procéderait à l'affaire Patterson, et ainsi de suite.

En France, à ce que je crois, tous les crimes imputés à l'accusé seraient jugés en même temps, probablement dans le but d'éclairer la Cour et le public sur l'affaire en entier, et de jeter un jour complet sur toutes ces ténèbres.

Chaque système a ses mérites, et ne pourrait être modifié sans un changement complet dans les habitudes judiciaires du pays, où il prévaut. Celui des Anglais a certainement le mérite d'être de beaucoup le plus expéditif. Ainsi, le procès de Burke n'a duré qu'un jour et une nuit.

loppée dans la condamnation, il se pencha vers elle pendant que le jury délibérait, et lui indiqua l'attitude qu'elle devait maintenir, lors de la déclaration du verdict. Cependant, à la surprise universelle, le jury rendit un verdict de « coupable » dans le cas de Burke, et de « non prouvé » dans le cas de Mac Dougall. Alors, le condamné, se tournant de nouveau du côté de sa maîtresse, « Nelly, vous voilà sortie du pétrin », dit-il.

Au contraire de ce qui se passe en France, où le président se borne à prononcer l'arrêt de la cour, en terminant par la formule consacrée, « Vous avez tant de jours pour vous pourvoir en cassation », le juge, en Angleterre, a l'habitude de faire précéder la sentence de quelques paroles convenables. Comme échantillon de ces discours adressés *au prisonnier*, nous citerons les observations de Lord Boyle.

« William Burke, vous avez été reconnu coupable, par un jury respectable de vos concitoyens, de l'assassinat que l'acte d'accusation vous avait imputé, et j'ajouterai que les témoignages produits à votre charge, ont été de nature à ne laisser aucun doute dans l'esprit de ceux qui les ont entendus. Je n'occuperai pas le temps de la Cour en m'étendant davantage sur les détails de cet horrible forfait ; je me bornerai à dire que jamais crime d'une noirceur plus profonde ni plus atroce, en raison du sang-froid qui l'a accompagné, des calculs et des combinaisons systématiques qu'on y a apportés, de la bassesse des motifs qui l'ont inspiré, n'a été porté à la connaissance d'aucun tribunal. Et si jamais le cas s'est présenté où il a été absolument hors de doute que l'arrêt de la cour serait exécuté, c'est bien le vôtre. Soyez donc persuadé que vous n'avez désormais d'autre devoir à remplir, en ce monde, que celui de vous préparer à paraître devant le trône de Dieu, pour y répondre de ce crime, et de tous ceux que vous avez commis. En ce qui concerne l'arrêt de la cour, le doute ne m'est permis que sur un seul point, à savoir s'il ne serait pas à désirer que votre corps fût exposé enchaîné (1) comme un exemple pour l'avenir. Mais, eu égard à ce qu'un tel spectacle aurait de révoltant pour les yeux du public, je m'associe à la pensée de mes collègues, en estimant qu'il sera convenable que votre sentence soit exécutée dans les conditions ordinaires, accompagnée toutefois des suites prescrites par la loi, en cas d'assassinat, la dissection du corps. Et j'espère que si jamais il est d'usage de conserver les squelettes des suppliciés, le vôtre sera conservé, afin que la postérité puisse garder le souvenir de vos crimes atroces. Vous seul savez la vérité sur les autres forfaits qui vous sont imputés ; je n'y fais allusion qu'avec l'intention de vous inviter, pour la dernière fois, à implorer la miséricorde du Tout-Puissant. »

La condamnation de Burke fut accueillie de hourras prolongés par la vaste foule qui encombrait les alentours du Palais de justice. Il en fut bien autrement de la réponse du jury sur le compte de Helen Mac Dougall, dubitative dans la forme, mais négative quant au résultat. On se demandait, non seulement dans la rue, mais aussi dans les tribunes et sur les siéges des avocats, quels pouvaient être les motifs déterminants, qui avaient amené le Jury à formuler une telle réponse ; car la participation de la prévenue au crime était évidente au point de vue moral, et,

(1) Voy. Aram. Note à la fin.

qui plus est, légalement constatée. Le jury a dû s'arrêter à l'idée qu'elle avait agi uniquement sous la domination de Burke, craignant peut-être pour ses jours, si elle se refusait à ses volontés. C'était là, un raisonnement qui ne cadrait pas avec les faits, qui était inadmissible au sanctuaire de l'intelligence mais qui a pu passer du côté du cœur.

Burke, reconduit en prison, se livra à un accès de fureur contre Hare, ce qui, vu les circonstances, était assez naturel. Ensuite il s'occupa de la toilette qu'il devait porter sur l'échafaud ; il souhaitait, disait-il, paraître convenablement *devant le public*. A ce propos, une conversation singulière qui peint l'homme, s'établit entre lui et l'un de ses gardiens.

— Je crois, dit-il tout à coup, que j'ai des droits aux cinq livres (125 fr.) que le Docteur Knox ne m'a pas encore payées pour le corps de Docherty.

— Ah ! répondit le gardien surpris, si vous le prenez sur ce ton, souvenez-vous au moins que le Docteur Knox a perdu par suite de l'opération, puisque on lui a enlevé le cadavre.

— Ce n'est pas mon affaire, je lui ai livré le sujet, c'était à lui de le garder.

— Mais vous oubliez que si la somme était payée, Hare pourrait en réclamer la moitié.

Après un moment de silence, le condamné reprit : Ma foi, j'ai une paire de pantalons en assez bon état, mais puisque je dois paraître devant le public, je voudrais avoir l'air *respectable*. Je n'ai ni habit, ni gilet convenables, et si je pouvais toucher les cinq livres, j'aurais de quoi me procurer ces vêtements.

On voit que Burke ne niait pas ses crimes ; au contraire, cédant aux obsessions des ecclésiastiques catholiques et protestants qui étaient venus le sermonner à tour de rôle, il dicta plusieurs aveux, mais des aveux incomplets, se contredisant souvent entre eux; on s'aperçoit qu'ils ont été motivés par une espèce de politesse ou plutôt de fatigue, par le désir de se débarrasser au plus vite d'une demande importune. Tout ce qui en résulte clairement, c'est que le misérable avoue avoir commis seize assassinats avec l'aide de Hare, et qu'il y a lieu de croire que ce chiffre a été dépassé.

Il avait plu la veille de l'exécution et dans la cour intérieure de la prison que le cortége funèbre avait à traverser, en passant de la cellule au gibet, quelques petites mares d'eau s'étaient formées sur les dalles. Le condamné les évita avec un soin particulier, marchant sur la pointe du pied, avec la plus grande délibération. L'instrument de mort avait été dressé sur le toit de la prison, qu'environnait une foule énorme; on l'a évaluée à trente mille personnes pour le moins. Au moment où Burke parut sur l'échafaud, des cris terribles se firent entendre : « Tuez-le » « Burkez-le ! « Pas de miséricorde » Où est Hare ? « Vous allez revoir Daft Jamie dans un instant ! » telles furent les exclamations qui sortirent des gosiers de cette populace enflammée. C'était un phénomène tout à fait exceptionnel en Écosse, où le criminel sur l'échafaud, quels qu'eussent été ses forfaits, était reçu habituellement par le public, sinon avec sympathie, du moins en silence.

Bientôt l'assassin jeta un mouchoir de poche qu'il tenait à la main, et la justice humaine était satisfaite.

Ajoutons, pour en finir avec Burke, que son squelette

ne fut pas conservé, comme l'avait désiré le président de
la cour. Le cadavre pourtant, après une exposition publique de deux jours, fut livré aux chirurgiens.

Pendant ce temps, Hare, resté en prison, était devenu
une source d'embarras pour l'autorité. La voix publique
demandait à grands cris sa punition, et d'un autre côté
le pardon lui avait été accordé. Mais à quoi ce pardon
se rapportait-il ? (c'était ainsi que l'on raisonnait) évidemment à sa complicité dans le crime pour lequel Burke avait
souffert : l'assassinat de la femme Docherty. Il ne pouvait
être étendu à d'autres assassinats, dont le tribunal n'avait
pas pris connaissance. S'il en était autrement, le Lord
Advocate se trouverait armé de pouvoirs vraiment
effrayants ; il serait de sa compétence, non seulement
d'assurer l'impunité à un crime en particulier, ce qui, dans
l'intérêt public, pourrait être admis, mais en même temps,
de passer l'éponge sur tous les crimes antérieurs d'un
prévenu.

Restait à considérer la question des parties civiles. En
admettant que le pardon du roi accordé à Hare comme
assassin de la femme Docherty était suffisant pour empêcher les parents de celle-ci de se porter parties civiles
contre lui (ce qui était évident) ; en admettant, de plus,
que la Couronne restait parfaitement dans son droit, en
se désistant d'une poursuite contre Hare pour un autre
crime quelconque, par exemple, l'assassinat de Daft
Jamie ; pouvait-on affirmer que dans ce cas les parents
de Daft Jamie étaient également déboutés de leur
demande ? Tels furent les moyens invoqués par le célèbre
avocat Cockburn, plaidant pour la mère de Daft Jamie, qui
s'était portée partie civile. Mais la Cour, après une étude

profonde de la question, décida que le pardon accordé à Hare était un pardon complet, se rattachant à tous les chefs qui avaient figuré dans l'acte d'accusation. Cette décision était évidemment juste, et elle n'a jamais été contestée par les jurisconsultes anglais.

La justice s'étant dessaisie de l'affaire de Hare, restait à se dessaisir de Hare lui-même, ce qui, dans l'état de surexcitation des esprits, n'était pas chose facile. Nous ne connaissons, dans les annales criminelles, guère d'épisodes plus curieux que l'escamotage de ce monstre, pratiqué par les autorités, aux dépens de la vengeance populaire. Le lecteur nous saura gré d'en rapporter quelques incidents.

Vingt-quatre heures après l'arrêt de non-lieu rendu à son égard, vers la nuit tombante, on fit sortir Hare de sa prison, accompagné d'un gardien. C'était l'hiver, et un froid rigoureux se faisait sentir. On avait donc eu l'idée d'affubler Hare d'un immense manteau, en lui recommandant de s'en servir pour bien cacher sa figure: ce qui, par le temps qu'il faisait, paraîtrait assez naturel. On le dirigea d'abord sur la place de la poste, d'où le gardien, ayant appelé un fiacre, le conduisit à Newington, faubourg d'Edimbourg traversé par la malle-poste de Dumfries, sur la route de l'Angleterre. Une place avait été retenue pour lui au bureau central, au nom de Black, et c'est ce nom qui figurait sur la feuille de route. A l'arrivée de la malle, il grimpa sur l'impériale, sans provoquer le moindre soupçon, ni de la part du conducteur, ni des autres voyageurs, en répondant, par un signe de tête, aux adieux du gardien, qui eut soin de crier bien haut : « Bonsoir, Monsieur Black, je vous souhaite bon voyage ! »

A Noble House, deuxième relais sur la route de Dumfries, vingt minutes étaient accordées aux voyageurs pour le souper. Ceux de l'intérieur descendirent à cet effet, et Hare fut assez imprudent pour les suivre. Il s'assit d'abord près de la porte, toujours couvert et entortillé de son manteau. Puis, un des voyageurs lui ayant demandé s'il n'avait pas froid, il répondit que oui, et, s'avançant, se chauffa devant le feu. Par hasard, il se trouvait parmi les voyageurs qui étaient en train de souper, un certain M. Sandford, qui avait plaidé contre Hare, en soutenant la demande des parents de Daft Jamie. Celui-ci reconnut son homme sur-le-champ, et en fut reconnu.

Le cor du conducteur ayant sonné l'heure du départ, Hare voyant qu'il restait une place vide à l'intérieur, osa s'y installer. Aussitôt, « sortez ! » s'écriat l'avocat indigné, et force fut à l'intrus de se percher de nouveau sur l'impériale. Pourtant, M. Sandford, voulant s'excuser de ce que sa conduite semblait montrer de brutal, fit part de sa découverte à ses compagnons de voyage. Inutile de dire qu'à l'arrivée de la diligence à Dumfries, la nouvelle vola de bouche en bouche.

Hare était allé se reposer dans le bureau de la diligence qui devait partir pour l'Angleterre, le matin même. C'était de ce côté, nous l'avons dit, qu'il avait été dirigé, l'autorité s'étant décidée à lui assurer un passage libre jusqu'à la frontière. En attendant, la nouvelle : « Hare est dans la ville ! » avait ému toute la population. Vers les dix heures du matin, douze mille personnes étaient sur pied. Le bureau était envahi, et la police mandée sur-le-champ, eut toutes les peines du monde à sauver Hare. Les portes de la cour donnant sur la rue ayant été fermées, on fit sortir le malheureux par un passage obscur, communiquant avec une allée qui longeait les écuries. Là, une chaise de poste l'attendait, car il s'agissait de traverser un pont, et de gagner la prison située de l'autre côté de la rivière qui traverse Dumfries.

Les chevaux brûlaient le pavé, le cocher prenant toujours par les rues les plus écartées, lorsque la foule s'aperçut de la manœuvre. Ce fut alors une vraie course au clocher dans la direction du pont, avec espoir d'intercepter la chaise de poste. Il y eut un moment où celle-ci, en tournant un coin, se trouva balancée sur les deux roues intérieures; or, une culbute pour Hare, c'était en tout cas la mort. Enfin le cocher, distançant la meute de quelques pas, réussit à gagner la prison, dont la porte restée grande ouverte se referma aussitôt sur le malheureux Hare.

Cependant, tout n'était pas terminé. La foule affamée de la vie du misérable, déçue de son espoir, et grossissant à chaque minute, devenait de plus en plus dangereuse. De quatre heures à huit, il n'y eut que cris, jurements, mouvements convulsifs et déréglés d'une masse d'hommes, tous mûs par une volonté commune, mais ne sachant à quel expédient recourir pour en assurer l'exécution. Enfin, vers les huit heures, la résolution fut adoptée d'enfoncer les portes de la prison, en se servant d'une énorme barre de fer en guise de bélier. Cet instrument joua si bien son rôle que, pendant quelque temps, la réussite de l'entreprise parut assurée. Ensuite on parla d'apporter des barils de goudron, et de mettre le feu à la porte. La milice, appelée à la fin, parvint à disperser la foule, mais ce ne fut que bien avant dans la nuit, que la place fut vidée.

L'occasion parut bonne au gouverneur de se débarasser de son hôte, et Hare, qu'on fit sortir par une porte de derrière, fut dirigé, par des sentiers détournés, sur la frontière anglaise, qu'il gagna au point du jour. A cinq heures un quart du soir, on le vit assis sur un monceau de pierres, à deux milles de Carlisle. Il paraît qu'il avait été encore une fois reconnu, et qu'un passant lui avait fait part de l'intention émise par les habitants de cette ville, de le tuer s'il pénétrait chez eux. Il avait l'air complétement anéanti; mais à cette nouvelle, il se détourna de son chemin, et prit la route de Newcastle. Depuis lors, on n'a jamais su au juste ce qu'il est devenu. Si Lord Lytton a raison, en écrivant qu'un mauvais cœur et une bonne digestion constituent les grands secrets de la longévité, il est peut-être vivant à l'heure actuelle.

NOTE

Pour les détails de cette affaire, j'ai puisé largement, je dois l'avouer, dans un petit livre anglais intitulé « la cour de Cacus, ou l'histoire de Burke et Hare ». C'est un volume d'un style prétentieux et ampoulé, où le fil du récit est à chaque instant coupé pour faire place à des réflexions figurées, et quelquefois religieuses. Mais au fond de tout ce verbiage on trouve les faits assez fidèlement rendus. Comme j'étais en voyage lorsque j'ai écrit le chapitre qui précède, et que je ne pouvais emporter toute une bibliothèque avec moi, je me suis servi de ce livre, plus librement que je ne l'aurais fait dans une autre circonstance. A mon retour, j'ai consulté les documents originaux, mais je n'ai pas trouvé beaucoup à changer.

Dans une note, à la fin de son ouvrage, l'auteur raconte

à propos de cette affaire un fait curieux. Une nourrice irlandaise, âgée d'environ soixante ans, au service d'une dame anglaise, vivant à Paris en 1859, aurait été reconnue pour la femme de Hare. Ou plutôt, car elle ne l'a pas avoué, des indices très forts l'auraient indiquée comme telle.

Je me souviens que vers cette époque, la même histoire m'a été racontée par des parents, à ce que je crois, de la dame en question. Mais je ne puis me rappeler au juste ni par qui, ni dans quelle circonstance la communication m'a été faite.

Toujours sur ce chapitre, parmi les aveugles qui mendiaient dans les rues de Londres, il y a environ trente ans, il y en avait un, dont je me rappelle parfaitement la figure : il était d'une laideur repoussante, le visage tout sillonné de cicatrices affreuses, c'était comme si la peau lui eût été arrachée, laissant à nu les chairs. La légende circulait que cet homme était Hare, qu'il était entré comme ouvrier chez un maçon, qu'un jour il avait été reconnu, et que les autres ouvriers l'avaient jeté dans la chaux vive, dont il était sorti aveuglé et défiguré de la sorte.

Ayant entendu dire que Charles Dickens avait examiné cette légende et pouvait en constater la vérité, j'ai consulté à cet égard l'illustre romancier ; il me répondit, je m'en souviens, qu'il n'avait rien trouvé, et qu'il n'en savait pas plus long que les autres à ce sujet ; mais à propos de cela, continua-t-il, vous souvenez-vous de Bean qui tira sur la reine, il y a bien des années, et qui depuis fut grâcié ? « Parfaitement, répondis-je ». Eh bien, connaissez-vous de vue le petit homme qui vend des journaux à la station des steamers au pont de Londres ? « Je crois

l'avoir remarqué, un petit bossu porteur d'une figure assez vilaine. « C'est bien cela. Eh bien, celui-là, c'est Bean,
je puis l'affirmer. Quant à Hare, je vous le repète, je n'ai
rien trouvé. »

IV

LE ROI DES PICKPOCKETS

On entend souvent dire, à l'égard des malfaiteurs célèbres, que s'ils avaient déployé dans un travail honnête,
la même intelligence et la même persévérance qui ont
signalé leur carrière criminelle, ils seraient probablement
arrivés à une haute position. Cette appréciation est, selon
moi, fort contestable. L'homme de cette trempe n'est que
rarement doué de grands talents, et si par hasard il en a,
ce n'est pas par sa façon de faire la guerre à la société,
qu'il en donne la preuve. De ce côté, il est plutôt rusé
que vraiment habile. Ses combinaisons sont tout au plus
ingénieuses, et manquent presque toujours de l'esprit de
suite. Du moment qu'il a atteint son but immédiat, qui est le
plus souvent la satisfaction de quelque besoin matériel,
il se relâchera, jusqu'à ce que son appétit, réveillé de
nouveau, le pousse à de nouvelles entreprises. Ce n'est
pas dans de pareilles conditions que la fortune, à moins
d'un heureux hasard, est jamais conquise. Lord Macaulay parle quelque part des sauts et bonds fébriles de la
médiocrité, qui aspire à parvenir, tout en les contrastant
avec les efforts lents et patients du vrai mérite. Or, cette
fièvre d'arriver quand même est précisément le propre

des grands scélérats, c'est elle qui les fait tels qu'ils sont, elle leur inspire parfois des idées qui ne manquent pas d'une certaine finesse, mais elle les rend incapables de travaux sérieux.

Quelques rares exceptions ne servent qu'à confirmer cette règle. Parmi celles-ci, je ne trouve pas d'exemple plus notable que celui de Jonathan Wilde, immortalisé par le célèbre romancier anglais Henry Fielding. Le lecteur jugera.

Jonathan Wilde, fils d'un honnête charpentier, était né à Wolverhampton dans le Staffordshire, en 1682. Ayant fait un apprentissage de sept ans, chez un fabricant de boucles de souliers (fort en usage à cette époque), il partit pour Londres afin d'y chercher fortune. Ses débuts ne paraissent par avoir été brillants, car quelques mois après son arrivée il fut incarcéré pour dettes dans le comptoir (prison) de Wood Street, où il resta un temps considérable (quatre ans, dit-il dans un [mémoire justificatif qu'il publia plus tard), et d'où il ne sortit que par la bienveillance de quelques connaissances, qui se cotisèrent pour payer sa dette.

De cette détention date cependant l'origine de sa carrière équivoque.

Les prisons d'alors étaient tout simplement des maisons de force, où se trouvaient entassés pêle-mêle tous ceux dont la justice, pour n'importe quelle cause, se croyait obligée de confisquer la liberté. Le débiteur malheureux s'y voyait enfermé en compagnie, non seulement de prévenus subissant une détention préliminaire, et de condamnés pour délits correctionnels, mais aussi d'assassins et de bandits de la pire espèce. Wilde utilisa si bien son séjour dans cette geôle, qu'à sa sortie il s'était lié avec les plus hardis malfaiteurs de Londres, et même était parvenu à s'imposer à eux, commme chef de bande.

Dans la prison, il avait noué des relations intimes avec une certaine Mary Milliner, voleuse rompue à tous les vices, et qui se vantait de ses relations avec les bandits les plus redoutables de la ville. Voyant combien elle lui serait utile, il la prit pour maîtresse en titre, et le couple s'installa dans une petite maison de Cripplegate, dans la Cité. A l'aide de cette femme, il fut bientôt en rapport avec tous les hommes marquants du métier. C'était là ce qu'il lui fallait pour mettre à exécution le plan qu'il avait conçu.

Ce plan reposait sur la difficulté qu'éprouvaient les voleurs à disposer des produits de leurs vols. A une époque antérieure, les recéleurs, n'étant visés par aucune législation, achetaient n'importe quoi à un prix approchant de sa valeur réelle. Mais une loi ayant été votée, portant que quiconque achèterait sciemment un objet volé serait coupable de *félonie* (ce qui, à cette époque, entraînait la peine de mort,) ceux qui exerçaient cette industrie se trouvèrent fort embarrassés. Le danger s'étant accru, ou plutôt le métier étant devenu tout à coup presque impossible, ils se voyaient naturellement forcés de demander des profits proportionnés à la nouvelle situation qui leur était faite. Il en résultait que, le voleur ne pouvant plus disposer de ses marchandises qu'à un prix ridicule pour lui, le nombre des vols diminuait et par conséquent, les recéleurs eux-mêmes chômaient. De cet état languissant, le génie de Wilde vint tirer tout ce monde vivant de rapine.

Il invita chez lui, dit-on, les chefs de la confrérie et leur tint ce langage : « Vous savez bien mes braves, que dans l'état actuel des choses, vous n'avez pas de chance. Si vous *gagnez* quelque chose, eh bien ! en le portant chez le prêteur sur gages ou le brocanteur, vous aurez tout au plus le quart de sa valeur ; si vous l'offrez à un étranger, il est à parier dix contre un, que vous serez pincés. Il n'y a donc pas moyen de vivre de son industrie, il faut, ou mourir de faim, ou courir le risque d'être pendu, ce qui, permettez-moi de vous le dire, est diablement désagréable. Maintenant, si vous voulez suivre mes conseils, je m'engage à revendre les objets volés à leurs propriétaires moyennant une récompense en tout cas plus forte que le prix que vous pourriez en obtenir chez le marchand, et de plus, j'agirai de façon à ce que vous soyez à l'abri de toute poursuite. »

Ce projet, favorablement accueilli, fut bientôt mis à exécution. Du moment qu'un vol avait été commis par un de la bande, Wilde en était aussitôt instruit. On lui faisait connaître en même temps tous les détails, la nature de la marchandise, où, comment, et de qui elle avait été volée. Le butin était toujours déposé dans un local convenu d'avance, jamais dans la maison de Wilde.

Alors, celui-ci s'en allait chez la personne dévalisée, et lui débitait un petit conte de ce genre :

« J'ai appris par hasard, que vous avez été volé, et un de mes amis, prêteur sur gages, mais fort honnête homme, vient justement d'acheter quelques objets de valeur qui lui ont été offerts, et dont la provenance lui paraît suspecte. S'ils vous appartiennent, ce qui pourrait bien être, je ne doute pas qu'il ne vous les rende sur-le-champ, à condition toutefois que l'affaire n'ira pas plus loin, car vous concevez bien, il n'a pas envie de perdre son temps, en allant témoigner devant les tribunaux, et même cela serait inutile, car il ne connaît pas la personne qui a apporté ces objets, et ne l'a pas revue. J'allais oublier de vous dire qu'il vous demandera peut-être quelque récompense pour la peine qu'il s'est donnée. »

Neuf fois sur dix, le tour réussissait. Cependant, si la dupe se montrait par trop curieuse, Wilde prenait aussitôt un air digne ; Ma foi, monsieur, je vous ai dit tout ce que j'en savais, ne m'en demandez pas davantage : comme c'est uniquement dans votre intérêt que je suis venu, je vous demande la permission de me retirer, maintenant que je vois que je ne puis vous être utile. Quant au nom du voleur, je ne le connais pas, mais j'ai l'honneur de vous décliner le mien : Je m'appelle Jonathan Wilde, demeurant Cock alley Cripplegate, à votre service ; sur quoi, je vous salue.

Il arrivait souvent que le curieux, étant allé aux informations, et ayant appris que Wilde demeurait effectivement au lieu indiqué, lui rendait sa visite. Dans ce cas, *l'honnête prêteur sur gages* était toujours devenu plus exigeant.

Pendant les premiers temps, Wilde ne recevait pas d'argent directement de la personne volée, il partageait avec le soi-disant prêteur, marchand, courtier, brocanteur, le prétendu détenteur enfin, qui n'était autre qu'une de ses créatures. De cette façon, il conservait une bonne réputation, et la justice n'avait aucune prise sur lui.

Mais bientôt, avec le succès croissant, il changea d'allures. Ce n'était plus lui qui se mettait en quête des personnes volées, au contraire celles-ci étaient obligées de lui rendre visite. Il avait monté un bureau, s'était adjoint un commis, et donnait des consultations, entouré de tous les accessoires d'une vraie clientèle. A l'entrée, on demandait un honoraire d'une couronne (six francs) pour la consultation. Ensuite, Wilde interrogeait le visiteur sur tous les détails du vol dont il avait été la victime. Est-ce que par hasard, il soupçonnerait quelqu'un ? Quelle récompense voudrait-il offrir ? Tous ces item ayant été soigneusement inscrits dans un grand cahier, Wilde congédiait le client, avec promesse de s'enquérir de l'affaire, et en le priant de repasser dans quelques jours.

Lorsque le client reparaissait à *l'étude*, Jonathan lui disait parfois: Mon Dieu, Monsieur, je crois avoir déniché votre propriété, mais voilà que les coquins qui l'ont dérobée, prétendent pouvoir l'engager à un prix excédant la récompense que vous offrez. Maintenant, c'est à vous de vous décider ; en attendant, je ferai de mon mieux, pour amener ces vauriens à la raison. Par ce moyen, lorsqu'il s'agissait par exemple de bijoux de famille, on soutirait aux individus des sommes bien plus fortes que la vraie valeur des objets, et même les livres de caisse, journaux, titres, lettres, toutes sortes de choses qu'il était impossible de placer chez les marchands, et qui avaient été jusqu'alors complétement négligés par la bande, furent pour les nouveaux associés une source de gain.

Nous avons dit que Wilde ne manquait jamais d'interroger minutieusement ceux qui se présentaient chez lui pour lui demander son aide. Dans la plupart des cas, les détails lui étaient parfaitement connus d'avance, et ce procédé n'était ordinairement adopté qu'à l'effet de le dégager de toute responsabilité en le posant comme complétement étranger à l'affaire. Si par hasard le client était doué de quelque perspicacité, c'était toujours un moyen de sauver les apparences. Mais aussi, comme dessous des cartes, il avait un but, inconnu de son interlocuteur, en faisant préciser les faits; ce qu'il apprenait lui servait à contrôler ses hommes. Ceux-ci n'osaient soustraire à leur profit aucune partie du butin, convaincus que Wilde saurait la vérité et les punirait de leur supercherie. En effet, il dénonça plusieurs d'entre eux qui avaient tenté de lui en imposer.

Quelquefois, c'était réellement de la bouche de la victime que Jonathan apprenait pour la première fois les circonstances du vol. Alors, ce devait être un des siens qui l'avait triché, ou, le plus souvent, le coup avait été fait par un étranger qui lui était inconnu. Dans ce dernier cas, il suait sang et eau pour faire arrêter le coupable et, grâce aux moyens dont il disposait, il parvenait presque toujours à le livrer au bourreau. Ayant fait pendre un certain nombre de ces intrus, aussi bien que quelques-uns de son propre troupeau qui avaient osé résister à son autorité, il se décora du nom de « Thief-Taker-General » (Empoigneur général des voleurs), et alla s'établir dans Old Bailey, près de la prison centrale de Newgate. Il est vrai qu'il jouissait d'un certain crédit auprès de la police régulière qui l'invitait quelquefois à passer la revue de certains détenus dont elle ignorait les antécédents. Sa puissance s'en trouvait singulièrement augmentée, car il découvrait toujours le moyen de faire relâcher ses fidèles, et de se débarrasser des autres.

Nous nous bornerons à citer deux ou trois exemples de sa manière de mener les affaires. Une dame de la haute société était allée faire visite à une de ses amies, dans une chaise à porteurs richement décorée et fournie de coussins en velours, suivant la mode de l'époque ; ses laquais après l'avoir déposée, se rendirent à un cabaret voisin. A leur sortie, ils ne trouvèrent plus la chaise qu'ils avaient laissée à la porte. On eut recours immédiatement à Monsieur Wilde, qui promit, moyennant une forte récompense, la restitution de l'objet dérobé. Le marché fut accepté, et l'argent remis entre ses mains. Allez demain matin, dit-il, au service à la chapelle de Lincoln's Inn., et vous trouverez ce que vous cherchez. En effet, arrivés à l'endroit désigné, ils virent, sous la colonnade intérieure de la chapelle, la chaise telle qu'ils l'avaient laissée, avec ses coussins et ses garnitures intacts.

Voici encore deux anecdotes, qui montrent jusqu'à quel point d'audace il était parvenu dans les derniers temps de sa carrière.

Une vieille dame, demeurant à Hackney, village voisin de Londres, vint le consulter sur un malheur qui lui était arrivé. Elle louait une partie de sa maison en garni, et quelques jours auparavant, une dame à l'air distingué, accompagnée d'un valet et d'une femme de chambre, était venue s'installer chez elle. C'étaient tout simplement des filous qui avaient ensuite enfoncé la porte d'une armoire, et s'étaient esquivés avec une quantité de linge et d'autres objets de valeur. Wilde ordonna à son commis de consulter son livre et de lui faire savoir qui avait *travaillé* dans Hackney, pendant la dernière quinzaine. Il ne s'agissait pas du cahier des plaintes, mais d'un autre livre parfaitement tenu, contenant la liste de la bande, et indiquant le quartier exploité par chacun d'entre eux : un vrai tableau quotidien des opérations, soigneusement tenu au courant. Après avoir feuilleté quelques pages, le commis, sans hésiter, répondit que Wapping Moll avait dû jouer la dame de qualité, Fanny Bepp la servante, et Henry Smart le valet. Wilde se mit à tempêter contre eux, c'étaient des scélérats qui avaient voulu le tricher. L'histoire ne nous dit pas comment il les punit, mais les objets, moyennant une récompense, furent rendus à la vieille dame, peu de jours après.

Parmi ses gens, il y en avait quelques-uns, l'exemple précité nous le fait voir, qui correspondaient aux voleurs de la haute pègre, du Paris moderne, les voleurs en bottes vernies et en gants jaunes du dix-neuvième siècle. Ceux-ci avaient pour mission de fréquenter les villes d'eaux telles que Bath, Tunbridge, Epsom. Ils étaient souvent accompagnés d'un compère jouant le valet de chambre. Ils fréquentaient la bonne société et ne s'attaquaient qu'aux billets de banque, bijoux, tabatières d'or, et objets de grand prix. Il y en avait même qui, sous un faux nom, pénétraient jusqu'à la Cour. A une réception royale à Windsor, Lady M... perdit une boucle en diamants. « Si on nous vole quelque chose à laquelle nous tenons, dit un livre de l'époque, nous nous rendons naturellement chez M. Wilde. » C'est ce que fit cette dame, et Wilde lui ayant demandé quelle récompense elle serait disposée à offrir, elle nomma la somme de vingt guinées. — Grands Dieux, Madame, s'écria-t-il, vous n'offrez rien du tout. il en a coûté au gentleman qui vous a allégée de vos diamants, au moins quarante guinées pour son équipage, ses domestiques, et les frais de son voyage à Windsor. (1)

Il est étonnant qu'un pareil système ait pu durer quinze ans, sans échec, après avoir valu à son auteur, dit-on, une somme ronde de dix mille livres (deux cent cinquante mille francs). A la fin, la législature se vit forcée d'intervenir, et une loi fut votée par le Parlement, décrétant que quiconque accepterait une récompense sous prétexte de restituer des objets volés, *sans poursuivre en justice les voleurs* serait coupable de « felony ». Ce bill visait spécialement les opérations de Wilde, mais il constitue la base de la législation actuelle.

On était curieux de voir à quel parti ce dernier s'arrêterait, maintenant que son industrie, il y avait tout lieu de le croire, était détruite de fond en comble. En effet, pendant un certain temps il se tint coi, et parut renoncer à son commerce habituel, mais ses antécédents lui fermaient la porte de toute carrière honnête, si toutefois, ce qui n'est pas probable, ses goûts lui eussent permis d'en tâter. Il fréta un vaisseau, qu'il plaça sous le commandement d'un certain Johnson, et l'ayant chargé de bijoux, montres, tabatières, argenterie et de toutes espèces d'objets volés, le dirigea sur Ostende. Ces marchandises ayant été vendues non seulement au port d'entrée, mais aussi à Bruges, à Gand et à Bruxelles, Johnson les remplaça par de la dentelle et du genièvre de Hollande, qu'il parvint à

(1). Il est certain que Wilde ne trempa jamais dans un assassinat, ni dans les actes de violence. De tels procédés étaient contraires à son système, et peut-être répugnait-il véritablement à l'effusion du sang. Quelques-uns des siens ayant poignardé un gentilhomme dans le Grays Inn Lane, il les fit arrêter sur-le-champ. Je ne pardonne jamais au meurtre, dit-il.

débarquer un soir sur les côtes de l'Angleterre, sans avoir affaire avec la douane. Ce commerce dura deux ans, et fut la cause indirecte de la perte de Wilde.

Pourtant, dans l'intervalle, il n'avait pas voulu se tenir pour battu, à l'endroit de l'entreprise qui lui tenait particulièrement au cœur. Voici ce qu'il imagina, pour éluder la nouvelle loi.

Lorsqu'on s'était rendu deux ou trois fois chez lui, en quête d'objets volés, (jamais il ne se livrait à la première entrevue), il répondait que, enfin, vu l'urgence de la demande, il avait pris quelques informations, qu'il ne connaissait pas au juste le détenteur, mais qu'on lui avait fait parvenir une adresse, où moyennant une certaine somme, ils seraient remis au propriétaire. Le marché conclu, un commissionnaire était appelé, et l'argent remis entre ses mains, avec ordre d'attendre au coin d'une rue, ou dans quelque allée déserte. Là, bientôt, un inconnu venait le trouver et l'échange était effectué. Mais, le plus souvent, il conseillait à ses clients, de faire insérer une annonce dans les journaux, accompagnée de l'avis que M. Jonathan Wilde était autorisé à recevoir les objets et à payer la récompense. Il mettait le plus grand soin à ne rien accepter avant la livraison. Alors seulement si le client lui demandait ce qu'il lui devait, il répondait : Rien du tout. Si vous voulez me faire un cadeau, c'est votre affaire. Qu'il soit bien entendu que je ne vous ai jamais demandé de récompense. Ce que vous me donnerez, si toutefois vous me donnez quelque chose, sera purement l'effet de votre générosité.

Wilde, comme on le voit, croyait triompher des intentions de la législature, et peut-être il eût fallu un nouvel acte du Parlement, quand, tout à coup, Johnson, le capitaine du navire qui allait toujours son train, fut arrêté, et logé provisoirement dans un cabaret de Bow, aux environs de Londres. Wilde eut l'imprudence d'aller le délivrer, en compagnie de quelques-uns de ses satellites. Arrêté lui-même pour ce fait, il parut devant la cour criminelle, le 24 février 1725, sous la prévention d'avoir aidé à l'évasion d'un prévenu.

Il pria la cour de l'admettre à fournir caution, mais en attendant, un nouveau mandat d'arrêt avait été décerné contre lui, motivé par plusieurs dépositions sous serment, et l'affaire fut renvoyée aux prochaines assises.

Comme ces dépositions contiennent un résumé exact des charges qui s'élevaient sur son compte, nous les reproduisons textuellement :

1º Il est affirmé que depuis bien des années, l'accusé était à la tête d'un grand nombre de bandits, pickpockets, voleurs de nuit, voleurs de boutiques, et autres malfaiteurs.

2º Qu'il avait établi une espèce de communauté de vauriens, dont il était le chef et le directeur, et que malgré ses prétendus services en faisant arrêter et juger des criminels, il n'avait fait prendre que ceux qui avaient caché leur butin, où qui s'étaient refusés à le partager avec lui.

3º Qu'il avait divisé la ville et la campagne en quartiers séparés, dont chacun était exploité par une bande spéciale, lui rendant régulièrement compte de leurs larcins. Qu'il se servait également d'une bande particulière chargée de voler dans les églises pendant le service, et d'autres détachements mobiles exerçant leur industrie aux alentours de la Cour, aux grandes réceptions, aux assises, aux foires de province, etc.

4° Que ses employés étaient pour la plupart des forçats en rupture de ban, choisis précisément pour cette raison, comme étant dans l'impuissance de témoigner légalement contre lui, et auxquels, vu leur position, il arrachait la portion du butin qui lui convenait, les traitant à sa guise, et les faisant pendre à sa volonté.

5° Qu'il avait de temps en temps fourni à ces forçats des habits et de l'argent, et qu'il les avait logés dans une maison pour les mieux cacher, particulièrement lorsqu'il s'en servait pour fabriquer de la fausse monnaie, ou rogner des pièces d'or.

6° Que non seulement il avait exercé le métier de recéleur pendant quinze ans, mais aussi lui-même avait souvent volé, en compagnie des susdits forçats.

7° Que pour mieux continuer ses entreprises criminelles, et se mettre en crédit auprès du vulgaire, il avait l'habitude de porter un bâton en argent, prétendue marque de l'autorité que le gouvernement lui aurait confiée, et qu'il ne manquait jamais de produire lorsqu'il était lui-même occupé à voler.

8° Qu'il avait sous sa direction plusieurs magasins ou dépôts pour la réception et le recel d'objets volés, qu'il possédait en même temps un vaisseau destiné à faire passer des bijoux, montres et autres objets de prix en Hollande, où il avait pour agent un vieux voleur émérite.

9° Qu'il tenait à ses gages plusieurs artistes chargés de transformer les bijoux, ou d'opérer des changements dans les montres, cachets, tabatières et objets de valeur, à l'effet de les rendre méconnaissables, et que souvent il faisait cadeau de ces bijoux, dénaturés de la sorte, aux personnes qu'il croyait pouvoir lui être utiles.

10° Que rarement il faisait rendre aux propriétaires les billets de banque ou les papiers qu'ils avaient perdus, à moins qu'ils ne pussent les spécifier et en donner une description exacte, et encore, demandait-il souvent comme récompense la moitié de leur valeur.

11° En dernier lieu, il paraît qu'il a souvent trafiqué du sang humain, en subornant des témoins contre des innocents dont il voulait se défaire, soit pour les empêcher de témoigner contre lui-même, soit pour gagner une récompense offerte par le Gouvernement.

Ensuite plusieurs témoins étaient nommés, pouvant déposer des faits ci-dessus énumérés.

Wilde, sous les verroux, était évidemment perdu ; il n'était plus à même de terroriser sa bande, qui, délivrée de la crainte qu'il lui inspirait, devait nécessairement fournir des témoins à sa charge. Mais la tâche de la justice fut singulièrement simplifiée par l'initiative de l'accusé, qui, avec une impudence incroyable, osa continuer son commerce dans la prison de Newgate où il était enfermé.

Le jour même où il avait été arrêté, une certaine Catherine Selthan était allée le trouver, pour le prier de lui faire rendre de la dentelle qu'on lui avait volée. Des pourparlers avaient eu lieu à ce sujet, et plus tard, le 10 mars, Wilde, alors prisonnier, lui fit savoir que si elle consentait à le visiter à Newgate, il trouverait probablement le moyen d'arranger cette affaire. Là, la comédie habituelle fut jouée, un commissionnaire cherché du dehors reçut dix guinées et revint bientôt, chargé d'une boîte contenant les dentelles. C'était trop tenter la providence, et la justice, immédiatement informée, le poursuivit pour ce fait.

Le jour même de son procès, le 15 mai 1725, il fit circuler, parmi les jurés, une liste imprimée de tous les criminels qu'il avait traduits en justice et fait condamner : voleurs de grande route, 35; auteurs de vols qualifiés, 22, forçats en rupture de ban, 10. Quant aux voleurs de boutiques et pickpockets, le nombre en était si considérable, qu'il n'avait pu en donner le chiffre. Ce sont des hommes de cette espèce, disait-il en terminant, et qui ont jusqu'à présent échappé à la justice, qui cherchent à me perdre.

Cependant, les faits étaient trop simples et trop bien constatés, pour que Wilde pût conserver de l'espoir. L'acte d'accusation renfermait deux chefs. Le premier lui imputait une participation directe dans le vol des dentelles, et sa complicité ressortait aux yeux de tous, mais il dut son acquittement à un vice de forme, qui paraîtrait assez ridicule de nos jours. Il était accusé d'avoir volé dans une boutique, tandis qu'il n'était pas prouvé qu'il fût entré dans la boutique, mais seulement, qu'il avait surveillé et dirigé le vol, tout en restant dans la rue ; mais au second chef, il n'y avait pas d'échappatoire. Il avait violé une loi spécialement faite à son adresse, et sur le verdict affirmatif du jury, il fut condamné à mort.

La veille de son exécution, il avala du laudanum. Les quatre jours précédents, il s'était presque entièrement abstenu de nourriture probablement avec l'idée de faciliter l'effet du poison. Mais son jeûne aidé de l'immense quantité de laudanum qu'il avait prise, amena un résultat contraire à celui qu'il attendait, et lui fit rendre la plus grande partie du poison. Couché dans la charrette, il paraissait presque insensible, mais arrivé au pied de la potence, il s'était un peu remis de son désordre. Pendant

le trajet, la foule l'apostrophait et lui jetait des pierres et
de la boue, et le bourreau lui ayant annoncé qu'il lui ac-
corderait un délai raisonnable pour se préparer à la mort,
la foule devint tellement impatiente, que force fut à celui-
ci de hâter les préparatifs, et Jonathan Wilde passa de
vie à trépas, le 24 mai 1725.

V

LES CONTREBANDIERS

Si le crime, comme on l'a souvent dit, est né de l'ignorance, il y aurait un livre curieux à faire sur les crimes qui
sont nés spécialement de l'ignorance des classes gouver-
nantes. Parmi ceux-ci, la contrebande obtiendrait certainement une mention déshonorante.

Il n'y a pas si longtemps, que le contrebandier était un
homme estimé de tout le monde en Angleterre, et l'agent
de la douane, un être méprisé, presque un paria. Ce sentiment n'était pas borné au peuple, il était pleinement
partagé par ce que l'on a appelé depuis la société. Sur
les côtes de la Grande-Bretagne, les propriétaires, les
magistrats, les pasteurs, fermaient les yeux discrètement
sur les fraudes commises aux dépens de la douane, lors
même qu'ils n'y prêtaient pas un concours actif. Cet état
de choses dérivait, on le pense bien, des impôts ab-
surdes et presque prohibitifs dont étaient frappés les
produits des pays étrangers, surtout ceux de la France.
Le gentilhomme se passait difficilement de son vin de
Bordeaux, la dame de ses dentelles, le fermier de son

tabac et de son thé ; tout ce monde ne pouvait voir d'un mauvais œil ceux qui leur facilitaient l'acquisition d'objets tant désirés.

Dans un des grands châteaux du Yorkshire, situé à une lieue environ de la mer, on m'a montré dernièrement un magnifique porte-liqueurs en argent ciselé, dont voici l'histoire : Au temps d'un aïeul du propriétaire actuel, la contrebande formait l'industrie principale du voisinage. Chaque fois qu'une cargaison était déchargée, ce qui avait toujours lieu la nuit, un cheval de charge était requis pour aider à transporter la marchandise en lieu sûr. Ce cheval, on le prenait toujours dans les écuries du château ; vers minuit, le cocher averti entendait du bruit et n'y faisait aucune attention : tout le monde, le maître compris, savaient parfaitement de quoi il s'agissait ; le lendemain le cheval était toujours rendu en bon état. Ce manége se renouvela bien des années. Enfin, un matin, les domestiques en ouvrant la porte extérieure du château, trouvèrent sur le perron le porte-liqueurs, avec un petit billet, non signé, on le pense bien, portant que les contrebandiers de K... priaient M. N... de vouloir bien accepter ce petit témoignage de leur reconnaissance.

Le récit d'une horrible tragédie, dont le souvenir est encore vivant dans la contrée où j'écris ces lignes, montrera, mieux qu'on ne le ferait en cent pages de description, l'impunité des contrebandiers, et le sentiment populaire à leur égard, au dernier siècle. C'est bien ici le cas de répéter que les causes célèbres aident souvent à l'intelligence d'une époque, d'une façon qui, jusqu'à présent, n'a pas été appréciée à sa valeur par les historiens.

Au mois de septembre 1747, John Dymond, (ou Dymer)

berger de Sussex, agissant sans doute pour le compte de personnes plus haut placées que lui-même, conclut un marché avec des contrebandiers. Ceux-ci s'engageaient, moyennant un certain prix, à faire passer en Angleterre une quantité de thé consignée dans l'île de Guernesey. Le prix convenu ayant été payé, les contrebandiers remplirent leur engagement en gens honnêtes, mais ils jouèrent de malheur; poursuivis à leur retour par un cutter de la marine royale, ils n'eurent d'autre ressource que d'échouer leur vaisseau et de prendre la fuite. Le vaisseau fut immédiatement saisi et remorqué jusqu'à Poole, où l'autorité après l'avoir déchargé fit loger sa cargaison à la douane.

C'était un coup du sort, qui n'était pas rare dans la partie, l'échéance d'un risque que ces hommes devaient entrevoir et d'après lequel ils avaient sans doute calculé le montant de leur prime. Mais, on n'a jamais su pourquoi cet échec leur tint singulièrement au cœur, et au lieu de se soumettre comme ils avaient l'habitude de le faire en pareil cas, ils résolurent de rentrer coûte que coûte en possession des biens qui leur avaient été ravis. Ils est probable qu'ils étaient mûs par un sentiment de vengeance et surtout qu'ils souhaitaient faire montre de leur puissance. En tout cas, vers la fin du mois de septembre, une réunion de nuit, à la lueur des torches, eut lieu dans la forêt de Charlton: soixante contrebandiers y étaient présents. Là, un plan définitif d'action fut arrêté. Une trentaine devaient faire le guet aux environs de la ville de Poole, afin d'éviter toute surprise, tandis que les autres marcheraient sur la douane, et, après avoir garrotté les officiers, s'empareraient de la marchandise.

Le plan fut exécuté dans tous ses détails. Les hommes de la bande, à leur grande joie, trouvèrent le thé intact. Il y en avait à peu près quatorze ou seize cents kilogrammes. Au clair de la lune et dans le beau milieu de la ville de Poole, ils le chargèrent sur des chevaux amenés à cet effet. Ensuite on le transporta paisiblement jusqu'à sa destination, dans le Sussex.

Cette affaire ayant eu un grand retentissement, le gouvernement afficha partout de fortes récompenses pour ceux qui lui apporteraient des renseignements de nature à éclairer la justice. Chose extraordinaire, pour se rendre de Poole au comté de Sussex, il avait fallu traverser tout le comté de Hampshire, un trajet d'au moins vingt lieues. C'était une véritable caravane d'hommes et de chevaux chargés, qui avait dû s'arrêter plusieurs fois en route, et se faire voir par des milliers d'individus. Cependant, pas un seul dénonciateur ne se présenta. Mais oui, à la fin, il y en eut un, le malheureux Daniel Chater, cordonnier, de la ville de Fordingbridge. Et même chez celui-ci, il ne paraît pas qu'il y eût parti pris, au moins dans les commencements, d'informer la justice; c'est plutôt à cause de son bavardage qu'il s'est vu immiscé dans l'affaire.

Lorsque la cavalcade défila de grand matin, à travers Fordingbridge, ville située sur son chemin, les rues, d'après un récit contemporain, étaient bordées de quelques centaines de spectateurs. Parmi ceux-ci se trouvait Chater, qui reconnut Dimond sur-le-champ, pour avoir travaillé avec lui chez un fermier. « C'est Dimond » dit-il tout haut. Celui-ci était si loin de vouloir se cacher, qu'il donna en passant une poignée de main à son ancienne connaissance, et lui jeta un petit sac de thé. Le pauvre cordonnier se mit à jaser tout naturellement, le soir, au cabaret et ailleurs, de ce qui lui était arrivé, et ses propos ne manquèrent pas d'éveiller l'attention de la justice.

Dimond, rentré chez lui, dans le comté de Sussex, fut d'abord soupçonné d'avoir participé au crime, et fut arrêté. Cependant il n'existait aucune déposition à sa charge, et, faute de preuves, il aurait probablement été relâché, lorsque M. Shearer, chef de la douane au port de Southampton, qui venait d'être informé de son arrestation, apprit presque en même temps les paroles qui étaient tombées de la bouche de Chater, et à la suite de quelques lettres échangées entre eux, Chater consentit à aider la justice, mais il n'est pas constant qu'il ait jamais demandé à partager la récompense. M. Shearer se décida à l'envoyer chez le juge de paix Batten, demeurant à Chichester (chef-lieu du comté de Sussex), pour être interrogé sur les faits qui étaient venus à sa connaissance, et surtout pour être confronté avec Dimond. Il lui adjoignit William Galley, officier de la douane de Southampton, et leur confia une lettre pour le juge Batten, expliquant le but de leur visite.

Chater et Galley partirent de Fordingbridge à cheval, avec l'intention de se rendre à Chichester. Mais à leur arrivée à Havant, petite ville sur les confins de Sussex, ayant appris que le juge était en ce moment à Stanstead, maison de campagne à peu près à deux lieues de distance, ils se dirigèrent de ce côté. Entre Havant et Stanstead, il y a un petit bourg nommé Rowlands Castle, où la malheureuse idée leur vint de faire reposer leurs chevaux, et de boire la goutte. L'auberge à laquelle ils descendirent, (elle existe encore) s'appelait le Cerf Blanc, et était tenue par la veuve Payne. Ayant appris que les voyageurs étaient à la recherche du juge Batten, cette femme conçut immédiatement des soupçons. Elle envoya chercher ses deux fils, contrebandiers comme la plupart des gens du village, et ensuite deux autres gars du même acabit, Jackson et Carter. Lorsqu'ils furent réunis, « Je crains, dit-elle, que ces gaillards ne cherchent à faire du tort à nos amis ». Les nouveaux venus se rendirent aussitôt à la salle commune de l'auberge, où on lia connaissance pendant que le rhum circulait. Avant peu, la nouvelle de l'arrivée des deux étrangers ayant parcouru le village, la salle s'emplit. A la fin, Galley et Chater, déjà à moitié ivres, demandèrent leurs chevaux, mais la veuve trouva un prétexte pour les retenir. Le garçon d'écurie était allé faire une commission dans le village, emportant la clé ; il serait de retour bientôt, et leurs bêtes seraient sellées.

On continua donc de boire, et bientôt Chater, ayant eu occasion de sortir, fut suivi dans la cour de l'auberge par Jackson, qui, dans l'intention d'éclairer ses soupçons, lui demanda à brûle pourpoint « où est Dimond ? » En prison répondit Chater, et je serai forcé de témoigner contre lui, mais j'en suis bien fâché. A ce moment, Galley s'approcha, il craignait qu'on ne tentât d'embaucher son témoin, et il l'invita à rentrer à la maison. «Que diable » s'écria Jackson, « mêlez-vous de vos affaires ! » en même temps le renversant d'un coup de poing. Le malheureux, en se relevant, eut l'imprudence de décliner sa qualité d'officier du roi. « Officier du roi ! », riposta Jackson, voici ce que j'en fais des officiers du roi, pour une bouteille de vin, je vous donnerais une nouvelle raclée, et il allait recommencer lorsqu'un des fils Payne, intervint. Vous ne savez pas, dit-il, ce que vous faites.

Après une scène pareille, il était grandement temps que les deux étrangers partissent, si toutefois ce temps n'était pas déjà passé, car la compagnie s'augmentait toujours de villageois curieux, partisans, comme on le pense bien, des contrebandiers. Cependant, Jackson ayant demandé pardon de son mouvement de colère, Galley, à moitié ivre, se laissa persuader et la réconciliation fut scellée par de nouveaux bols de punch. Le jour baissait, et les deux associés consentirent, sans trop de difficulté, à la proposition qui leur fut faite, de passer la nuit à l'auberge, d'autant plus qu'ils ne se trouvaient plus en état de continuer leur chemin. A la fin ils allèrent se jeter, tout habillés qu'ils étaient, sur un lit dans une chambre voisine.

Le moment paraissait propice; on fouilla leurs habits pour chercher la lettre à l'adresse du juge, qu'ils portaient sur eux, et dont ils avaient eu la témérité de parler, dans l'insouciance causée par l'ivresse. Carter la lut à haute voix à la société. Elle ne pouvait laisser aucun doute sur le but de leur expédition, ce qui, du reste, résultait clairement de leurs propres aveux ; c'étaient tout simplement des limiers lancés par la justice sur la piste des contrebandiers de Poole.

La lettre ayant été lue, la compagnie se mit à discuter la situation. Un d'entre eux offrit de faire transporter les espions en France, mais on lui objecta qu'ils pourraient parfaitement en revenir, pour témoigner contre Dimond et les autres. Un second opina pour les enfermer dans un réduit secret, et les y garder jusqu'à ce que la justice eût décidé sur le sort de Dimond, et ensuite de les traiter précisément comme celui-ci serait traité. Un troisième fut d'avis qu'on les jetât dans un puits situé à environ deux cents mètres du village. Les femmes de Jackson et de Carter, qui étaient survenues, se distinguaient par leurs propos furieux. « Pendez les misérables! » s'écrièrent-elles, « puisqu'ils ont l'intention de nous faire pendre. » Cependant, il ne paraît pas qu'aucun plan définitif fût arrêté. Tout ce monde, bouillonnant de rage, excité par la boisson, était tout disposé à suivre la première impulsion de vengeance qui lui serait communiquée.

Ce fut Jackson qui donna le signal. Cet homme, espèce de forcené, ayant attaché une paire d'éperons à ses bottes, s'élança dans la chambre à coucher des deux étrangers, et sautant sur le lit, se mit à les piquer au corps et au visage. Réveillés en sursaut, et, désenivrés par le danger, ils voulaient s'enfuir, mais il se virent bientôt environnés par la bande entière. On les traîna à l'écurie, où ils furent hissés tous les deux sur un cheval, et Jackson ayant demandé une courroie, attacha ensemble leurs pieds, au-dessous du ventre de la monture ; ensuite, on se mit en marche, un des contrebandiers conduisant le cheval, et les autres suivant, quelques-uns à cheval, d'autres à pied. Même à ce moment, il ne paraît pas qu'ils eussent formé un plan; ils étaient décidés à tuer leurs victimes, voilà tout, et peut-être s'étaient-ils réservés de s'arrêter chemin faisant sur la manière la plus commode de s'en défaire.

La cavalcade n'était pas encore loin de l'auberge, lorsque Jackson, toujours le plus violent, s'écria : «Battons-les, mettons-les en pièces! » et tous de se ruer sur les malheureux et de les frapper de leurs fouets. Ils y mirent un tel acharnement que bientôt les victimes, affaiblies par la douleur, ne purent plus tenir en place, et tombèrent la tête sous le ventre du cheval et les pieds en l'air. Cela arriva deux fois, et deux fois on les redressa. Enfin, comme ils côtoyaient le domaine de Lady Holt (appartenant à cette époque à un gentilhomme catholique, ami du poëte Pope), la proposition fut faite de jeter Galley dans un puits profond, qui était situé non loin de la route qu'ils parcouraient. Le pauvre Galley accueillit cette proposition avec joie, les priant de mettre fin à ses souffrances. Eh bien, s'il en est ainsi, hurla Jackson, nous n'avons pas encore fini avec vous.

Les misérables l'ayant replacé sur le cheval, reprirent leur chemin, tout en continuant de le battre. Mais bientôt son épuisement devint tel, que force fut de le mettre en travers sur un cheval, en face d'un cavalier, de sorte que sa tête pendait d'un côté, et ses pieds de l'autre. Bientôt il s'écria : « Je vais tomber » « Tombez » répliqua le cavalier qui le tenait assujetti à la croupe de son cheval, et, en même temps, il lui imprima une rude secousse, qui le jeta par terre. Comme il gisait sans mouvement, on crut qu'il avait eu les reins cassés par suite de sa chute ; le corps inanimé ayant été relevé, fut de nouveau chargé sur un des chevaux et la bande, après une vaine tentative de se faire admettre chez un certain Pescod, se dirigea sur une auberge tenue par un des leurs, le nommé Scardefield.

Scardefield, qui témoigna plus tard au procès, ne fut pas médiocrement surpris, en voyant défiler chez lui, au milieu de la nuit, toute une procession de cavaliers. Il ouvrit cependant sa porte, et Jackson et les autres lui dirent qu'ils avaient eu un engagement avec les douaniers, dans lequel ils craignaient d'avoir perdu quelques hommes. Avant de frapper à la porte, ils avaient eu soin de cacher le corps dans un hangar derrière la maison, mais Scardefield vit un homme tout couvert de sang, qui n'était autre que Chater. On le pria d'aller leur chercher à boire, mais à son retour, ils refusèrent de l'admettre dans la salle commune, où ils s'étaient installés, tenant toujours Chater sous la main. Voilà au moins, ce qu'il a raconté à la justice ; peut-être craignaient-ils d'augmenter le nombre déjà trop considérable des initiés, peut-être Scardefield lui-même eut-il quelques réticences, et en savait-il plus qu'il ne voulait avouer.

Il admit pourtant que Jackson et Carter lui ayant demandé s'il se souvenait au juste d'un endroit dans le voisinage où l'on avait précédemment caché quelques marchandises de contrebande, il consentit à les accompagner et Carter s'empara d'une lanterne et d'une pelle. Arrivé à l'endroit indiqué, il vit ce qui lui paraissait un cadavre, qu'il supposa être celui d'un des hommes tombés dans l'escarmouche, qu'on lui avait racontée. En tout cas, on creusa un trou, et le corps fut enfoui devant ses yeux. C'est ici le moment de signaler un détail affreux. Quand plus tard les restes de Galley furent déterrés, on constata que lors de son inhumation il conservait encore quelques restes de vie. Les bras du défunt, fixés dans l'attitude rigide que la mort leur avait imprimée, étaient étendus devant lui à la hauteur de la poitrine, comme pour se garer des pelletées de terre qu'on jetait sur son visage.

Pendant ce temps, le malheureux Chater avait été expédié, sous la garde de deux hommes de la bande, à une petite maison isolée appartenant à un vieillard nommé

Mills, située à la lisière d'une forêt voisine. Mills étant de la confrérie aussi bien que ses fils, on leur confia le soin du prisonnier, après l'avoir enchaîné solidement à un poteau. Ensuite, les deux délégués rejoignirent la société réunie à l'auberge, et on y passa tout le jour suivant, celui du lundi, à boire. Le lundi soir on se sépara pour se rendre chacun à son domicile, par crainte, à ce que l'on suppose, d'exciter les soupçons par une absence trop prolongée, et ensuite avec l'intention de consulter d'autres membres de l'association, et après s'être donné rendez-vous pour le mercredi suivant.

Le mercredi soir eut lieu une deuxième réunion chez Scardefield, à laquelle figurèrent plusieurs nouveaux venus, et où l'on délibéra sur le moyen le plus convenable de se défaire de Chater. Mills fils émit une proposition qui ne manquait pas d'une certaine originalité. Il opina pour poser un fusil chargé de deux ou trois balles, sur un appui, la bouche dirigée sur la poitrine de Chater ; à la détente serait attachée une ficelle assez longue pour que chacun d'entre eux pût y mettre la main ; à un signal convenu, tout le monde tirerait, de sorte que la mort de Chater serait l'œuvre de tous, et pas un ne pourrait témoigner contre les autres sans s'avouer coupable. Cette idée n'eut pas de succès et on se décida enfin à faire subir au survivant le même sort qui avait été réservé au commencement à Galley, c'est-à-dire de le précipiter dans le puits de Lady Holt.

Cette résolution ayant été adoptée, les assassins se rendirent chez le vieux Mills, où le malheureux, comme nous l'avons dit, avait été emprisonné depuis le lundi soir, c'est-à-dire pendant une durée de quarante-huit heures. Il est impossible de concevoir un état plus pitoyable que le sien ; il était tout meurtri par les coups qu'il avait reçus, on ne lui avait servi que du pain et de l'eau à petites doses, et il attendait la mort, ne sachant de quelle façon elle lui serait donnée par ses persécuteurs. Ce spectacle fut si loin de les émouvoir qu'ils se livrèrent immédiatement à de nouvelles barbaries. Un d'eux, Gapner, lui ordonna de se mettre à genoux, sa dernière heure étant venue, et le pauvre homme ayant demandé un jour de sursis, Gapner s'élança sur lui un couteau à la main et lui fit au visage une blessure qui faillit l'aveugler.

On le hissa de nouveau sur un cheval, et il fut conduit, toujours avec accompagnement de coups de fouet, jusqu'au bord du puits. Là, on lui mit au cou une corde dont l'autre bout fut attaché aux palissades qui environnaient le puits, mais, comme cette corde était courte, il se trouva que la victime resta suspendue, la moitié du corps au-dessus de l'ouverture. On se hâta donc de couper la corde et de faire disparaître Chater dans le gouffre qui avait à peu près trente pieds de profondeur. Cependant, tout n'était pas encore terminé, des gémissements sourds se faisaient entendre du fond du puits; les assassins craignant que ces cris pourraient attirer l'attention de quelque passant, le matin venu, après une vaine tentative de descendre au moyen d'une longue échelle empruntée à un voisin, lancèrent dans le gouffre des pierres et les piliers d'une barrière des champs qui se trouvaient par hasard à terre. Alors il y eut un grand silence, et le crime étant consommé, chacun s'empressa de rentrer à sa demeure.

Quinze personnes pour le moins avaient trempé dans cette affaire, dont les allées et venues durèrent, comme on l'a vu, trois jours de suite. Cependant, malgré une proclamation royale offrant une forte récompense à quiconque éclairerait la justice sur le sort de Galley et de Chater, disparus mystérieusement, sept mois s'écoulèrent avant que le jour fût fait sur ce crime atroce. Enfin, un des associés se décida à faire des révélations moyennant un pardon, et la voie une fois ouverte, tous les détails du forfait furent peu à peu divulgués. La plupart de ceux qui avaient participé au crime furent condamnés à mort et pendus. Jackson, le plus féroce de la bande, mourut en prison.

VI

UNE ERREUR JUDICIAIRE

En l'an mil sept cent soixante-deux, un gentilhomme voyageant à cheval dans le Yorkshire, fut arrêté à la nuit tombante, à environ deux lieues de la ville de Hull, par un voleur de grande route, masqué, qui lui enleva une bourse contenant vingt guinées. Le voleur piqua des deux par un chemin de traverse, et le voyageur continua sa route. Mais, se trouvant très agité par ce qui venait de lui arriver, il descendit à une auberge deux milles plus loin, au lieu de pousser jusqu'à Hull. Cette auberge qui portait l'enseigne de la cloche, était tenue par un certain James Brunell. Le gentilhomme se rendit à la salle commune pour commander à souper; en même temps, il raconta aux domestiques le vol dont il avait été la victime, tout en ajoutant que lorsqu'il voyageait il avait l'habitude d'apposer une marque particulière à son argent, que toutes les pièces, qui lui avaient été enlevées, étaient marquées de cette façon, et que sans doute, cette particularité amènerait la découverte du voleur.

A la fin du souper, l'aubergiste se présenta en personne,
et, après les salutations d'usage : « J'apprends, Monsieur,
dit-il, que vous avez été volé non loin d'ici, ce soir. —
En effet, monsieur l'aubergiste. — Et vos pièces étaient
marquées ? — Elles l'étaient. — Une circonstance vient
de se présenter qui, à ce que je crois, vous mettra sur la
trace du voleur. — Vraiment ! — Veuillez préciser l'heure
à laquelle vous avez rencontré le brigand. — Le soleil se
couchait. — Précisément. Monsieur, cette indication confirme mes soupçons. » L'hôte raconta ensuite qu'il avait à
son service, depuis quelque temps, un garçon d'écurie
du nom de Jennings dont les allures avaient fini par lui
paraître suspectes ; cet homme dépensait des sommes
assez fortes, qui n'étaient nullement en rapport avec sa
position, et qui ne pouvaient provenir de ses gages. Il
lui en avait parlé, et s'était décidé à le renvoyer ; il lui
avait même signifié qu'il aurait à se placer ailleurs. —
Dans l'après-midi de ce même jour, il lui avait confié une
guinée avec ordre d'aller la changer dans le village.
Jennings s'était absenté pendant plusieurs heures et
n'était revenu que peu de temps après l'arrivée du voyageur à l'auberge ; il était ivre, et affirmait qu'il n'avait pas
pu trouver la monnaie de la guinée ; sur quoi, il était allé
se coucher. J'ai bien remarqué, continua l'aubergiste, que
la pièce qu'il m'a remise, n'était pas la même que celle
qu'il m'avait confiée, elle portait une marque particulière
qui m'a frappé, et qui n'était certes pas sur celle que je
lui avais donnée. Cependant, comme il avait beaucoup
d'argent à lui, ainsi que je viens de vous le dire, je ne fis

pas grande attention à cette circonstance, croyant qu'il y avait eu échange, et qu'il venait de me rendre une de ses pièces à lui, au lieu de la mienne. Malheureusement, il y a quelques minutes, je viens de me défaire de cette pièce, en paiement d'un compte courant à un créancier qui demeure à quelque distance et qui est déjà parti, mais, ayant entendu, de la bouche de mes domestiques, ce qui vous est arrivé, j'ai cru de mon devoir de vous informer de ces circonstances.

Le gentleman remercia M. Brunell, et il fut convenu entre eux, qu'ils se rendraient à la chambre à coucher de Jennings, pour tâcher de lui soustraire ses habits pendant qu'il dormait. Si dans une des poches la bourse du voyageur était retrouvée, il n'y aurait plus de doute possible. Ce projet fut exécuté avec succès, et en fouillant la redingote ils y virent une bourse que le voyageur reconnut immédiatement pour la sienne et qui contenait dix-neuf guinées, marquées absolument comme celles qu'il avait perdues. Ils éveillèrent Jennings, et avec l'aide des autres domestiques, s'assurèrent de sa personne pendant la nuit. Le lendemain matin il fut conduit devant un magistrat qui, après avoir entendu les deux témoins à charge, ordonna sa détention jusqu'aux prochaines assises.

La culpabilité de l'accusé paraissait tellement évidente, que ses amis lui conseillèrent de plaider « coupable », la seule chance qui lui restât de mériter l'indulgence du tribunal. Cependant, il persista à plaider « non coupable » et à maintenir son innocence. Les faits, tels que nous les avons donnés, furent déposés devant le tribunal, et ce qui acheva de perdre l'accusé, l'homme auquel M. Brunell avait payé la guinée marquée, la représenta à la Cour disant l'avoir reçue de la main du maître de l'accusé, la nuit même du vol, ce qui confirmait pleinement le récit de l'aubergiste. Le jury, sans se retirer pour délibérer, rapporta un verdict affirmatif, et Jennings, condamné à mort, fut exécuté peu de temps après, à Hull. Ses dernières paroles furent une protestation de son innocence.

Quelques mois plus tard, Brunell l'aubergiste, convaincu d'un vol audacieux, fut à son tour, condamné à mort. Avant d'aller au supplice, il s'avoua coupable, non seulement de plusieurs autres vols, mais aussi de celui pour lequel le malheureux Jennings avait été exécuté.

Voici comment la chose s'était passée, d'après ses propres aveux :

Après la commission du crime, il s'était rendu chez lui à fond de train, par un chemin plus court que la grande route. A l'auberge, il avait trouvé un homme qui l'attendait pour toucher une somme qui lui était due, et il lui avait remis en paiement, avec d'autres pièces, une des vingt guinées qu'il avait prises au voyageur.

Immédiatement après, à sa grande surprise, il vit ce même gentleman descendre de cheval à son auberge. Ayant entendu de la bouche de ses domestiques ce que celui-ci avait raconté à propos des guinées, il en fut atterré. Il avait déjà mis en circulation une de ces pièces marquées, et il était impossible de la retirer, sans exciter aussitôt des soupçons sur son compte.

Le scélérat, pour se sauver, conçut l'idée infernale d'accuser Jennings, qui était couché à ce moment. S'étant introduit dans la chambre du groom, sans le réveiller, il glissa la bourse et son contenu dans une poche de sa redingote, et ensuite alla le dénoncer auprès du voyageur.

VII

UN RÉVÉREND FAUSSAIRE

Le docteur Dodd, c'est le type du prédicateur à la mode, du prêtre fashionable, de l'ecclésiastique entiché de la belle société, hantant les antichambres de la noblesse, favori des grandes dames, amateur de petits soupers, cachant sous un vernis de religion des goûts mondains, et des habitudes dispendieuses. Tous les pays, toutes les religions, fournissent des exemples de ces aventuriers en soutane. Ce ne sont pas toujours de méchants hommes, on ne serait pas même en droit de les appeler tous des hypocrites, car il y en a qui croient à ce qu'ils prêchent, sauf à ne pas suivre leurs propres conseils. Si la chance leur est favorable, ils pourront devenir évêques ou cardinaux, et ne rempliront pas plus mal que les autres leurs fonctions; mais leur vanité et leur désir de briller, et de parvenir quand même, les obligeant toujours à forcer de voiles, ils sont exposés à chaque instant à un naufrage semblable à celui qui fit sombrer le malheureux docteur Dodd.

Né en 1729, et élevé à l'Université de Cambridge, où il se distingua par ses études mathématiques, William Dodd fut admis à la prêtrise par l'évêque de Londres, et ne tarda pas à devenir un des prédicateurs les plus connus de la capitale. En 1763, il fut nommé précepteur du jeune comte de Chesterfield, position qui lui facilita l'entrée des salons les plus aristocratiques, et plus tard,

par le crédit de son élève, il se vit conférer les dignités de
chanoine de Brecon et de chapelain du Roi. Il faut ajouter à sa louange, quel qu'ait été son motif, qu'il s'inté-
ressa vivement à plusieurs établissements philanthropi-
ques, entre autres à l'hospice de la Madeleine, et à la
société de secours pour les pauvres débiteurs ; il fut
même le fondateur de plusieurs établissements de charité
de cette espèce.

Le révérend chanoine était non seulement un orateur
de chaire très écouté, un homme de la meilleure société,
et un philanthrope reconnu, il se mêlait, avec quelque
succès, de littérature, et publia des « Etudes sur Shakes-
peare », qui jouirent d'une certaine vogue. Ce qu'il gagnait par sa plume, ajoutait sensiblement à son revenu,
qui montait à 800 livres (20,000 fr.)

On a affirmé que sous un extérieur qui, sans afficher
l'ascétisme, affectait certainement la chasteté et la pureté
des mœurs, il cachait des passions inavouables, et une
vie déréglée. Quoiqu'il en fût, il est certain que son revenu ne suffisait pas à ses dépenses, qu'il était harcelé
par des créanciers, et se trouvait souvent aux abois.

Dans le courant de l'année 1777, il se présenta chez
M. Robertson, agent de change, se disant envoyé de la
part de lord Chesterfield, son ancien élève. Ce jeune lord,
à ce que dit le Docteur Dodd, avait besoin d'une somme
de 4,200 livres (105,000 francs) mais, ne voulant pas paraître personnellement dans l'affaire, il lui avait confié la
négociation de l'emprunt. Robertson s'adressa à plusieurs
capitalistes, mais tous refusèrent, à cause de l'espèce de
mystère dont l'affaire était enveloppée. Enfin, il trouva,
comme prêteurs, MM. Fletcher et Peach. Le lendemain,

le docteur Dodd apporta une obligation signée du nom de lord Chesterfield, et attestée par lui-même ; il reçut en échange le montant de la somme.

Cet acte était faux, et avec l'argent qu'il en avait retiré, le docteur acquitta une dette criarde de 300 livres. Cependant, tout porte à croire qu'il avait l'intention de rembourser le principal dans un bref délai, se berçant de l'espoir que tout se passerait entre lui, l'agent et les prêteurs, et que lord Chesterfield n'entendrait jamais parler de son escroquerie. Il fut vite désillusionné. M. Manly, le notaire de MM. Fletcher et Peach, aux soins duquel ils avaient confié le document, y remarqua quelques taches d'encre qui ne lui parurent pas naturelles; elles semblaient avoir été faites à dessein, plutôt que par hasard. Quoique ne soupçonnant pas positivement un faux, il conseilla à ses clients de faire préparer un nouvel acte, et de le présenter le lendemain matin à lord Chesterfield pour avoir sa signature. Lord Chesterfield nia nécessairement toute connaissance de l'obligation. Sur ces entrefaites, les prêteurs obtinrent immédiatement un mandat d'arrêt contre Robertson, en même temps que contre le docteur Dodd, qui devait naturellement tomber sous les soupçons de la justice.

Ce dernier, arrêté dans sa demeure, dans Argyle Street, se montra très ému, mais ne chercha pas à nier. Il avoua qu'il avait commis le faux pour se débarrasser de quelques créanciers importuns, mais avec la ferme intention de rembourser l'obligation à l'échéance. Sur l'observation de M. Manly, que la restitution immédiate du principal serait le seul moyen de conjurer le danger qui le menaçait, il s'exécuta sur-le-champ, en livrant les billets de banque qu'il avait reçus, et en donnant une lettre de change pour les 300 livres qu'il avait dépensées. Cependant, son arrestation fut maintenue, et le 19 février, il comparut devant la cour criminelle de Londres, sous la prévention de faux.

L'accusé ayant avoué le fait, le verdict du jury ne pouvait être douteux. Désormais, l'intérêt qui se rattache à la cause est concentré dans les efforts inutilement tentés pour sauver la vie du condamné. Jamais, peut-être, une nation civilisée n'a plaidé si haut, sinon pour le pardon, au moins pour une commutation de peine. Le jury lui-même accompagna son verdict d'une pétition invoquant la miséricorde royale. Le Lord-Maire et le Conseil municipal de Londres se rendirent en corps à la cour pour solliciter la grâce du malheureux. On faisait circuler à cet effet de maison en maison, de porte en porte, des pétitions, dont l'une, avec ses signatures, ne remplit pas moins de vingt-trois grandes feuilles de parchemin. Le célèbre docteur Samuel Johnson, chef reconnu de la société littéraire de Londres, prêta son concours au mouvement. Le sentiment populaire s'appuya sur ce que, une espèce de marché ayant été conclu avec le docteur Dodd, portant qu'à la condition de la restitution de l'argent on s'engageait envers lui à renoncer à la poursuite, cette condition, observée par l'accusé, avait été violée à son égard.

Le roi d'Angleterre à cette époque, était Georges III, un de ces êtres bornés que la fortune *quoties voluit jocari,* (et Dieu sait combien de fois elle a joué à ce jeu là,) s'est amusée à charger des destinées de tout un peuple. Son cerveau étroit, et à moitié fêlé, était incapable de saisir la vraie situation des choses ; dans l'embarras que lui suscitait chaque nouvelle question soumise à sa décision, il se cramponnait à quelque préjugé, qu'il tenait pour une raison, et dont il était impossible de le faire démordre. Vers ce même temps, il était occupé à s'aliéner les colonies Américaines, en se cantonnant dans la formule : « Les sujets ne doivent jamais se révolter contre leur Roi ». Plus tard, on le verra barrer l'entrée du sénat et de la chambre des communes aux catholiques romains. « Je ne consentirai jamais à violer le serment que j'ai fait lors de mon couronnement, de protéger la religion protestante. » Il ne sortira pas de là. L'affaire du docteur Dodd devait nécessairement lui fournir un moyen de montrer son entêtement, et il en profita. Quelque temps auparavant, deux hommes d'affaires, les frères Perreau, avaient été exécutés pour faux. « Si Dodd est grâcié, les frères Perreau ont été assassinés ? » Inutile de lui démontrer que les faits n'étaient pas les mêmes. Il avait trouvé sa formule, il était impossible de l'en faire sortir. Le docteur Dodd n'avait qu'à se résigner à la mort.

A Newgate, le docteur écrivit ses « Pensées d'un prisonnier », en vers, terminées par quelques lignes, tout à fait dignes de leur sujet, à la louange de Georges III et de sa famille. Le docteur Johnson les jugea avec son bon sens habituel. « Je ne pense pas », dit-il à Boswell, « qu'un homme puisse aimer passionnément un roi qui vient de lui refuser sa grâce, ni qu'un condamné sur le point de mourir s'intéresse vivement à la succession au trône. »

Dodd fut exécuté à Tyburn, le 27 juin 1777.

VIII

LE DRAME DE ROTHERHITHE

En 1805, demeurait à Rotherhithe, quartier des docks de Londres, sur les bords de la Tamise, le sieur Blight, démolisseur de vaisseaux ; c'est-à-dire qu'il achetait des vaisseaux hors de service, pour les mettre en pièces et en vendre les matériaux. Dans le courant du mois de septembre de cette même année, il fit un voyage en compagnie de sa femme, à Margate, petite ville de bains, située à l'embouchure de la rivière. Le jour qui suivit son arrivée, la poste lui apporta une lettre écrite de la main de Samuel Patch, son premier employé, lettre dont voici le texte :

« Rotherhithe, 20 Septembre 1805.

« Cher Monsieur,

» J'ai à vous communiquer une nouvelle bien désagréable et en même temps bien alarmante. Hier au soir, vers les huit heures et demie, j'étais assis dans le salon de devant, à la place que Madame Blight occupe ordinairement au déjeûner, lorsque j'entendis, à ma grande surprise, un coup de feu, et en même temps un projectile traversa la fenêtre la plus proche de la cour extérieure. J'avais ordonné à la domestique, lorsqu'elle apporta les lumières, de fermer les fenêtres, ayant l'intention de me coucher de bonne heure ; ainsi donc la balle a traversé le carreau et les persiennes, dont un éclat m'a frappé à la tête, mais heureusement, sans me faire un mal appréciable. J'ai tout de suite couru à la porte et examiné la cour, mais il n'y avait personne, et je suis, à ce moment, complétement incapable de me rendre une raison quelconque de la signification de cet attentat. Je crains, toutefois, que l'on en veuille à vous ou à moi. Espérons qu'il n'y a là qu'un accident; ce serait une grande satisfaction pour moi, et je pense, pour vous aussi. Mais la direction d'où le coup est parti me fait craindre qu'il n'ait été tiré du côté du quai: dans ce cas, les assassins ont dû être désappointés en voyant la fenêtre fermée. Je ne sais si vous avez des ennemis, quant à moi je n'ai pas conscience d'avoir offensé qui que ce soit, et certes, je n'ai eu aucune querelle. Depuis que vous êtes parti nous n'avons pas été très occupés, je n'ai donc plus rien à ajouter, sauf à vous prier d'agréer mes sentiments les plus affectueux. Veuillez m'écrire quelques lignes, mais il me serait bien plus agréable de vous voir en personne, car vous êtes le seul ami que je puisse consulter.

« Votre serviteur,

« Richard Patch. »

Au reçu de cette lettre, M. Blight se hâta de retourner à Londres. Il y arriva le lundi 23 septembre et se mit aussitôt à chercher le fond de cette affaire ténébreuse. En outre de ce qu'il avait écrit, Patch lui fit savoir qu'il avait envoyé la servante Esther Kitchener acheter des huîtres pour son souper, et que c'était pendant l'absence de celle-ci que l'attentat avait eu lieu. Esther Kitchener confirma le récit de Patch; à son retour de chez le marchand d'huîtres, elle avait trouvé Patch avec deux ou trois personnes stationnées en dehors de la maison. Il paraissait très agité et lorsqu'il l'aperçut il s'écria: « Mon Dieu, Esther, on a tiré sur moi ». Elle le suivit à la maison où il lui fit voir le carreau de vitre troué et les persiennes brisées; sur ces entrefaites, un voisin, le sieur Frost, était arrivé sur les lieux. Avec son aide on chercha la balle dans le salon de devant et l'on finit par la trouver au-dessous de la fenêtre qu'elle avait dû traverser. Les assistants conseillèrent à Patch de se mettre immédiatement en rapport avec la police, mais il répondit que, ne craignant pas un nouvel attentat pour ce soir-là, il attendrait jusqu'au lendemain. Seulement, il changea de lit et se coucha dans celui de M. Blight pour être mieux à la portée de la servante, qui était naturellement effrayée par ce qui venait de se passer.

M. Blight ayant pris connaissance de ces faits ne sut à quel parti s'arrêter. Le soir de ce jour, le 23 septembre, vers les huit heures, il était assis avec son commis dans une petite pièce derrière le salon sur lequel on avait tiré. Ils discutaient de nouveau l'incident devant un bol de grog' lorsque Blight, qui avait été en voyage toute la nuit précédente, s'endormit, au dire de Patch, seul témoin qui pût déposer du fait qui, du reste, a été confirmé par les événements qui suivirent. Quelques instants plus tard, Patch parut à la cuisine et demanda à la servante la clef des latrines, se disant pris d'un relâchement subit. Il y avait une porte intérieure communiquant avec ces latrines, mais depuis quelque temps, (on ne savait au juste pourquoi) elle était barrée, de sorte que pour s'y rendre il fallait sortir par l'entrée principale donnant sur le quai et ensuite rentrer dans la maison par une aile qui contenait le comptoir. Esther Kitchener entendit Patch sortir et ensuite fermer la porte du cabinet. Quelques instants plus tard un coup de feu retentit du côté du salon; elle n'était pas encore remise de son émotion que le malheureux Blight pâle et chancelant se précipita dans la cuisine. — « Je suis un homme mort! » s'écria-t-il. La première pensée d'Esther fut de courir à la porte d'entrée et de la fermer; elle ne l'avait pas plutôt fait qu'une voix se fit entendre au dehors, c'était celle de M. Patch qui cherchait à rentrer. Celui-ci courut au secours de son patron et bientôt les voisins qui avaient également entendu la détonation arrivèrent sur les lieux. On envoya sur-le-champ quérir un chirurgien.

Ce chirurgien, le premier qu'on trouva sous la main, se nommait Astley Cooper. C'était alors un tout jeune homme, débutant dans la carrière, mais déjà faisant présager les qualités qui lui valurent plus tard une grande célébrité. Ayant examiné la blessure, et, au premier coup d'œil reconnu le cas mortel, il demanda à Blight, s'il connaissait quelqu'un en particulier, qu'il soupçonnât de l'attentat. Celui-ci ayant répondu qu'il ne se connaissait pas d'ennemis, et qu'il n'avait aucune raison pour porter ses soupçons sur qui que ce fût, mais que Patch venait de lui parler d'un certain Webster, M. Cooper se tournant vers ce dernier. — Qui donc est Webster? demanda-t-il. — C'est un ouvrier répliqua Patch, qui est soupçonné d'avoir volé des planches à M. Blight. On a ordonné dernièrement une visite domiciliaire chez lui. — Mais alors, riposta M. Cooper, il faudrait avertir tout de suite la police, il faudrait faire ordonner une nouvelle visite. — Non, car on ne trouverait rien, et Webster me tuerait.

Le lendemain Blight mourut. La justice, qui s'était déjà transportée sur les lieux, était encore à tâtonner, ne sachant de quel côté diriger ses recherches, lorsque M.

Cooper lui donna le premier éveil. Sa grande sagacité lui avait sur-le-champ fait entrevoir la vérité. — L'assassin pourrait bien être Patch, dit-il aux officiers.

Lancée sur cette voie, la justice commença par rechercher quelles avaient été les relations précises entre ces deux hommes, et voici en somme ce qu'elle découvrit:

En 1803, la sœur de Patch était en condition chez les époux Blight. Son frère vint lui rendre une visite à cette époque, et sut si bien se faire agréer par Blight, que ce dernier l'engagea en qualité de commis, à raison de trente livres par an, la nourriture non comprise. Plus tard, ses gages furent augmentés; il logeait dans la maison et ne manqua pas de prendre un grand ascendant sur son patron. En 1805, Blight, qui avait éprouvé des revers, déposa un bilan fictif sur lequel Patch figurait comme son créancier pour la somme de 2.000 livres. Cette manœuvre ayant réussi à dérouter les véritables créanciers, il fut, en outre, convenu entre Blight et Patch, que le premier se retirerait de la direction de son commerce, en y gardant toujours un certain intérêt, et que Patch lui succéderait moyennant un apport de 1.250 livres. Patch paya comptant 250 livres et tira une lettre de change pour les 1.000 livres qui restaient, sur un certain Gomm, fabricant de colle, auquel il prétendait avoir confié des fonds provenant de la vente d'une propriété qui lui avait appartenu dans le Devonshire. Cette lettre de change était remboursable le 20 septembre, et vers cette époque, Patch se rendit chez les banquiers qui en étaient les détenteurs, et prétextant que le tiré n'était pas à même d'honorer son effet, la remplaça par une traite à courte échéance, signée de son nom. Toutes ces démarches indiquaient assez clairement

à la justice une intention de la part de Patch de tromper Blight, et par conséquent un intérêt évident à s'en
défaire, puisque lui seul tenait les livres, et que, comme
madame Blight ne s'entendait nullement aux affaires, il lui
serait facile, une fois Blight disparu de la scène, dans la
confusion qui s'ensuivrait, de s'emparer du commerce, sous
prétexte qu'il avait payé la somme convenue.

Ces soupçons furent augmentés par la déposition de
Gomm que l'on retrouva sans peine, et qui déclara n'avoir
jamais eu des relations d'affaires avec Patch. Celui-ci ne
lui avait confié aucune somme, et jusqu'au moment de son
interrogatoire il ignorait complétement l'existence de la
lettre de change qui avait été tirée sur lui. Le prétendu
bien dans le Devonshire était purement imaginaire. Il n'y
avait désormais plus de doute possible sur la moralité de
Patch, on ne pouvait douter non plus que la mort de
Blight, qui, par parenthèse, ne paraissait pas très honnête
non plus, ne fût un événement qui arrivait singulièremen^t
à propos pour l'exécution de ses desseins.

L'intérêt de Patch, dans la mort de son patron, ayant
été démontré, il restait à examiner les circonstances de
l'assassinat, et le local qui en avait été le théâtre. La maison de Blight, comme nous l'avons dit, faisait face à la
rivière ; de chaque côté elle était séparée des maisons
voisines par une palissade, et du lieu où le premier coup
de pistolet, celui du 19 septembre, avait dû être tiré, il n'y
avait qu'une seule issue possible, par une porte pratiquée
dans la clôture à l'est de la maison. Or, il était arrivé
qu'au moment même où le coup avait été tiré, deux personnes, un homme et une femme, étaient stationnés tout
près de cette porte, de l'autre côté de la palissade. Ils

avaient parfaitement entendu la détonation, mais ils n'avaient vu sortir personne de l'enceinte, à l'exception de Patch, qui paraissant très en émoi, courut vers eux, et leur raconta ce qui venait de lui arriver. L'hypothèse qu'on avait tiré du côté de la rivière était inadmissible, car la marée étant basse, un bateau aurait été bien au-dessous du niveau de la maison, qui était du reste protégée par un parapet, de sorte qu'un projectile lancé dans ces conditions, n'aurait pu pénétrer la partie inférieure des volets. L'assassin non plus n'aurait pu s'évader en se jetant à la rivière, car il se serait immédiatement enfoncé dans la boue qui était profonde de plusieurs pieds. Il en était à peu près de même pour le coup fatal, celui du 23, qui avait dû être tiré dans l'intérieur même de la maison. L'assassin n'aurait pu s'échapper ni par la rivière ni par terre, sans traverser les propriétés voisines où on n'aurait pas manqué de le voir.

Plusieurs autres indices vinrent ensuite éclairer la justice. Au fond des latrines, les mêmes dont on avait entendu Patch fermer la porte, on trouva la baguette d'un pistolet. L'arme n'y était pas, mais suivant l'accusation le meurtrier, après avoir tiré le coup, aurait pu courir jusqu'au bord de la rivière, lancer le pistolet à travers la boue de manière que l'arme tombât dans l'eau, et ensuite revenir frapper à la porte, dans l'espace de quelques secondes. Ce qui paraissait confirmer cette théorie, c'est que dans une armoire de la chambre à coucher de Patch on découvrit une paire de bas de soie dont les parties supérieures étaient parfaitement propres tandis que le dessous des pieds était emplâtré d'une espèce de boue en tout semblable à celle que l'on voyait au bord de la rivière, devant la maison de

la victime. Celui donc qui avait porté ces bas avait dû
sortir de la maison et même s'approcher de la rivière sans
souliers. Evidemment Patch s'était déchaussé afin d'exécuter ces divers mouvements sans éveiller le malheureux
Blight.

Pour ne rien omettre d'essentiel, on cita encore un
vidangeur qui déposa avoir examiné la fosse d'aisances, et
qui certifia que l'état des matières qu'elle contenait ne
révélait aucune trace de l'usage de la latrine par une
personne souffrant de la maladie dont Patch affirmait qu'il
avait été affligé.

Le procès de celui-ci eut lieu le 5 avril 1806. Le Jury,
après vingt minutes de délibération, ayant rapporté un
verdict de « culpabilité » l'accusé fut condamné à mort et
exécuté le surlendemain. Il mourut en protestant de son
innocence.

IX

ASSASSINAT EN CHEMIN DE FER

Voici le procès d'un assassin vraiment vulgaire mais
qui, par suite de circonstances que j'exposerai plus tard,
s'est vu élevé au rang d'un accusé politique, d'un homme
sacrifié par l'Angleterre à sa haine contre un peuple
étranger.

J'ai assisté en spectateur à ce procès, pendant les trois
jours qu'il a duré, et j'ai suivi les débats avec toute l'attention que le juré le plus scrupuleux eût pu y prêter. Juré
moi-même, j'aurais sans hésiter rendu un verdict de culpa-

bilité, seule conclusion possible, et qui n'a certes été motivée par aucune prévention. A ce sujet, j'aurai quelques mots à dire avant de terminer ce chapitre : maintenant, passons aux faits.

Le samedi 9 juillet 1864, le train du North London Railway, desservant la banlieue de Londres, s'arrêta à la station de Hackney, vers les 9 heures 45 minutes du soir. Un voyageur, qui était monté dans un wagon de première classe, en descendit aussitôt et, s'approchant du conducteur, le pria de constater l'état du compartiment où il avait cherché à se placer. Les coussins, les tapis, et jusqu'aux fenêtres étaient tachés de sang; à terre on voyait un chapeau d'homme à côté d'une canne et d'un petit sac en cuir. Au premier abord on crut à un suicide, le wagon fut détaché et aussitôt remisé et le train repartit.

A peu près au même moment des employés découvrirent, à quelques kilomètres de Hackney, le corps d'un homme couché sur la voie. Ils s'empressèrent de le relever, et s'étant assurés que, quoique sans connaissance, il vivait encore, ils le transportèrent à un cabaret voisin. Une inspection à la lumière révéla une énorme blessure à la tête, au-dessus de la tempe gauche, la cervelle sortait et le sang paraissait en avoir jailli à grands flots. Le corps était celui d'un homme d'environ soixante ans. On se hâta de fouiller dans ses poches, et on y trouva un paquet de lettres adressées à M. Briggs, chez Messieurs Robarts et Ce, banquiers, Lombard Street. Un agent ayant été expédié sur-le-champ à la banque, en revint bientôt avec le renseignement que M. Briggs était un des principaux employés de la maison, et qu'il demeurait avec un de ses fils au n° 5 Clapton Square, Hackney.

On envoya aussitôt à l'adresse indiquée, et M. Briggs jeune, arrivé sur les lieux, reconnut immédiatement son malheureux père. Celui-ci mourut dans la soirée du lendemain sans avoir jamais repris connaissance.

L'autopsie constata, comme cause du décès, un coup asséné sur la tempe, avec un instrument contondant, et avec une telle violence qu'il y avait lieu d'être surpris que le défunt eût pu survivre un seul instant à la blessure. Il y avait aussi des écorchures aux mains et aux bras, faisant soupçonner une lutte acharnée entre l'assassin et sa victime ; ce qui du reste fut plus tard clairement démontré par une inspection du compartiment. La plus grande confusion y était constatée, les coussins avaient été arrachés, et outre les objets déjà mentionnés, les débris d'une chaîne en cheveux étaient éparpillés sur le tapis. Le sang avait formé de petites mares, et l'extérieur de la voiture, la poignée et le marchepied en étaient également maculés.

On apprit du jeune M. Briggs que le samedi matin son père était sorti de chez lui, porteur d'une montre et d'une chaîne en or. Ces objets manquaient au cadavre, et de l'état des boutonnières du gilet il résultait clairement qu'ils avaient été arrachés par une main violente. La bourse de la victime, contenant une somme de 4 livres et quelques shellings, restait intacte. Il y avait lieu de croire que le malheureux s'étant endormi, l'assassin avait cherché à lui voler sa montre pendant son sommeil, et que la victime s'étant réveillée, elle avait résisté ; qu'une lutte s'était engagée dans laquelle le coup qui l'étourdit avait été porté, et que son corps avait été ensuite précipité par la portière.

De plus, on ne tarda pas à découvrir que le chapeau trouvé dans la voiture, et qu'on avait d'abord pris pour celui de Briggs, n'était pas le sien, d'où il résultait qu'il appartenait à l'assassin. Rien de plus probable, en effet, qu'un échange de cette espèce, dans la confusion que devait éprouver celui-ci après une scène pareille, en cherchant à sortir inaperçu du wagon, à la station suivante. Ce chapeau était doublé, à l'intérieur, de cuir bariolé d'un dessin assez bizarre, et portait le nom du fabricant, Walker, Crawford Street. M. Walker, aussitôt cité, se souvint parfaitement d'avoir vendu trois ou quatre chapeaux doublés de la sorte. — C'était, dit-il, une expérience qu'il avait faite, avec un vieux morceau d'étoffe qui lui restait entre les mains, mais il ne connaissait pas les acheteurs, et ne conservait aucun souvenir de leur extérieur.

Suivant la coutume anglaise, le gouvernement, la maison Robarts et Cie et la compagnie des chemins de fer offrirent des récompenses pour la découverte de l'assassin, en y ajoutant des détails concernant la montre et la chaîne volées, le chapeau trouvé dans la voiture, etc. Grâce à ce procédé, la justice ne tarda pas à recueillir un témoignage de la plus haute importance.

Le 13 juillet, le sieur Death, bijoutier de Cheapside se présenta à Scotland Yard (la rue de Jérusalem de Londres) pour porter à la connaissance de la police les faits suivants : le lundi matin, 11 juillet, vers les dix heures et demie, un jeune homme d'environ trente ans, ayant l'air et l'accent d'un étranger, était entré dans son magasin, et lui avait offert une chaîne en or, dont il voulait se défaire. M. Death ayant évalué la [chaîne à 3 livres 10 shellings, lui avait remis, sur sa demande, une autre chaîne du prix de 3 livres 5 shellings, avec une vieille bague de rebut, pour combler la différence. Le lendemain, il eut connaissance de la proclamation du gouvernement, et soupçonna immédiatement qu'il pouvait avoir entre les mains un des objets volés. Ses soupçons furent vite confirmés : la chaîne qu'il avait eu le soin d'apporter fut représentée à la fille de M. Briggs, et reconnue par elle, comme ayant appartenu à son père.

Cet étranger, que l'on voyait ainsi disposant d'une partie des objets dérobés à la victime dans la matinée même qui suivit le crime, (car, le dimanche, au su de tout le monde, est un *dies non* pour le commerce, en Angleterre), ne pouvait être que l'assassin ou du moins un de ses complices. On établit donc une surveillance active à l'égard de tous les *foreigners* dont les antécédents pouvaient donner lieu à des soupçons sur leur compte.

Plusieurs jours s'étaient écoulés en recherches infructueuses, lorsqu'un sieur Mathews, cocher de fiacre, se mit en communication avec les autorités. Nous avons vu que la proclamation du gouvernement avait amené la déposition de Death : de même la publicité donnée par les journaux à la démarche de Death attira Mathews.

Celui-ci ne lisait pas habituellement les journaux, mais il fut frappé en entendant ce nom de Death prononcé par un de ses camarades, duquel il apprit l'échange de chaînes qui avait eu lieu. Il se souvint que, deux ou trois jours auparavant, un de ses amis, Franz Müller, garçon tailleur allemand, était venu le voir, qu'il lui avait montré une chaîne en or, qu'il disait avoir nouvellement achetée, et qu'il avait remis à un de ses enfants le carton qui l'avait contenue. Or, ce carton portait l'étiquette de la maison Death, et fut immédiatement reconnu par le bijoutier pour être, sinon le même, au moins en tout semblable à celui dans lequel il avait empaqueté l'achat qui lui avait été fait le 11 juillet.

On eut l'idée de montrer à Matthews le chapeau trouvé dans le wagon, qu'il déclara sur-le-champ être celui de Müller. Ce dernier était le fiancé de sa sœur, de sorte qu'il le voyait souvent. Il portait lui-même un couvre-chef absolument pareil; Müller en avait admiré plusieurs fois la doublure, et comme leurs têtes avaient à peu près les mêmes dimensions, il s'était chargé de lui en procurer un semblable au magasin où il avait acheté le sien, c'est-à-dire chez M. Walker, Crawford Street.

La justice se transporta aussitôt à l'appartement occupé par Franz Müller, au faubourg de Bow, où elle apprit qu'il avait disparu depuis plusieurs jours. Cachée dans la cheminée de la chambre, on découvrit une manche d'habit tachée de sang en plusieurs endroits.

Comment retrouver sa piste ? Heureusement quelques-unes de ses connaissances, et entre autres, le cocher Ma-thews l'avaient entendu manifester plusieurs fois l'intention de partir pour l'Amérique à la première occasion. La police s'étant mise en quête du côté des bureaux de pa-quebots découvrit, sans trop de peine, qu'un individu, correspondant au signalement de Müller, s'était embarqué, peu de jours avant, sur le bateau à voiles « Victoria », ayant pour destination la ville de New-York.

L'Inspecteur Tanner, de la police de sûreté, accompa-gné de Death et de Mathews, furent immédiatement dirigés sur Liverpool, pour y prendre le bateau à vapeur.

« Cité de Manchester », afin de devancer le « Victoria » et d'être à même d'attendre l'arrivée de Müller à New-York. Car, à cette époque, on doit s'en souvenir, le télégraphe transatlantique n'était pas encore un fait accompli.

Ce plan réussit à souhait ; le « Victoria » étant entré en rade à New-York, fut immédiatement abordé par la police américaine que Tanner, muni d'une lettre de la part du ministre des États-Unis à Londres, avait instruite de l'affaire. Une douzaine de passagers de l'avant, y compris Müller, ayant été rangés sur le pont, on introduisit Death, qui désigna celui-ci sur-le-champ. Pour comble, on trouva parmi ses effets non seulement la montre mais aussi le chapeau de M. Briggs.

Il est rare qu'un criminel soit pris dans un filet aussi serré de preuves accessoires. Aussi le gouvernement américain consentit-il, sans difficultés, à la demande d'extradition. Ramené en Angleterre, Müller parut, en novembre, devant la cour criminelle centrale de Londres. Ses moyens de défense se bornaient à un alibi illusoire, et après trois jours de débats, il se vit condamné à mort, les juges eux-mêmes ayant exprimé leur approbation du verdict du jury. Je me souviens que peu de temps après, le substitut du Procureur général (sir Robert Collier), qui avait conduit l'accusation, me fit l'honneur de me demander si j'avais pu concevoir quelques doutes à l'égard du procès. — Aucun, répondis-je, et tous les membres du barreau qui y ont assisté vous répondront de même.

Cependant la colonie allemande établie en Angleterre s'émut vivement du verdict. Que ces braves gens aient éprouvé du chagrin, et même un certain degré de honte, en voyant un des leurs dans « la cellule des condamnés à mort », rien de plus naturel ; mais il y avait loin de ce sentiment tout à fait justifiable aux accusations furieuses qu'ils lancèrent contre le peuple, et plus tard contre le gouvernement de la Grande-Bretagne.

A cette époque, il faut l'avouer, et l'aveu n'est pas de nature à nous faire rougir, l'Allemagne comme nation n'était pas aimée en Angleterre. On n'avait pas encore oublié l'affaire du Schleswig-Holstein, qui avait été sur le point d'amener une rupture entre les deux pays, et une minorité considérable regrettait toujours que le gouvernement anglais eût consenti à l'humiliation du Danemark.

Mais que ce sentiment ait pu jouer un rôle quelconque dans la condamnation de Müller, que des bons bourgeois appelés de Fleet Street ou de Cheapside, à siéger comme jurés, se fussent décidés à faire de ce misérable garçon tailleur une espèce de bouc émissaire, et de l'envoyer à l'échafaud pour expier les crimes de la Prusse et de l'Autriche, c'était là une idée tellement absurde, qu'on a peine à se figurer aujourd'hui qu'elle ait été jamais enfantée par une cervelle humaine.

Elle fut pourtant hardiment émise par les Anglo-Allemands, et leur cri ridicule trouva bientôt un écho dans la mère patrie. Voici ce qui fut imprimé à ce propos dans la *Kreuz Zeitung*, un des journaux les plus influents de la Prusse.

« Müller est allemand. Pendant l'année dernière, on a
» assez souvent prêché au peuple anglais que les alle-
» mands dans la guerre du Schleswig-Holstein faisaient
» tout simplement le métier de brigands. Aux yeux donc

» de la foule, parmi laquelle les jurés sont choisis,
» l'allemand est classé, tout d'abord, comme voleur et
» brigand.

» Le tribunal criminel, appelé à juger une affaire
» capitale, tient entre ses mains un de ces brigands. Eh
» bien, on en fera un exemple. Il est peut-être innocent ;
» n'importe. Le cri résonne de tous côtés . « Le juif au
» bûcher ! »

La « *Réforme* » de Berlin, se montrait tout aussi violente : « C'est un assassinat ; c'est pire qu'un assassinat.
» La guerre du Schleswig-Holstein a noué la corde au-
» tour du cou de Müller. »

Et ainsi de suite, jusqu'au *Kladderadatsch*, le Charivari
de Berlin.

Ce journal, soi-disant comique, fit paraître une carica-
ture que j'ai devant les yeux, et qui réussit parfaitement à
jeter du ridicule sur les Allemands eux-mêmes. D'un côté,
deux énormes géants, flamberge au vent, représentant la
Prusse et l'Autriche se pavanent sur le corps d'un petit
nain étendu par terre, qui figure le Danemark, tandis que
de l'autre côté John Bull grinçant des dents avec furie,
suspend Müller à la potence.

Ces niaiseries n'étaient pas de nature à ébranler la justice anglaise. Müller fut exécuté en novembre mil huit
cent soixante-quatre, et ses dernières paroles sur l'échafaud, en réponse à la demande du prêtre luthérien qui
l'accompagnait furent une confession de son crime « Ich
habe es gethan » (Je l'ai commis), dit-il au moment où la
descente de la trappe mit fin à son existence.

X

LE DRAME DE GILL'S HILL

Tous les crimes étant des drames, il en résulte nécessairement que l'intérêt qu'ils inspirent est proportionné à l'élément dramatique qu'ils présentent. Cet élément se révèle quelquefois non seulement par l'ensemble des faits, mais encore par quelque accessoire, quelque détail horrible, trait saillant qui frappe l'imagination de la foule et y reste gravé. Or, en appréciant les assassinats, tout le monde, sans en excepter les puritains et les philosophes, fait partie de la foule. On peut le dire, plus un crime déféré aux assises répugne à l'humanité, (pour me servir de l'expression consacrée) plus les humains s'y intéresseront, plus ils garderont le souvenir de celui qui l'a commis.

Celui qui a vu jouer *Othello* oubliera peut-être les quatre premiers actes, mais il retiendra toujours la scène où Desdemone est étouffée sous un oreiller. Celui qui a lu *Notre-Dame de Paris* dans sa jeunesse ne pourra peut-être se former plus tard qu'une image bien faible du contenu du livre, mais le souvenir du prêtre précipité par Quasimodo du haut de la tour lui restera. Eh bien ! *parva magnis componere*: c'est absolument la même chose dans le cas des procès célèbres. Ainsi il y a quarante ans, à Londres, un scélérat nommé Greenacre a dépecé sa maîtresse et disséminé ses membres dans les divers quartiers de la métropole. Les détails, sauf un seul, sont aujourd'hui oubliés par les contemporains du crime.

L'assassin fit un long trajet en omnibus avec la tête de sa victime enveloppée d'un foulard posé sur ses genoux. Cet incident parut piquant et fit en quelque sorte survivre Greenacre. Deux ans plus tard, Courvoisier, un valet suisse, coupa la gorge à son maître, lord William Russell, pendant son sommeil. L'affaire eut nécessairement un grand retentissement. Demandez à un homme de cinquante ans et au-dessus s'il se souvient de Courvoisier. « Ah bien ! oui, l'assassin de lord Russell, celui qui se déshabilla tout nu avant de commettre le crime afin d'être certain que ses habits ne seraient pas tachés de sang. Et encore, n'est-ce pas, qu'il se lava les mains et les bras qui avaient été nécessairement imprégnés du sang qui rejaillit de la blessure et qu'il but l'eau rougie afin de n'en laisser aucune trace. » Voilà ce qui a fait passer Courvoisier au panthéon des assassins et ce qui lui donnera une place, pour quelque temps encore, dans la mémoire populaire.

Dans l'affaire Thurtell, qui fit un bruit énorme à son époque et que nous allons raconter brièvement, il y eut quelques incidents de cette espèce. Ainsi, les vieillards qui en parleront, et même ceux qui ont été appelés au procès comme témoins (et dans ma jeunesse j'en ai connu quelques-uns) interrogés sur leurs souvenirs, arriveront bientôt aux « côtelettes de porc ». Un assassin songeant à son souper en même temps qu'à expédier sa victime, et qui se rendait au lieu du crime avec une longe de porc destinée à être mangée par lui et ses associés aussitôt le crime consommé, ce détail était de nature à préserver de l'oubli Thurtell et compagnie, quand même cette affaire, par ses autres côtés, eût moins vivement impressionné le public.

Mais, à vrai dire, ce procès fut sur bien des points une révélation. Il servit à signaler le degré d'abaissement dans lequel pouvaient tomber des hommes d'origine respectable, mais fatalement enlacés dans les cercles du *sport*. Ajoutons que les relations de Thurtell avec les boxeurs et les jockeys les plus célèbres de l'époque, la position de sa famille, la brutalité inouïe qui marqua son forfait, le local qui en fut témoin, et dont la description donnée par les journaux frappa vivement le public, tous ces détails, dont la signification paraîtra plus clairement dans la suite de notre récit, firent de cette cause un véritable événement. Il ne faut pas oublier non plus, pour en expliquer le retentissement prodigieux, que quoique aucun autre assassinat n'ait été prouvé contre les associés, cependant des indications sûres donnaient lieu de croire que celui-ci n'était qu'un coup d'essai et qu'ils avaient résolu de se défaire de plusieurs autres individus dont la mort leur promettait une affaire avantageuse.

Le vendredi 24 octobre 1824, vers les dix heures du soir, M. Philip Smith, fermier dans le Hertfordshire, demeurant à environ cinq lieues de Londres, revenait de chez un de ses voisins, où il avait passé la soirée. Il était accompagné de sa femme et de son enfant, qu'il conduisait dans une voiture à âne. Tout à coup ils entendirent du côté de Gill's hill lane (chemin étroit bordé de haies) à trois cents mètres environ de distance, un bruit de roues, puis la détonation d'une arme à feu, suivie de gémissements. Smith aurait voulu sauter à terre et courir dans la direction du bruit, c'est du moins ce qu'il affirma depuis, mais sa femme très effrayée, l'en empêcha. Il s'arrêta pourtant un moment, et, les sons ayant cessé, il reprit sa route, avec l'intention d'informer la justice au plus tôt de ce qu'il avait entendu.

Le lendemain matin, de bonne heure, deux journaliers travaillant dans le voisinage de Gill's hill lane virent s'approcher d'eux par ce sentier deux étrangers en tenue de ville. Ceux-ci s'étaient arrêtés à une partie du sentier qui faisait angle, et se mirent à fureter dans les haies et à examiner les ornières avec l'air de chercher quelque objet perdu. Les paysans les ayant abordés leur demandèrent s'ils pouvaient les aider. Ma foi non, répliqua l'un d'eux. Nous avons eu un accident ici hier au soir. Il faisait tellement obscur que la voiture dans laquelle nous étions a versé et nous avons perdu un couteau, mais cela n'a pas d'importance. Sur quoi ils se retirèrent du côté d'où ils étaient venus.

Les gens de la campagne se mirent aussitôt à fouiller les broussailles pour leur propre compte. L'empressement des étrangers leur avait sans doute fait soupçonner qu'il y avait là quelque objet qui valait la peine d'être retrouvé. Peu de temps après ils rencontrèrent sous leurs doigts un couteau taché de sang, ensuite un pistolet recouvert d'une matière grisâtre que l'expertise prouva plus tard être de la cervelle humaine. A côté de ces objets il y avait une mare de sang, et la haie était trouée à cet endroit comme si on y avait fait passer quelque corps solide. On dirait, — remarqua l'un d'eux, — qu'un mauvais coup a été fait par ici. Ce serait un lieu propre à un assassinat. Il fait jour et cependant on n'y voit pas clair.

Ils étaient encore à causer de leur aventure, lorsqu'un nouveau personnage arriva sur les lieux. C'était un sieur Probert, locataire d'une petite maison dont le chemin de

Gill's hill lane longeait le jardin, la seule habitation qu'il y eût de ce côté. Il avait l'air, lui aussi, de vouloir se livrer à quelques recherches, mais, ayant aperçu les deux journaliers, il parut se raviser, et après avoir échangé quelques paroles avec eux, se retira dans la direction de sa demeure. Eux, ne lui firent aucune part de leur découverte.

C'est peut-être ici le moment de jeter un coup d'œil sur ce fameux Gill's hill lane, qui a tant intéressé le peuple anglais, au point que son nom est devenu pendant un certain temps un vrai sobriquet donné à tout sentier obscur et retiré. J'en citerai la description fournie par un compte-rendu contemporain du procès.

« Gill's hill cottage semble fait pour un repaire de brigands. Placé sur une légère élévation, la vue s'étend sur tous les environs et n'est dominée par aucune habitation. On n'y approche que par un sentier affreux, d'environ une lieue de longueur, juste assez large pour laisser passage à une charrette, et planté de chaque côté de haies d'une hauteur immense qui, n'ayant jamais été taillées, s'enlacent au-dessus de la tête et couvrent la voie d'une espèce de voûte obscure. Le jardin du cottage communique avec le sentier par une petite ouverture pratiquée dans la haie, mais que l'on pourrait bien passer sans l'apercevoir et sans soupçonner l'existence de la maison. Cette maison est une vieille ferme dilapidée, au bout d'un jardin mal entretenu, qui contient une petite mare d'eau stagnante.

« Il avait raison, l'honnête rustre, celui qui le lendemain du crime trouva le couteau sanglant et le pistolet barbouillé de cervelle, en disant à son camarade : C'est

un lieu propre à un assassinat ! car jamais peut-être dans
un pays riche et peuplé n'a-t-on vu une route aussi lugubre. Elle est tellement étroite que l'on a peine à s'y frayer
un passage ; tellement tortueuse que l'on ne voit bien ni devant ni derrière soi ; des haies énormes l'obscurcissent
au point que la lumière en est presque entièrement ex-
clue ; elles sont d'une épaisseur qui ne permettrait pas
la fuite par une voie latérale à celui qui serait attaqué
dans ce coupe-gorge : et comme la ruelle est éloignée de
toute habitation humaine, les cris de la victime fussent-ils
les plus perçants que l'on puisse imaginer, resteraient
complétement ignorés. » (1).

L'existence d'une telle localité à la distance d'une heure
de la cathédrale de St-Paul frappa les esprits et fut pour
beaucoup dans l'intérêt que le procès inspira. Qu'il me
soit permis d'ajouter qu'ayant passé plusieurs étés dans
les environs, de 1846 à 1850, j'ai fréquemment visité Gill's
hill lane, et je l'ai trouvé vingt-cinq ans après l'assassinat
presque absolument dans l'état indiqué par la description
déjà citée. La maison était un peu plus dilapidée et le
temps avait pratiqué quelques éclaircies dans les haies,
voilà tout.

Les circonstances déjà indiquées étant venues à la connaissance de la police locale, celle-ci porta immédiatement
ses soupçons sur Probert, locataire du cottage de Gill's
hill lane. On lui connaissait des relations intimes avec le
monde du sport, des boxeurs, des joueurs de billard,
des parieurs de bas étage à Londres : souvent, le dimanche surtout, sa maison débordait de gaillards de cette
espèce, buvant, chantant, faisant du tapage, tirant des

____
(1) Procès de Thurtell. London, Kelly, 1824.

coups de pistolet la nuit, braconnant parfois, se conduisant de manière à susciter des plaintes de la part des voisins, si voisins il y avait eu. Ce fut justement à cause de ces considérations, qu'on n'arrêta pas Probert sur-le-champ. On crut à la possibilité d'une mystification où à un duel entre deux des habitués de la maison. Cependant on le tint en laisse, sauf à recueillir de plus amples informations, et le parquet de Londres fut instruit de l'affaire.

Peu à peu, les magistrats de l'arrondissement, poursuivant leurs recherches, obtinrent de nouveaux renseignements. Ils apprirent qu'un certain John Thurtell, hôte habitué de Gill's Hill cottage y était venu dans la soirée du 24, accompagné de Joseph Hunt, chanteur jouissant d'une certaine renommée dans les cafés-concerts de Londres, et leur signalement correspondait parfaitement à celui des deux individus qui avaient été accostés le lendemain par les paysans traversant le sentier. Ce détail, comme avaient été les autres, fut aussitôt transmis au bureau central de la police de sûreté à Bow Street.

Presque en même temps, le sieur Rexworthy, propriétaire d'une salle de billard, vint à Bow Street déposer qu'ayant entendu parler d'un assassinat dans le Hertfordshire, il s'était souvenu qu'un de ses amis M. William Weare lui avait fait part de son intention d'aller passer quelques jours avec un M. John Thurtell, et qu'il devait partir justement le vendredi 24 octobre, sur quoi l'idée s'était présentée à son esprit que Weare pouvait bien être la victime.

Cette indication, rapprochée de ce que l'on savait sur le compte de Thurtell, devait nécessairement entraîner l'arrestation de celui-ci. Il fut pris dans une auberge de Conduit Street. Hunt, Probert et sa femme, Thomas Thurtell, le frère de John, et quelques autres, étaient enveloppés du même coup de filet.

Cependant, le *corpus delicti* nécessaire à la justice anglaise manquait. On pouvait soupçonner un assassinat, une certitude morale était même admissible, mais *de qui?* Si c'était Weare, où était le corps de Weare? Il n'est pas douteux que l'on serait, avant peu, arrivé à le retrouver, mais le chemin de la découverte fût singulièrement aplani par Hunt et Probert.

Ces deux misérables, au milieu du naufrage, crurent entrevoir une planche de salut assez forte pour soutenir celui qui serait le premier à la saisir et s'y cramponner. Nous voulons parler du rôle de « témoin du roi. » (1) Il y avait lieu de croire que la justice pourrait inviter, à la condition d'un pardon, les aveux de celui qui lui paraîtrait le moins compromis dans l'affaire, afin de s'assurer la condamnation des deux autres. Or, ils savaient que Thurtell, quand même il voudrait parler, ce qui n'était pas dans son caractère, ne pourrait être accepté comme témoin, puisqu'il avait été, comme on le verra plus tard, l'agent principal. Le gouvernement donc, si toutefois il se décidait à se servir de ce moyen, devait nécessairement choisir entre Hunt et Probert. « Si Probert est pris de la fantaisie de *chanter* » raisonna Hunt, « il pourra bien acheter son pardon, tandis que moi, je serai pendu. » Et Probert raisonnait de même à l'endroit de Hunt. Il y eut donc concurrence entre les deux scélérats, l'un cherchant à renchérir sur l'autre, afin d'obtenir son pardon au prix des

(1) Voy. au procès de Burke.

révélations. La justice ne promit rien, mais elle accepta, cela va sans dire, tout ce qu'on lui offrit.

Hunt débuta par indiquer le lieu où le cadavre de Weare (c'était bien lui qui avait été la victime) serait retrouvé. Le lieu était un étang, près du village d'Elstree, à environ une lieue de Gill's Hill. Les agents s'y rendirent sur-le-champ, et, à l'aide de grappins, en retirèrent un sac qui contenait un corps humain, lequel fut reconnu pour celui de Weare. Le crâne avait été fracturé par un instrument appliqué avec une telle violence qu'il avait presque traversé le cerveau, et le trou de l'orifice correspondait parfaitement avec le canon du pistolet trouvé dans le sentier. La gorge présentait des blessures produites par un instrument aigu. Sur la chair couvrant l'os de la pommette on voyait une tache noire, telle qu'aurait pu produire la balle d'un fusil ou d'un pistolet qui l'aurait effleurée.

Probert, pendant ce temps, n'avait pas été moins communicatif. Nous ne nous arrêterons pas aux révélations de ces deux hommes, marqués au cachet qui distingue, presque constamment, les aveux de cette espèce. C'est toujours, de la part de ceux qui les offrent, l'histoire de raconter sans trop de mensonges le fait principal, en se ménageant un rôle complétement secondaire, ou en affirmant une ignorance pleine et entière de ce qui devait avoir lieu. Le révélateur n'a jamais voulu tremper dans le crime; il en a toujours exprimé son horreur en apprenant qu'il avait été commis. Mais en compulsant ces deux récits et les comparant avec les autres témoignages reçus devant le tribunal on peut se représenter d'une manière précise et détaillée les véritables circonstances de cet assassinat. C'est la voie que nous suivrons.

Ajoutons, pour en terminer avec ces confessions, que le gouvernement, après les avoir mûrement examinées, se décida à admettre Probert comme témoin. Le choix, il faut l'avouer, était difficile. Voici donc ce qui résulta de cette décision d'après la procédure anglaise. Thurtell, Hunt et Probert furent tous les trois gardés en prison, jusqu'aux prochaines assises du Hertfordshire, où ils parurent devant la cour sous la prévention d'assassinat. Le ministère public (comme on dirait en France), manifesta au jury son intention de renoncer à la poursuite en ce qui concernait Probert. Le jury l'ayant acquitté, il devenait capable d'être produit comme témoin à charge, mais il était tenu de répondre à toutes les questions qui lui seraient posées par la défense. La moindre prévarication l'exposait à être poursuivi pour parjure et puni de travaux forcés, et même le pardon qui lui était accordé n'était que conditionnel.

Probert fut donc acquitté tandis que Thurtell et Hunt restèrent sur le banc des accusés. Voici le résumé des faits exposés par le procès.

John Thurtell issu d'une famille bourgeoise fort respectable, était le fils d'un alderman (échevin) de Norwich. Jusqu'à la paix de 1815, il avait servi comme officier dans l'armée. Venu peu de temps après à Londres pour y chercher fortune, sa paresse et ses goûts naturels l'entraînèrent vers la société des sportsmen, bookmakers, boxeurs et autres êtres de cette espèce. Il tint pendant quelques mois un cabaret qui fut spécialement fréquenté par ce monde, attiré surtout par la beauté de la dame du comptoir, jeune fille qu'il avait enlevée de Norwich pour en faire sa maîtresse. Mais les orgies auxquelles ses pratiques se livraient attirèrent bientôt l'attention de la police, et l'établissement fut fermé. Ensuite il vécut comme il put. Parmi ses camarades était Hunt, chanteur d'estaminet comme nous l'avons déjà dit; mais qui lui aussi était issu d'une famille respectable. Un de ses frères avait paru avec succès sur la scène de Covent Garden Theatre, et une de ses sœurs était la femme d'un officier dans l'armée autrichienne. Probert, qui complétait le trio, avait également des relations honorables; son père était fermier dans l'ouest de l'Angleterre. C'était un vaurien qui avait fait tous les métiers, entre autres celui de marchand de vins, dans lequel il avait failli pour une somme de 22.000 livres (550.000 fr.). A l'époque du crime il était, comme nous l'avons vu, locataire de Gill's Hill cottage, vivant à peu près de la même façon que son ami Thurtell (qui venait souvent le voir et qu'il visitait à Londres) c'est-à-dire au jour le jour.

Ces trois hommes, on le voit, étaient déchus sinon d'une haute position au moins d'une situation bien supérieure à celle où ils se trouvaient. Il est constant qu'ils fréquentaient les tripots et les maisons de jeu de la basse classe, et l'on suppose qu'ils vécurent pendant un certain temps du produit, soit de leur bonheur, soit de leurs supercheries. Mais après quelques coups heureux, ou la veine les abandonna, ou les victimes leur manquèrent. En tout cas ils avaient fini par se trouver complétement à sec.

C'est à cette époque que l'on a fait remonter le plan qu'ils avaient conçu de tout un système d'assassinats. Les détails de ce plan sont restés obscurs, cependant il n'y a pas à douter qu'il ait existé en germe. Ainsi une confession postérieure de Hunt témoigne d'un premier attentat dirigé contre Woods le fiancé de la belle-sœur de la femme Probert. Lui (selon son aveu volontaire et qui certes ne pouvait lui être utile) avait attiré Woods dans une maison inhabitée louée à cet effet, où Thurtell attendait pour l'assommer. Mais sitôt qu'il eut ouvert la porte Woods eut des soupçons et s'esquiva.

A ce même propos, la femme Probert, témoin bien involontaire, avoua que la nuit qui suivit la mort de Weare, elle avait entendu une conversation entre les trois associés. — Maintenant ce sera le tour de Holding — avait dit Thurtell parlant d'un individu connu de la bande.

Ce programme arrêté, Thurtell, de bonne heure, jeta son dévolu sur William Weare. Weare était un homme d'origine obscure qui avait débuté par être garçon de restaurant. Il avait gagné quelque argent en pariant sur les courses et était devenu joueur de profession. Thurtell avait trouvé en lui un plus fin que lui-même, c'était du moins ce qu'il criait tout haut, en se plaignant à ses associés de ce que Weare lui avait gagné aux cartes trois cents livres en une seule soirée. Cette perte qu'il avait subie fut même le prétexte qu'il mit en avant pour s'en défaire comme d'un misérable qui l'avait *volé*. Que Weare ait gagné quelque argent à Thurtell, rien de plus probable, et le fait est même confirmé par certains indices. Qu'un sentiment de vengeance ait été pour quelque chose dans la résolution de l'assassin, c'est encore admissible. Mais il est évident que le mobile principal n'était autre que le vol.

Weare, comme beaucoup de ses semblables, avait la manie de porter de fortes sommes sur sa personne, soit pour satisfaire à un désir vaniteux de montrer de temps en temps son argent, soit avec l'idée, assez répandue parmi le vulgaire, que de cette façon il le tiendrait plus en sûreté. Ainsi, on l'avait vu, dans des salles de jeu et de billard, et autres lieux publics, tirer d'une poche de son gilet de flanelle des liasses de billets de banque et les exhiber fièrement à ses camarades. Thurtell croyait qu'il avait l'habitude de porter sur lui une somme de 1500 à 2000 livres, c'est du moins ce qui ressort de la dernière confession de Hunt, marquée pour la plus grande partie au coin de la vérité.

L'assassinat de Weare fut résolu. — Il n'y a pas d'endroit plus convenable pour le coup — dit Probert — que le voisinage de ma demeure dans le Hertfordshire.— Voilà ce que Hunt affirme avec vraisemblance. Il est certain que la situation de ce lieu isolé suggéra l'idée d'y attirer la victime.

Rien de plus facile que d'inventer un prétexte. Les deux passions de Weare étaient le jeu et la chasse. Thurtell l'invita donc à l'accompagner chez un de ses amis, demeurant aux environs de Londres, où il ne manquerait pas de trouver du gibier à foison. De plus, il lui parla d'un jeune homme qui, voisin de son ami et venant d'hériter d'une fortune considérable, était adonné aux cartes et auquel il serait facile de soustraire de fortes sommes. Mais, pour réussir — ajouta-t-il — il faudrait apporter beaucoup d'argent, car ce jeune homme ne veut jouer que gros jeu.

Weare, pris par ses côtés faibles, donna facilement dans le piége. Il fut convenu que Thurtell le conduirait à Gill's Hill en cabriolet, dans l'après-midi du vendredi suivant, le 24 octobre.

L'affaire étant lancée, Thurtell et Hunt s'en allèrent acheter une paire de pistolets, un gros sac capable de contenir un corps humain, et en même temps de la ficelle. Ensuite, les associés se mirent à fabriquer des balles, en fondant du plomb au moyen d'une pelle tenue sur le feu. Probert fit l'observation que les pistolets ne paraissaient pas être de force à tuer un homme du premier coup, sur quoi Thurtell riposta. — Ne vous inquiétez pas, je ne manquerai pas mon homme, comme j'ai manqué votre ami Woods.

Le vendredi, les misérables avaient arrêté leurs dernières dispositions. Thurtell, nous l'avons dit, devait conduire Weare dans un cabriolet de louage. Probert, conduisant Hunt, devait partir peu de temps après eux, et les devancer, ce qui lui serait facile, car le cheval qu'il mènerait était une excellente bête qui lui appartenait. A Radlett, point où la ruelle de Gills'Hill communique avec le grand chemin, Hunt descendrait de voiture, puis s'enfoncerait quelque peu dans la ruelle, pour y attendre Thurtell et son compagnon, tandis que Probert poursuivrait sa route jusqu'à sa demeure afin de garantir les assaillants contre tout obstacle de ce côté.

Ce plan fut, jusqu'à un certain point, exécuté le 24 octobre. Vers les cinq heures de l'après-midi, les trois associés partirent de l'auberge dans Conduit Street où Thurtell logeait, celui-ci pour aller prendre Weare au bout d'Oxford Street, les deux autres, un peu plus tard, dans la même direction. C'est ici que se place le fameux épisode de la longe de porc. Probert songea tout à coup que son garde-manger n'était pas trop bien fourni et que pour une occasion comme celle-ci, qui allait réunir de la

société à son cottage, il faudrait un régal. Il fit donc
descendre Hunt à la porte d'un charcutier et le chargea
d'acheter une longe de porc destinée à être débitée en
côtelettes pour le souper.

A environ quatre milles de Londres, ils rattrapèrent en
chemin le cabriolet de Thurtell. Il paraît qu'ils n'étaient
pas connus de Weare, même de vue, car, selon Probert,
Hunt lui dit à voix basse. « Ne faites pas signe de les connaître. Les voilà. Jack tient son homme. » Ils les devan-
cèrent donc, en silence, et, ayant gagné de vitesse,
s'arrêtèrent à un cabaret à Edgware. Ils étaient occupés à
boire lorsque Thurtell passa la porte et à ce qu'il semble,
ils l'ont rattrapé de nouveau entre Edgware et le village
voisin d'Elstree, car, à Elstree, ils buvaient encore assis
dans leur cabriolet arrêté au seuil d'une auberge, lorsque
Thurtell passa une seconde fois. Probert, qui était grand
buveur, ne se montrait pas très pressé de les suivre ; il
avait déjà avalé deux ou trois verres de grog, lorsque
Hunt témoigna de l'impatience.—N'ayez pas peur s'écrie
Probert, avec une bête telle que la mienne je rattraperai
toujours une vielle rosse comme celle-là. Sur quoi, il
mit son cheval au galop. Mais ils étaient arrivés à l'entrée
de Gill's Hill lane, sans avoir revu Thurtell.. — Descendez
ici et attendez, dit Probert à Hunt, moi, j'irai en avant
voir ce qu'est devenu Jack et si tout va bien. Puis il
s'élança dans la ruelle à fond de train.

Il avait fait à peu près un mille, et était arrivé à environ
cent mètres de sa maison, quand il rencontra Thurtell
(nous nous servons ici nécessairement de son propre
témoignage) venant vers lui à pied. — Où diable est Hunt?
s'écria celui-ci, qui avait l'air extrêmement irrité. Probert

répondit qu'il l'avait laissé à l'embouchure de la ruelle, comme cela avait été convenu. — N'importe, répliqua Thurtell. Je n'en ai plus besoin, car *l'affaire est faite*. Mais, retournez chercher Hunt.

Voilà ce que dépose Probert : Hunt cependant affirma que ce dernier avait été absent plus d'une heure avant de revenir le reprendre, et que la première parole qu'il prononça, après lui avoir fait part de l'accomplissement du crime, fût une expression de surprise de ce que quelques livres seulement avaient été trouvées sur la personne de Weare. Hunt en conclut plus tard qu'il avait été *volé* par ses associés, ou que Thurtell les avait volés tous les deux, car, dit-il, il n'est guère probable que Weare se fût mis en route, muni d'une si faible somme, surtout lorsqu'il venait avec l'intention de jouer.

Les habitants du cottage se composaient de la femme Probert, sa sœur Mademoiselle Noyes, quelques enfants de Thomas Thurtell, le frère de John, un garçon d'écurie et une servante. Probert, à son arrivée, ayant remis à celle-ci la longe de porc, proposa tout haut une petite promenade pour les trois hommes pendant les apprêts du souper. Ils s'armèrent donc d'une lanterne, puis, traversant un champ, et cotoyant l'extérieur d'une des haies qui fermaient la ruelle, dans la direction opposée à celle qu'ils avaient suivis en arrivant de Londres, ils aperçurent bientôt le cadavre. L'assassin l'avait poussé avec violence à travers la haie, pour ne pas le laisser sur la route. On le souleva et le fouilla avec soin, mais on ne trouva dans les poches que trois billets de cinq livres. Hunt et Probert ayant demandé où était la montre avec la chaîne en or que la victime portait habituellement, Thurtell répondit qu'il s'était approprié ces articles immédiatement après avoir tué son homme, et qu'il les montrerait plus tard.

On se décida à replacer le cadavre à terre et à revenir le chercher après le souper, lorsque les femmes et les domestiques seraient couchés, pour le jeter, enveloppé du sac qu'ils avaient préparé, dans l'étang de Probert.

Thurtell alors leur fournit des détails sur l'assassinat. Ici les dépositions de Hunt et de Probert s'accordent parfaitement. Voici en substance celle du premier :

« Lorsque nous sommes entrés dans la ruelle, Weare s'écria, — Nom de Dieu Jack ! voici un joli endroit pour couper la gorge à quelqu'un si vous aviez besoin de vous en défaire. Bientôt après je prétextai avoir perdu mon chemin, et j'essayai de faire tourner mon cheval. En même temps, je me suis souvenu du conseil que vous m'avez donné, Probert. Regardez, lui dis-je, et voyez quel joli coup d'œil. A l'instant, je lui tirai au visage un coup de pistolet, mais, *jamais de ma vie, je n'ai eu tant de peine à tuer un homme.* Ces pistolets sont de vrais joujoux. Il sauta à terre et se mit à courir comme un diable, s'écriant qu'il me rendrait tout ce qu'il m'avait gagné, si je consentais à lui laisser la vie. Je le suivis et une lutte à mort s'engagea entre nous. Il se défendit avec une force que je ne m'attendais pas à rencontrer, peu s'en fallut même qu'il n'eût l'avantage, car nous nous sommes roulés par terre et moi j'avais le dessous. Dans cette situation, je réussis à tirer mon couteau et à le frapper à la gorge. Le sang en jaillit à tels flots qu'une quantité m'entra dans la bouche, *je fus forcé de l'avaler, et je croyais être étouffé.* Alors ses forces l'abandonnant, il lâcha prise et je pus me lever. *J'enfonçai mon pistolet, en appuyant dessus avec toutes mes forces, dans son cer-* *veau.* Il gémissait toujours, mais j'arrêtai bientôt le bruit que faisait le b..e, en le baillonnant avec mon mouchoir de poche, puis je poussai le corps à travers la haie. »

La brutalité naïve de ce récit, et les détails horribles qu'il révélait, étaient bien de nature à émouvoir le public. Ce qui frappa surtout les esprits, ce fut l'idée d'une dépravation si grossière et si insouciante, manifestée non par un être issu des classes criminelles et élevé dans quelque repaire de brigands, mais par le fils d'un magistrat qui avait fait ses études, et qui surtout avait porté l'uniforme d'un officier de l'armée anglaise. Cette surprise rejaillissait en quelque sorte sur ses associés qui, pas plus que lui, n'étaient issus de la bourbe, et qui cependant, nous ne disons pas par leur noire scélératesse, qui n'est nullement l'attribut d'une classe quelconque, mais par leur brutalité irréfléchie et leur sang-froid bestial, étaient descendus au niveau des criminels les plus sauvages. Cette impression pénible devait être fortifiée par l'exposé des incidents qui suivirent.

Le souper fut extrêmement gai. Thurtell tira de son gousset la montre de Weare et d'un air galant passa la chaîne autour du cou de madame Probert ; c'était assez lui dire qu'il lui en faisait cadeau. Hunt et Probert, qui étaient en appétit, mangèrent chacun cinq cotelettes de porc. Thurtell qui n'était pas encore revenu du sang humain qu'il avait avalé, ne fut pas si dispos en ce qui concernait la nourriture. Après le repas, Hunt gazouilla quelques chansons de son répertoire, puis les femmes se retirèrent.

A minuit, les associés, ayant pris un cheval à l'écurie,

se mirent en marche vers l'endroit où gisait le corps de
Weare. Ils le rapportèrent hissé sur le dos de l'animal,
et le sac qui le contenait, chargé de pierres, fut bientôt
précipité dans l'étang.

Ensuite on procéda au partage du butin. Hunt et
Probert reçurent chacun six livres. — C'est une piètre besogne, dit ce dernier, c'est un coup qui ne valait pas
la peine d'être fait. — Vous oubliez la montre, lui répondit
Thurtell, elle nous vaudra au moins vingt guinées. C'est
à ce moment que madame Probert, inquiétée par le va-et-
vient qu'elle avait entendu autour de la maison, était
venue écouter sur l'escalier, et qu'elle avait entendu la
phrase « Ce sera le tour de Holding ! »

- Le lendemain matin, Thurtell et Hunt, après leur tentative infructueuse pour retrouver le couteau et le pistolet
égarés, que nous avons déjà racontée, repartirent pour
Londres. Le dimanche ils revinrent au cottage. Comment
trouvez-vous mon ami Joseph ? demanda Thurtell à la
compagnie ; n'est-ce pas qu'il a l'air comme il faut ? En
effet, ce misérable avait endossé des habits nouveaux
tirés du sac de voyage de Weare.

Dans l'après-midi de ce même jour, Probert ayant eu
occasion de se rendre, pour la discussion de quelque
affaire, chez le fermier Nicoll, son voisin le plus proche,
celui-ci lui dit tout à coup : A-t-on fait du vacarme autour
de votre maison vendredi soir ! Des gens prétendent
qu'ils ont entendu des coups de fusil, suivi de cris et de
gémissements ? (1). A cette demande, Probert fut telle-

(1) D'après la dernière confession de Hunt, M. Nicoll serait allé
bien plus loin. Il aurait dit à Probert. On a entendu crier : « John,
John, épargnez ma vie, et je vous rendrai tout l'argent que je

ment troublé qu'il manqua de se trahir. Lors de son retour au cottage, il en fit part à Thurtell, qui s'écria : Je suis *cuit !*

On se décida à retirer le cadavre de l'étang et à le transférer dans un endroit plus sûr, mais il paraissait plus prudent de faire partir auparavant le garçon d'écurie. Celui-ci fut donc envoyé à Londres le lendemain matin. Le soir, le corps enveloppé dans un nouveau sac fut transporté par Thurtell et Hunt dans un cabriolet et jeté dans un autre étang près d'Elstree à environ une lieue de distance. C'était une pièce d'eau de peu d'étendue mais dont le fond, d'après les renseignements de Probert, était encombré de boue de plusieurs pieds de profondeur. Le lendemain, comme nous l'avons déjà dit, toute la bande était sous les verrous.

Le 4 décembre 1823 la cour d'assises de Hertford fut saisie de cette affaire, mais sur la demande des accusés elle fut renvoyée au 6 février 1824. Alors Thurtell, Hunt et Probert comparurent définitivement sous la prévention d'homicide volontaire et avec préméditation commis sur la personne de William Weare.

C'étaient des hommes de trente à quarante ans. L'aspect général de la physionnomie de Thurtell respirait l'audace, il était mis convenablement et s'exprimait avec goût. Hunt était un bellâtre, doué d'une mine assez insignifiante ; depuis le crime il s'était rasé les moustaches et la barbe qu'il avait portées jusqu'alors. Le plus vilain de tous était sans contredit Probert, dont le front fuyant et les yeux inquiets in-

---

vous ai volé ! » Ceci n'est guère croyable, car si l'un des voisins eût pu rapporter un fait si décisif, il aurait certainement été cité comme témoin.

diquaient les instincts de la bête fauve et la fausseté.

Les faits ayant été exposés, puisque Probert avait été admis comme témoin et que Hunt avouait, Thurtell restait seul à présenter sa défense. Ne pouvant lutter contre les charges qui l'accablaient il avait préparé un discours à effets oratoires qu'il débita avec le talent d'un vrai tragédien. Une partie de ce discours se composait d'une énumération de procès célèbres où des innocents avaient été condamnés : il cita entre autres deux exemples tirés de la procédure française dont l'un était le procès bien connu de la Pivardière, et il termina par ces mots : Je suis innocent ; j'en prends Dieu à témoin.

Dans le cours de ce procès il y eut un témoin qui laissa tomber une expression devenue en quelque sorte historique : J'ai toujours cru M. Thurtell un homme fort respectable, dit-il. — Pourquoi ? — lui demanda le juge. — Parce que, Milord, il était possesseur d'un cabriolet. Le célèbre écrivain Thomas Carlyle s'empara de cette phrase et la commenta dans un chapitre intitulé « La respectabilité au cabriolet. »

Malgré leur extérieur « respectable » Thurtell et Hunt furent condamnés à mort.

John Thurtell monta sur l'échafaud le 9 janvier et déploya un sang-froid remarquable. Sur l'observation du gouververneur. — Si vous avez des aveux à faire, c'est maintenant le moment, il répondit : — Justice m'a été faite, je suis content. Il avait du reste avoué son crime en termes implicites en parlant à Hunt dans le courant d'une entrevue entre eux que les autorités avaient accordée ; « Joseph, Joseph, si vous n'aviez pas révélé le lieu où le cadavre était caché, on n'aurait rien pu nous faire. »

Un dernier trait de cet homme mérite d'être cité. Quelques heures avant sa mort il avoua à M. Wilson, le gouverneur de la prison, qu'il brûlait de connaître le résultat d'un combat entre Spring et Langan, deux boxeurs célèbres, qui avait été fixé pour le jour précédent. M. Wilson promit de s'en enquérir et revint bientôt lui faire part de la victoire de Spring. — J'en suis fort content, exclama le condamné, Spring est de mes bons amis, que Dieu le bénisse !

Quant à Hunt, quoiqu'il n'eût aucun droit à une commutation de peine, cependant le gouvernement, sentant que ses aveux avaient été utiles, ne voulut pas remonter l'échafaud pour lui. Il fut déporté à vie et mourut facteur de la poste dans une des villes de l'Australie. Il était le père d'une célèbre cantatrice anglaise, je pourrais dire anglo-française, car, si je ne me trompe, elle a été souvent applaudie sur la scène parisienne. Je la crois morte depuis longtemps, mais en tout cas je ne la nommerai pas, et le lecteur délicat m'en saura gré.

La fin du scélérat Probert, peut-être le pire de la bande, fut telle que la justice poétique semblerait l'exiger. Echappé de l'affaire de Gill's Hill il périt sur l'échafaud quelques années plus tard pour le vol d'un cheval. Ce fut le dernier voleur qu'on ait exécuté en Angleterre. Le fait est que quoique la peine capitale fût encore à cette époque dans les lois pour des larcins de ce genre, elle n'était jamais appliquée, la déportation y étant toujours substituée. Dans le cas de Probert, le gouvernement pensa que la loi cette fois pourrait bien avoir raison, et le public se trouva être du même avis.

XI

L'ASSASSINAT DE LA GRANGE ROUGE

Le drame que nous allons mettre sous les yeux du lecteur est remarquable sous plusieurs rapports. Il faut pourtant avouer que l'intérêt spécial qu'il a excité parmi la foule nous fera défaut. C'est l'histoire d'un crime qui a été découvert à la suite d'un rêve, ce qui nécessairement l'a fait passer aux yeux du peuple dans le domaine du surnaturel. Nous apprécierons bientôt ce fameux rêve, et les conséquences qu'on a cherché à en tirer. En attendant nous nous bornerons à dire qu'ici, comme partout ailleurs lorsque les faits sont dûment exposés, il n'y a rien de plus naturel que le surnaturel.

Maria Martin, jeune paysanne du village de Polstead, dans le comté de Suffolk, quitta la demeure de son père le vendredi 18 mai 1827, en compagnie de son amant William Corder, fermier des environs, et ne fut jamais revue vivante. Maria, sans être absolument une fille de mauvaise vie, n'était cependant pas une rosière. Elle avait eu des relations intimes avec un frère aîné de Corder, et avec un autre jeune homme du voisinage, et plus tard elle avait eu de William Corder un enfant qui était mort peu de temps avant sa disparition. Cette disparition est environnée d'un certain mystère qui n'a jamais été dévoilé. Corder, à ce qu'il paraît, à l'occasion d'une dispute avec Maria, lui avait fait entrevoir la possibilité d'une poursuite de la part des magistrats, poursuite dirigée contre elle comme menant une vie déréglée, sur quoi elle avait répondu que si elle devait aller en prison, lui, Corder ne tarderait pas à la rejoindre. Que signifiaient ces paroles singulières? On les a rapportées à la mort de l'enfant, dont le père se serait défait avec la connivence de la mère. Cette hypothèse cependant n'a jamais été appuyée de preuves matérielles. En tout cas, et malgré le défi qu'elle lui avait lancé, la jeune fille s'inquiéta et finit par consentir, à la demande de Corder, à quitter son village natal pendant un certain temps. Elle devait être logée dans une famille respectable de Yarmouth, et les amants s'étant vite raccommodés de leur brouille. Corder lui renouvela la promesse qu'il lui avait déjà faite de l'épouser à la condition de suivre ses conseils.

Le 18 mai il se rendit à sa demeure où il la trouva avec sa belle-mère, son père étant absent à son travail. « Il est temps, Maria », dit-il. « Partons ». Puis se tournant vers la belle-mère « Je viens prendre Maria, Mme Martin », ajouta-t-il, « parce que Balham le constable m'a répété ce matin que les magistrats avaient décidemment l'intention de la poursuivre ». « Ah ! William » fit la vieille femme qui paraît avoir eu, envers sa belle-fille les égards d'une mère, « si vous l'aviez seulement épousée comme je vous ai prié de le faire, tout ceci ne serait pas arrivé ». « Je compte l'épouser demain matin à Ipswich » répondit Corder.

En attendant, Maria objecta qu'il lui répugnait de partir du village en plein jour au bras de Corder. « Allez donc m'attendre », répondit celui-ci, « à la *Grange Rouge*, je viendrai vous y chercher à la nuit tombante avec mon cabriolet ».

Ici se place un fait curieux. La pauvre fille revêtit un costume masculin, habit, gilet, pantalon et chapeau qui lui avaient été apportés par son amant, puis ils sortirent de la chaumière, Corder par la porte donnant sur la route et Maria par celle de derrière communiquant avec les champs. C'était un surcroît de précaution : il avait été convenu entre eux, comme nous venons de le dire, qu'ils se rejoindraient plus tard.

Depuis cette époque, nous le répétons, Maria Martin n'a jamais été revue vivante.

Le surlendemain 20 mai, Corder revint chez la femme Martin. Celle-ci le questionna sur sa belle-fille; qu'était-elle devenue ? Le mariage avait-il eu lieu ? Il répondit qu'il avait laissé Maria chez une dame de sa connaissance à Yarmouth, qu'il avait quelques formalités à remplir, mais que celles-ci une fois réglées, Maria deviendrait sa femme. La même histoire était toujours répétée chaque fois qu'il revoyait les époux Martin, jusqu'au mois de septembre, époque à laquelle il quitta définitivement le pays, après avoir cédé l'administration de la ferme, dont il avait été jusqu'à ce moment le gérant pour le compte de sa mère, à son premier employé Pryke.

En octobre le père Martin reçut de Londres une lettre de Corder, lui annonçant que Maria était enfin devenue sa femme. Il ajoutait qu'elle ne pouvait écrire en personne, à cause d'un abcès à la main qui l'empêchait de tenir la plume, mais qu'elle ne tarderait pas à donner de ses nouvelles à sa famille. Quelques jours plus tard, Martin eut une seconde lettre de Corder lui annonçant que Maria avait écrit à son père et qu'elle s'impatientait de n'avoir reçu aucune réponse. Le bonhomme, très surpris, informa celui qu'il prenait pour son gendre, que la lettre de sa fille, dont il était question, ne lui était jamais parvenue. Pour réponse Corder lui fit savoir qu'il était allé aux informations à la poste centrale et exprima sa surprise de ce que la lettre avait manqué d'arriver. Il y eut ensuite échange de plusieurs lettres entre eux, Corder donnant toujours une nouvelle adresse. C'était à un hôtel ou à un bureau de poste que Martin était prié d'écrire. Puis il y eut de la part de Corder un silence complet.

Environ un an s'était passé de la sorte, lorsque enfin un vague soupçon commença à poindre dans le cerveau des vieux paysans, et ce qu'il y a de plus surprenant c'est qu'il ne se fût pas présenté auparavant à leur esprit. A cette époque, la femme Martin rêva deux fois de suite que sa belle-fille avait été assassinée et enterrée dans la Grange Rouge. Lorsque la vérité fut connue on cria au miracle, à une interposition divine, etc., mais quoi de plus naturel que la femme Martin ait pensé et par conséquent rêvé à cette grange ? C'était le bâtiment vers lequel elle avait vu Maria s'acheminer le jour de sa disparition, et où celle-ci devait rencontrer Corder. C'était précisément le lieu où se perdait toute trace définitive de son existence. Mais il y avait plus que cela. Le soir même du départ de Maria, un de ses frères avait vu Corder quittant la grange une pelle à la main, et il avait raconté ce qu'il avait vu à sa mère. Lors de la visite de Corder à la chaumière le dimanche suivant, la Martin l'avait même interpellé sur ce fait. — Il paraît, dit-elle, que vous n'êtes pas parti de sitôt de la grange : vous avez dû y rester longtemps. — Il nia qu'il eut porté une pelle : ce devait être un de ses laboureurs qu'on avait pris pour lui. Les soupçons de la Martin une fois formés avec cette lenteur qui distingue tout mouvement d'esprit de la part des paysans, ces détails et probablement d'autres encore qui n'ont pas figuré au procès, devaient se représenter à sa mémoire et y former les éléments d'un rêve.

Mais dans le voisinage, le miracle est aussi incontesté que le sont ailleurs ceux de Lourdes et de la Salette. Dans le cas de certaines gens, et ce ne sont pas toujours des paysans. « Chassez le *surnaturel*, il revient au galop. »

Cette grange que nous avons eu occasion de mentionner plusieurs fois, et qui donna plus tard son nom au crime, était un bâtiment de ferme dont les planches extérieures avaient été peintes en rouge. Elle appartenait à la veuve Corder, mère de William, et celui-ci jusqu'à son départ en gardait soigneusement les clefs. Martin, sous prétexte qu'il y avait laissé quelque objet, les demanda à madame Corder qui les lui remit sur-le-champ.

Le bonhomme, accompagné d'un de ses amis, se mit aussitôt à visiter l'intérieur du bâtiment. S'étant aperçus que dans un certain endroit le sol était moins solide que dans les autres parties, ils y fouillèrent à l'aide d'une pelle et d'une pioche, jusqu'à la profondeur d'un pied et demi et finirent par mettre à jour un sac contenant ce qui, d'après son volume, pouvait bien être un corps humain. D'un trou de ce sac, qui était complétement pourri, sortait un fichu vert. Soit par frayeur, soit à cause d'une hésitation bien naturelle à donner raison à leurs soupçons, ils s'en tinrent là, et s'en allèrent trouver la femme Martin. — De quelle couleur était le fichu que notre fille a porté le jour de son départ ? demanda à celle-ci son mari ? — C'était un fichu vert, répliqua la femme. —

Alors, s'écria Martin, la malheureuse a été assassinée.

La justice immédiatement avertie procéda à de plus amples investigations. Du sac fut retiré le cadavre d'une femme. L'autopsie constata trois blessures, dont chacune était de nature à déterminer la mort. Le crâne était fracassé par une balle partie d'un fusil ou d'un pistolet, le cœur avait été percé par la pointe d'un instrument aigu, tel qu'une épée, et le cou portait des marques de strangulation.

Le temps durant lequel les restes avaient été enfouis sous terre rendait l'identification difficile. Cependant, une dent manquait à la mâchoire, et il y avait un léger goître au cou, indices qui correspondaient parfaitement au signalement de Maria Martin, donné par ses parents. Deux boucles d'oreilles trouvées dans le sac furent également reconnues pour lui avoir appartenu. Les lambeaux de vêtements adhérant au corps étaient précisément semblables à ceux que la défunte avait emportés dans son sac de voyage, d'où il résultait qu'elle avait dépouillé son costume d'homme et s'était revêtue de ses habits ordinaires avant d'être frappée.

Où était Corder ? On le supposait à Londres, du moins ses dernières lettres en portaient le timbre, et l'on savait qu'il avait logé N° 6 Gray's Inn Terrace, à une époque antérieure. Les officiers de police s'étant rendus à Gray's Inn Terrace ne purent y apprendre son adresse, mais ils recueillirent des renseignemeuts qui leur permirent de suivre sa piste. Enfin on le trouva à Brentford, dans les environs de Londres, où il venait d'épouser une dame qui tenait un pensionnat de demoiselles.

Ce scélérat, à l'époque même où il écrivait au père

Martin lui annonçant son mariage avec sa fille, était occupé à insérer dans les journaux des annonces matrimoniales demandant une femme. Il se dépeignait comme un homme jouissant de revenus considérables, et qui cherchait une compagne dans les mêmes conditions de fortune. On s'est demandé dans quelle intention il avait tenté une pareille démarche. Avait-il conçu l'idée de se défaire plus tard de la personne qui serait assez imbécile pour lui confier sa personne et sa fortune ? Le temps seul lui a-t-il manqué pour exécuter son programme ? On n'en sait rien. En tout cas, il reçut cinquante-cinq réponses que nous avons eues sous les yeux, et dont quelques-unes, comme on le pense bien, étaient fort curieuses. Une femme d'un certain âge, sans parents et sœur d'un honnête bijoutier, fut celle qui gagna le prix, et non sans certaines objections de la part du frère, le mariage eut lieu. Madame Corder était une personne instruite, et avec le consentement, peut-être d'après les suggestions de son mari, elle organisa un pensionnat de demoiselles, où les époux étaient à peine installés, lorsque la justice, à la recherche du mari, y fit sa descente.

Corder se défendit devant la Cour, en affirmant que Maria s'était suicidée. Voici, selon lui, comment l'affaire se serait passée. Une dispute assez vive s'était élevée entre eux dans l'intérieur de la grange, dispute à la suite de laquelle il lui avait déclaré que, vu l'incompatibilité de leurs caractères, il renonçait au projet de l'épouser. Il sortait par la porte, lorsqu'il entendit une détonation derrière lui, et, se tournant, fut saisi d'horreur en voyant Maria, couchée par terre, baignée dans son sang. La malheureuse s'était tuée du coup.

La première émotion passée, la situation se présenta à son esprit dans tout ce qu'elle avait de terrible pour lui.

Oui, c'était lui, sans aucun doute, qu'on accuserait d'avoir assassiné sa maîtresse ! Ce fut alors qu'il conçut l'idée d'enterrer le cadavre, afin de cacher l'événement et dans le même but, il avait soutenu que Maria était dans un lieu de sûreté et plus tard qu'elle était devenue sa femme à Londres.

Ce système absurde ne pouvait résister à l'évidence. Il aurait donc fallu que la victime se fut tuée de trois manières distinctes. Elle se serait tiré un coup de pistolet, elle aurait enfoncé un instrument aigu dans sa poitrine, et elle aurait fini par s'étrangler ! La défense de Corder était non seulement inutile pour le disculper, mais au contraire elle facilitait la tâche du jury en le tirant d'un certain embarras. L'identité du cadavre était-elle légalement constatée ? Quelques doutes auraient pu surgir à cet égard, mais ils étaient évidemment dissipés par l'aveu de l'accusé lui même.

Après sa condamnation, Corder avoua son crime. Il affirma de nouveau qu'il y avait eu une dispute entre eux, et que dans un moment de furie, et ne sachant pas ce qu'il faisait, il avait tiré sur la jeune fille. C'est là une de ces demi-confessions comme le sont presque toutes celles qui tombent de la bouche des assassins, et qui sont conçues de manière à rendre le criminel le moins odieux possible. L'assassinat était à n'en pas douter prémédité et exécuté avec une résolution féroce. Mais toujours est-il qu'il est environné d'un certain mystère. Quel intérêt Corder avait-il à se défaire de Maria ? Il n'en était pas le séducteur, il pouvait s'en aller tranquillement sans craindre aucune démarche de sa part. Quel avantage pouvait-il retirer de sa mort ? A moins toutefois qu'elle n'eût possédé quelque secret dont la révélation menacerait de le ruiner. Un mot tombé de la bouche de la victime et que nous avons déjà cité est bien de nature à susciter des soupçons à cet égard. Voilà tout ce que l'on peut dire sur ce sujet ténébreux.

Corder monta sur l'échafaud le 11 août 1828. Ce crime eut un tel retentisssement en Angleterre, surtout à cause des rêves de la femme Martin, que le nombre des personnes qui visitèrent la grange entre la découverte du cadavre et l'exécution de l'assassin a été évalué à deux cent mille !

XII

NOUVELLE ÉCOLE D'ÉTRANGLEURS

Burke et Hare eurent quelques imitateurs, mais les seuls qui se soient fait remarquer furent Bishop et Williams. Ces deux scélérats ont avoué qu'ils avaient été inspirés par leurs devanciers, mais ils étaient en droit d'ajouter que selon leur manière de voir ils avaient apporté un perfectionnement sensible au procédé original. En tout cas ils ont jeté parmi les habitants de Londres un effroi qui n'a pas été moindre que celui produit par les deux Irlandais à Edimbourg trois ans auparavant.

Comme nous nous sommes quelque peu étendus sur les crimes de ces derniers, nous nous bornerons à un résumé rapide de ceux de leurs successeurs.

Le samedi soir, 5 novembre 1831, dans l'après-midi, quatre individus, dont un portait sur la tête un panier volumineux, se présentèrent à la porte de King's College Hospital, dans le Strand. Trois d'entre eux étaient des « résurrectionnistes » (1), le quatrième, un commissionnaire qu'ils avaient engagé dans la rue, et qui ne figura plus tard dans cette affaire qu'en qualité de simple témoin. Les vendeurs de corps étaient venus offrir à M. Partridge, le démonstrateur d'anatomie, un beau sujet, et c'était là ce que contenait leur panier.

Cette industrie, on le voit, marchait toujours : cependant le procès de Burke et Hare, et son retentissement énorme, avaient rendu les chirurgiens un peu moins faciles. M. Partridge, en examinant le corps, qui était celui d'un jeune garçon d'une quinzaine d'années, conçut quelques soupçons : il crut même y apercevoir des marques de violence. Ayant demandé aux marchands le prix qu'ils en voulaient, sur leur réponse qu'il leur fallait neuf guinées; — Je n'ai sur moi, dit-il, que deux ou trois guinées, il me faudra envoyer changer un billet de cinquante livres. — Donnez-nous toujours, dit un d'entre eux, les deux ou trois guinées, nous repasserons un autre jour prendre ce qui restera. — Non, répondit M. Partridge, dans ces sortes d'affaires je paie toujours comptant. Sous prétexte d'envoyer changer le billet chez un ami, M. Partridge remit au concierge de l'hospice un mot pour le commissaire de police, et une demi-heure après la compagnie se trouvait sous les verrous.

Les noms de ces quatre personnes étaient Bishop, Williams, May et Shield. Shield, nous venons de le dire,

(1) Voyez au procès Burke et Hare.

n'était simplement qu'un portefaix, nullement compromis dans l'affaire et qui fut vite relâché. Quant aux autres, M. Partridge avait bien deviné. C'étaient des hommes qui, ayant commencé par le déterrement des cadavres, avaient fini par trouver un moyen plus expéditif de se les procurer et étaient devenus assassins par métier. Ajoutons, pour être exacts, que quelques doutes s'élevèrent plus tard sur la complicité de May dans ces assassinats, quoique ce fût comme les autres un résurrectionniste avéré qui pour le moins, eut dû soupçonner ce qui s'était passé. Ces doutes se traduisirent en une commutation de la peine capitale à son égard.

Nous n'entrerons pas dans les détails de ce procès. La confession de Bishop après sa condamnation, confirmée par Williams, suffira pour nous mettre à même d'apprécier la façon d'agir de la bande, et pour indiquer les circonstances de l'assassinat : Voici le résumé de ce qu'il a confessé.

« Moi, John Bishop, je déclare que le corps n'était pas celui d'un jeune Italien (1) mais d'un garçon venu du Lincolnshire. Nous l'avons rencontré vers les dix heures et demie le soir du jeudi 3 novembre, tout près de la place du marché aux bestiaux de Smithfield. Williams promit de lui donner de l'ouvrage et il nous accompagna

---

(1) Plusieurs personnes ayant reconnu le corps pour être celui d'un jeune mendiant italien, Carlo Ferrari, qui portait une cage renfermant des souris blanches, dans les rues de Londres, ce nom figura au procès comme celui de la victime. Mais l'identité ne paraît pas avoir été complétement établie. En tout cas la déclaration de Bishop, sur ce point, a été confirmée par Williams, et il ne paraît pas qu'ils aient eu un intérêt quelconque à la faire.

à notre demeure Nova Scotia Gardens. Après lui avoir servi à souper, nous lui fîmes boire un verre de rhum, dans lequel nous avions eu soin de mêler la moitié du contenu d'une petite fiole de laudanum. (J'avais acheté le rhum dans la soirée chez un marchand de liqueurs, et le laudanum en petite quantité chez plusieurs pharmaciens). Dix minutes s'étaient à peine écoulées que l'enfant était profondément endormi. Je le couchai par terre, ensuite nous sortîmes pour boire du gin dans un cabaret voisin. Nous y passâmes à peu près vingt minutes. Revenus à la maison, Williams et moi nous transportâmes le jeune garçon, toujours dormant d'un sommeil profond, dans le jardin où il y avait un puits. Après avoir attaché une corde autour de ses jambes afin de pouvoir le retirer lorsqu'il serait mort, nous le laissâmes glisser doucement, la tête en bas, dans le puits qui n'était pas profond. Il y eut un mouvement des bras, et l'eau bouillonna légère- ment à sa surface ; au bout d'une minute tout était fini. »

Viennent ensuite les détails de deux autres assassinats, accomplis par les mêmes procédés. Mais il y a tout lieu de croire que ces aveux n'ont pas épuisé la liste des victimes.

Ces misérables, on le voit, suivaient tout simplement le système de Burke et Hare, qu'ils avouaient avoir étudié, en y apportant une modification importante.

La victime, réduite à un état d'insensibilité par le moyen d'une forte dose de laudanum, était ensuite noyée, et de cette façon on évitait la chance d'avoir à éprouver une résistance comme celle que Daft Jamie avait opposée à ses assassins.

Bishop et Williams moururent sur l'échafaud le 5 dé- cembre 1832.

XIII

DONELLAN

EMPOISONNEMENT D'UN BEAU-FRÈRE

Le capitaine Donellan, fils d'un colonel, était, en 1777, un jeune homme comme on en voit beaucoup en Angleterre, et peut-être l'espèce n'est-elle pas inconnue ailleurs. Il s'était senti, de bonne heure, ce que l'on pourrait appeler une inclination provisoire pour l'état militaire, et, après un service de quelques années sous les armes, il avait fini par trouver sa vocation définitive, celle de ne rien faire, en paraissant jouer un rôle fashionable. C'est un emploi, comme tout le monde sait, qui n'exige que de la fortune, et c'est précisément ce qui lui manquait ; mais il le tint avec un certain succès, pendant quelque temps, à Londres, et surtout aux villes de bains. Ce fut à Bath, un de ces lieux les plus fréquentés, que, par hasard, il fit la connaissance de la famille Boughton. Lady Boughton, et sa fille, descendues à l'hôtel principal de cette ville, n'avaient pas trouvé à s'y caser, tous les appartements étant occupés. Donellan, qui, à ce moment, logeait dans l'hôtel, s'avança poliment, et offrit de céder sa chambre à ces dames. L'offre fut acceptée et, la connaissance ainsi liée, il sut en profiter si bien que peu de temps après il épousa Miss Boughton.

C'était la fille de Sir Edward Boughton, décédé, lequel n'avait laissé, en outre, qu'un fils, Sir Theodosius, le baronnet actuel, âgé à cette époque de seize ans et poursuivant ses études au collége d'Eton. La famille était une

des plus honorables du comté de Warwick, et possédait
des biens territoriaux considérables, qui seraient hérités
par Mademoiselle Boughton, dans le cas où son frère
viendrait à mourir sans enfants.

Ce ne fut pas sans surprise que l'on vit un jeune
homme sans fortune, que l'on pourrait même qualifier
d'aventurier, agréé comme gendre par une dame aussi
haut placée que Lady Boughton. L'explication de ce fait
n'est pourtant pas difficile. Milady avait le caractère extrêmement faible ; Donellan, de son côté, était entreprenant
auprès des femmes ; il avait, de plus, des manières distin-
guées, et avait su plaire, en même temps, à la mère et à
la fille. Au surplus, il avait fait preuve d'une espèce de
désintéressement en assurant à son épouse l'usufruit, non
seulement de sa dot, mais aussi de tous les biens qui
pourraient lui venir par voie d'héritage. En tout cas, le
mariage se fit, et les nouveaux époux allèrent s'établir à
Lawford Hall, le château des Boughton.

Dès son installation, Donellan, comme on pouvait le
prévoir, devint le maître absolu de la maison. Lady
Boughton, esprit borné, était incapable de lui résister, et
le jeune Sir Theodosius, qui à cette époque avait quitté
Eton, ne songeait qu'à ses plaisirs. C'était à ce qu'il
paraît un jeune homme maladif, souffrant presque toujours des suites de ses excès, et ayant pris l'habitude de
se traiter lui-même, et d'essayer toute espèce de drogues,
de sorte que sa chambre à coucher avait fini par ressem-
bler à la boutique d'un pharmacien. Il ne s'inquiétait guère
de ce que faisait Donellan, qui, du reste, ne paraît pas
s'être mal conduit dans sa nouvelle position.

Les affaires en étaient-là, lorsque, en 1780, le jeune

baronnet, qui, comme cela lui arrivait souvent, avait été alité depuis plusieurs jours, mourut subitement. Voici les circonstances de cette mort, telles qu'elles ont été détaillées plus tard par Lady Boughton, dans sa première déposition que nous avons quelque peu abrégée, devant le Coroner.

« Le défunt était mon fils. A l'époque de sa mort, il avait gardé la chambre depuis quelque temps, et prenait des remèdes, qui lui étaient envoyés de chez M. Powell, chirurgien à Rugby. Le 3o août dernier, vers les sept heures du matin, je me rendis à son appartement, et, sur sa demande, je lui versai à boire le contenu d'une petite fiole qui était posée sur la cheminée. Après l'avoir versé, je remarquai, au fond de la fiole, une espèce de dépôt ressemblant à de la poudre blanche, et je fis, en même temps, l'observation que le liquide exhalait une odeur âcre et très désagréable. Mon fils, l'ayant avalé, se récria aussitôt sur le goût inaccoutumé du remède et exprima la crainte de ne pas pouvoir le garder. Ayant appelé mon beau-fils, M. Donellan, je lui montrai la fiole, que j'avais vidée. Il la remplit d'eau, qu'il versa dans une cuvette, cette eau emporta la lie ou poudre blanche dont j'ai parlé ; ensuite Donellan trempa un doigt dans la cuvette, et l'ayant porté à sa bouche, fit la remarque que l'eau avait un goût désagréable. Mon fils fut bientôt pris d'un accès de convulsions, mais, ensuite, il a paru s'endormir. Je quittai la chambre pendant cinq minutes, tout au plus. A mon retour, il avait les yeux fixes, et les dents serrées. Une écume coulait de sa bouche ; quelques minutes après, il était mort.

« Depuis, M. Powell m'a montré la médecine qu'il avait prescrite à mon fils. Elle était à peu près de la couleur de celle que j'ai versée de la fiole, mais elle n'avait pas la même odeur. »

Dans une deuxième déposition, Lady Boughton ajoute qu'elle a été fort mécontente en voyant son beau-fils nettoyer la fiole, et faire disparaître le dépôt qui y était resté. Elle va jusqu'à dire que cette conduite lui avait paru suspecte. Cependant, chose remarquable, et qui fait voir l'ascendant que son beau-fils avait pris sur la famille, on ne songea pas à une autopsie, ni même à consulter un médecin sur les symptômes qui avaient précédé la mort du jeune baronnet. Le samedi suivant, le décès ayant eu lieu le mercredi, le corps était déjà enfermé dans son cercueil, en attendant qu'il fût porté au cimetière.

Cependant, cette mort si subite d'un jeune homme de vingt ans avait éveillé quelques soupçons dans le voisinage, et les observations que se permettait Lady Boughton n'étaient pas de nature à les endormir. Les bruits qui circulaient à cet égard étant parvenus aux oreilles de Sir William Wheeler, tuteur du défunt pendant sa minorité, celui-ci écrivit à Donellan, pour lui en faire part, lui indiquant, en termes courtois, la nécessité de procéder à une autopsie, dans son propre intérêt, et afin de dissiper les soupçons qui avaient été engendrés. La réponse de Donellan fut sur le même ton ; il ne s'opposait nullement à la demande de sir William ; au contraire, il le priait d'accompagner les médecins et de s'informer personnellement du résultat de leurs recherches.

Il est à regretter que sir William n'ait pas voulu, ou peut-être n'ait pas pu accepter cette invitation. Sa présence, aidée de l'autorité qu'il exerçait, eût probablement suffi pour tirer au clair une affaire qui, malheureusement, n'a jamais été complétement approfondie. En tout cas, il ne vint pas, mais trois médecins se présentèrent de sa part, à Lawford Hall. Donellan les invita à ouvrir le cadavre « afin de satisfaire la famille sur les causes qui avaient amené la mort du défunt. » Après un premier examen, ils trouvèrent le corps dans un état de décomposition trop avancée pour leur permettre de procéder à l'autopsie sans danger pour eux-mêmes, et ils déclinèrent l'opération.

Donellan, on doit le remarquer, ne leur avait pas soufflé mot des accusations qui planaient sur lui-même, il ne leur avait pas parlé de poison, et l'accusation, plus tard, lui reprocha son manque de franchise à cet égard. S'il leur avait fait part de ce dont il s'agissait, — a-t-on dit — les médecins auraient procédé, coûte que coûte, à l'autopsie, ils l'ont affirmé depuis, en ajoutant qu'ils ne se croyaient pas appelés à courir un risque pour satisfaire une simple curiosité. Donc il était du devoir du capitaine Donellan de les éclairer sur les bruits de poison qui couraient, afin de les forcer à l'œuvre. S'il ne l'a pas fait, c'est uniquement dans le but d'éviter des recherches qu'il avait tout lieu de craindre.

Ce raisonnement ne nous paraît pas absolument inattaquable. Un innocent — et, d'après la loi anglaise, tout prévenu est censé tel, jusqu'à ce que le jury ait prononcé un verdict de culpabilité contre lui — un innocent aurait parfaitement pu agir comme l'a fait Donellan. Un sentiment de dignité personnelle aurait pu l'empêcher de faire allusion à des soupçons si déshonorants pour lui-même. Donellan était-il tenu de dire crûment à trois étrangers : « On me soupçonne, moi, ancien officier de l'armée, d'avoir empoisonné mon beau-frère, pour m'emparer de sa

fortune ? » Ne suffisait-il pas de les inviter tout simplement
à examiner le cadavre, les mettant ainsi à même de constater la vraie cause du décès ? Leur refus pouvait-il être
mis sur son compte ? Nous ne le croyons pas, pas plus
que nous ne croyons que son silence, à l'endroit de ce
qu'il pouvait bien mépriser comme des caquetages mali-
cieux, était de nature à fournir une arme à l'accusation.

Certes, en le supposant innocent, il eût agi avec plus
de prudence en montrant aux médecins la lettre de sir
William Wheeler. Mais il est évident qu'un manque de
prudence ne constitue pas un indice de culpabilité.

Encore un incident à relever dans cette affaire ténébreuse. Il paraît qu'en écrivant à sir William Wheeler
ce qui s'était passé dans cette entrevue, Donellan n'a
pas clairement indiqué si l'autopsie avait eu lieu ou non.
Ceci peut paraître suspect. Mais, par contre, c'est un fait
acquis au procès qu'il a chargé un des médecins de raconter, à sir William en personne, toutes les circonstances,
et de plus que celui-ci a promis de le faire et qu'il n'a
pas tenu sa promesse.

Le lendemain matin, M. Buckhill, chirurgien de Rugby,
ayant appris ces démarches, se rendit au château, et offrit
de procéder, pour son propre compte, à l'examen du
cadavre. Donellan s'y refusa, alléguant que ce serait une
injustice envers les autres médecins, à moins, toutefois,
ajouta-t-il, que M. Buckhill ne lui apportât une permission
expresse de la part de sir William. Ce dernier, consulté,
chargea Buckhill de l'opération, et lui adjoignit son propre
médecin, M. Snow. Mais, par malheur, ces deux hommes
de l'art ne se rencontrèrent pas. Buckhill, appelé au chevet d'un mourant, manqua au rendez-vous, et Snow,

arrivé seul, ne voulut rien faire. Sur ces entrefaites, Donëllan procéda à l'enterrement du corps.

Cependant, ces allées et venues ayant été ébruitées, plusieurs gentilshommes des environs témoignèrent avec justice leur mécontentement et insistèrent sur une enquête. En conséquence, le corps fut exhumé et soumis à un examen.

Ce qui frappe d'abord en lisant le compte-rendu de cette enquête, c'est que pas un des médecins cités n'a trouvé de poison dans les intestins du défunt. Tous les témoignages se rapportent au fait qu'il est mort immédiatement après avoir avalé le contenu de la fiole qui lui avait été administré par sa mère. Les symptômes étaient bien ceux qui seraient produits par certains poisons. Or, la fiole devait contenir du poison ! Il est presque inutile de dire qu'à l'heure actuelle, un tribunal anglais ne permettrait pas à un médecin de tirer une pareille conclusion.

Parmi les hommes du métier appelés à déposer, le plus important c'est le docteur Wilmer. Il a fait partie du trio qui, en vue du danger qui pouvait en résulter pour eux-mêmes ont refusé d'examiner le cadavre, mais, sur la demande de la justice, s'est ravisé. Il fournit des détails abondants sur l'état des intestins, du cœur, des poumons, du foie, tel qu'il l'a constaté, mais sa conclusion résume tout ce qu'il a pu apprendre par son examen « Il est impossible de prononcer sur la cause de la mort. »

Les docteurs Rattray, Snow et Kingmill confirment la déposition précédente. *Mais, après avoir entendu le témoignage de Lady Boughton, ils sont d'avis que la médecine administrée par ses mains a causé la mort de son fils.*

Restait encore à entendre M. Powell, le pharmacien de Rugby. Car, en admettant l'hypothèse du poison contenu dans la fiole, ce poison aurait pu venir de chez lui, soit par la substitution accidentelle d'une bouteille à une autre, soit par la négligence de celui qui avait préparé l'ordonnance. Dans tous les pays, les victimes de l'incurie des pharmaciens sont nombreuses. C'est là un point qui aurait bien mérité l'attention dans le cas où il aurait été hors de doute que le défunt avait péri par l'administration d'un poison quelconque. Mais ici nous n'avons pas à nous y arrêter. M. Powell jura qu'il avait préparé et expédié, de sa propre main, le remède et qu'il contenait de la rhubarbe, du sirop, et d'autres ingrédients innocents. Que cela fût vrai, qu'il n'y eût aucune méprise, il nous est permis de le croire, sans que pour cela notre appréciation de l'effet de ces divers témoignages soit sensiblement affectée.

Y avait-il de quoi envoyer Donellan devant une cour criminelle ? Nous estimons qu'en vue de la déposition des experts, les preuves matérielles faisaient complétement défaut. Le jury de première instance ne fut pas de cet avis et, d'après son mandat, Donellan parut devant la cour d'assises de Warwick, comme prévenu d'homicide volontaire avec préméditation.

A ce procès, en fait de nouveaux témoignages, on ne produisit que ceux de quelques domestiques, qui déposèrent que l'accusé s'était souvent amusé à distiller des roses.

Evidemment l'accusation concluait de ce fait qu'il avait bien pu se servir de ses instruments pour distiller autre chose, de l'eau de laurier, par exemple, dont les médecins ont parlé plus tard. Il y eut ainsi une déposition d'un membre du « Coroner's jury ». Lorsque Lady Boughton était en train de raconter, devant le coroner, la manière d'agir de son beau-fils dans la chambre du mourant, et comme quoi il s'était mis à rincer la fiole, ce juré avait remarqué que, posté derrière sa belle-mère, l'accusé lui faisait signe de se taire.

Les médecins ne firent que répéter leurs dépositions, en y ajoutant, toutefois, que les symptômes qui avaient précédé et accompagné la mort, et l'apparence des intestins, étaient tels qu'auraient pu produire l'administration d'un poison végétal, comme par exemple l'eau de laurier.

On cita, pour la défense, le célèbre John Hunter. Hunter est sans contredit le plus grand physiologiste et chirurgien que la Grande-Bretagne ait jamais produit, et c'était à cette époque la première autorité de l'Europe. Nous donnerons, en l'abrégeant quelque peu, son interrogatoire, qui nous paraît tout à fait décisif. Que le lecteur veuille bien se souvenir qu'en Angleterre les témoins à décharge sont interrogés par les défenseurs.

D. — Vous avez entendu les dépositions des trois médecins ?

R. — Oui,

D. — Vous avez également entendu celle de Lady Boughton ?

R. — Oui, j'ai tout entendu.

D. — Vous avez dû particulièrement noter les symptômes dont cette dame a parlé, comme s'étant manifestés chez son fils après que celui-ci eût avalé la médecine ?

R. — Certainement.

D. — De ces symptômes, tels qu'ils ont été décrits, ou de l'apparence extérieure ou intérieure du corps, telle qu'elle nous a été racontée, la science serait-elle en droit d'inférer que le défunt est mort empoisonné ?

R. — Quant aux apparences présentées par le corps, je n'y vois que les effets de la putréfaction.

D. — Vous êtes habitué à disséquer des sujets humains, n'est-ce pas ? Je pense qu'il n'y a pas un seul homme en Europe jouissant de votre expérience à cet égard ?

R. — J'en ai disséqué des milliers pendant une période de trente-trois ans.

D. — Vous êtes donc sûr, d'après ce que vous avez entendu, que l'état des organes, tel qu'il nous a été révélé par les médecins, n'est dû qu'à la simple putréfaction ?

R. — J'en suis certain.

D. — Maintenant pour les symptômes qui sont survenus après l'absorption de la médecine, faut-il en conclure nécessairement au poison ?

R. — Non, décidément.

D. — Une apoplexie n'aurait-elle pas produit des symptômes semblables ?

R. — A peu près les mêmes.

D. — Avez-vous connu des cas de jeunes gens mourant d'apoplexie ou d'épilepsie ?

R. — Oui, j'en ai connu. L'apoplexie est pourtant rare à cet âge. Quant à l'épilepsie, il y a peut-être plus de jeunes gens que de vieillards qui en meurent ; par exemple les enfants, par suite de la dentition qui détermine parfois une espèce d'épilepsie.

D. — Avez-vous jamais, dans vos expériences, rencontré un exemple d'empoisonnement par l'eau de laurier, de manière à pouvoir en indiquer les symptômes ?

R. — Jamais.

D. — Si vous étiez appelé à faire l'autopsie d'un cadavre, là où un empoisonnement serait soupçonné, ne poursuivriez-vous pas vos recherches à travers les intestins ?

R. — Mais, oui, décidément. C'est là la voie que prend le poison, et je la suivrais.

D. — Vous avez entendu comme quoi Sir Theodosius a écumé à la bouche quelques minutes avant sa mort ; ce symptôme indique-t-il nécessairement le poison, n'est-il pas au contraire remarqué dans le cas de plusieurs maladies ?

R. — C'est un symptôme que l'on rencontre souvent, je pourrais dire généralement, dans des cas d'apoplexie ou d'épilepsie, et surtout lorsque le malade a paru jouir de la santé jusqu'au moment où il est saisi.

D. — Vous avez eu expérience de cas pareils ?

R. — De plusieurs centaines.

D. — Alors, des symptômes de ce genre ne vous induiraient pas à soupçonner le poison ?

R. — Non, je croirais plutôt à l'apoplexie. C'est pourquoi j'aurais voulu qu'on eût ouvert la tête.

D. — Vous êtes d'avis que, si la tête eût été examinée, on serait parvenu à lever les doutes ?

R. — Peut-être. En tout cas, on aurait pu savoir si le défunt était mort d'apoplexie ou non. Car, quand même un corps serait arrivé à l'état de putréfaction, il est à remarquer que l'apoplexie, ayant été déterminée par une extravasion de sang sur le cerveau, y aurait déposé un coagulum. Or, je crois que cette apparence aurait été visible.

D. — Enfin, pour terminer, d'après ce que vous avez entendu, vous ne croyez pas qu'on puisse conclure au poison ?

R. — *Je n'en vois pas le moindre soupçon.*

Contre-examiné par l'avocat soutenant l'accusation, Hunter admit que la mort suivant de si près l'absorption de la médecine était un fait singulier, mais il nia énergiquement qu'il y eût un rapport nécessaire entre les deux événements. Il répéta que les symptômes dont avait parlé Lady Boughton, aussi bien que les apparences intérieures, décrites par les médecins, étaient parfaitement compatibles avec l'épilepsie ou l'apoplexie. Le père de Sir Théodosius était mort de cette dernière maladie, et l'on demanda au témoin s'il était probable qu'un jeune homme mince, faisant maigre et subissant un traitement pour une maladie galante, serait attaqué de la sorte. Il répondit que ce n'était pas probable, mais que, cependant c'était possible, et que lui-même avait connu deux jeunes filles qui étaient mortes d'apoplexie.

Cependant cette déposition d'un prince de la science ne sauva pas l'accusé qui, reconnu coupable par le jury, fut condamné à mort et exécuté à Warwick, en avril 1781.

Le résultat de ce procès ne peut être considéré, selon notre avis, que comme une véritable erreur judiciaire. Cette qualification, nous le savons, n'est appliquée d'habitude qu'aux cas où l'innocence d'un condamné a été pleinement reconnue. Mais on peut sans violence s'en servir pour désigner un arrêt de la justice qui n'est pas motivé par des preuves suffisantes. C'est précisément le cas de celui qui concerne Donellan.

Qu'il fût innocent, nous ne prendrons pas sur nous de l'affirmer. Mais, ce qui est certain, c'est qu'il n'aurait pas dû être condamné. On est à se demander aujourd'hui comment le jury a pu arriver à une pareille décision. Il est probable que le sentiment populaire s'est traduit par sa voix. Donellan était un aventurier, un intrus, qui s'était faufilé dans une famille honorable, qui s'était conduit d'une manière louche ; donc c'était un assassin, et il fallait en faire un exemple. La déposition de John Hunter, qui aujourd'hui serait décisive, ne pouvait avoir la même valeur, il y a cent ans. Il est même permis de croire que les bourgeois respectables qui composaient le jury ne le connaissaient pas même de nom.

Après l'exécution de Donellan, deux mémoires parurent sur son affaire, et ils eurent un grand retentissement. 1º *Le procès de J. D. impartialement considéré par un avocat*, publié par Dodsley. 2º *La défense et le résumé du procès de Donellan, préparé par ses avoués ;* Bell. Le public commençait déjà à soupçonner la possibilité d'une erreur judiciaire.

XIV

L'ASSASSIN D'INTENTION

En l'année 1736, un gentilhomme du nom de Hayes, dans le cours d'un voyage, s'arrêta à une auberge dans le comté d'Oxfordshire, tenue par un certain Jonathan Bradford. Il y rencontra deux autres voyageurs de bon ton, et les trois, selon la coutume de l'époque, soupèrent

ensemble dans la salle à manger. Pendant le repas,
M. Hayes eut l'imprudence d'annoncer tout haut qu'il portait sur lui une somme considérable en espèces. Tout le
monde s'étant retiré pour la nuit, les deux voyageurs qui,
occupaient une chambre à deux lits, furent éveillés de leur
sommeil par un son de gémissements étouffés partant de la
pièce voisine. Ils s'y rendirent aussitôt en faisant le moins
de bruit possible. La porte était ouverte et ils virent un
homme sans vie et baignant dans son sang, et couché sur un
lit, tandis que, à son chevet, était debout un autre homme
qui tenait un couteau dans la main droite et une lanterne
sourde dans la gauche. En s'avançant ils s'aperçurent que
la victime était le gentilhomme qui leur avait tenu compagnie au souper et que l'individu penché sur lui n'était
autre que l'aubergiste. S'étant assurés aussitôt de sa personne et l'ayant désarmé, ils lui reprochèrent le crime horrible qu'il venait de commettre. Lui, cependant, lorsqu'il
fut revenu de sa première surprise, nia énergiquement le
fait. Il déclara n'être entré dans l'appartement de M. Hayes
que dans les mêmes intentions que celles qui paraissaient
avoir animé les deux voyageurs. Ayant entendu du bruit,
il s'était levé à la hâte, et s'était muni d'une lanterne; il
avait en même temps pris un couteau uniquement pour se
défendre dans le cas où il serait attaqué, et il n'était
entré dans la chambre que quelques instants avant l'arrivée de ces deux messieurs.

Cette déclaration n'était pas de nature à ébranler les
deux étrangers, surtout après avoir remarqué que
la main droite de l'aubergiste et le couteau qu'il tenait
étaient ruisselants de sang. La maison fut éveillée, et
Bradford, gardé à vue jusqu'au lendemain, dût compa-

raître devant un magistrat du voisinage qui n'hésita pas un instant à le renvoyer devant la Cour d'assises.

Son procès, qui eut lieu à Oxford, fut vite expédié, car il n'avait à offrir au jury pour sa défense que des affirmations de son innocence, qui ne pouvaient infirmer les faits déposés dans le cours des débats. Ces affirmations, pourtant, auxquelles personne ne croyait, il les répéta jusqu'au dernier moment de sa vie.

Elles étaient cependant vraies. Dix-huit mois après l'assassinat, un ancien valet de M. Hayes, qui l'avait accompagné dans son voyage fatal et qui se trouvait à son lit de mort, avoua que c'était de sa main que M. Hayes avait péri. Il avait tué son maître d'un coup de couteau au cœur et s'étant emparé de son argent il avait réussi à s'esquiver, quelques secondes seulement avant l'arrivée de Bradford.

Voici pourtant une particularité étrange et qui en quelque sorte, enlève cette affaire à la catégorie lugubre des erreurs judiciaires. Bradford, nous l'avons dit, a toujours proclamé son innocence. Cependant, avant de monter sur l'échafaud il fit un aveu qui passa presque inaperçu à ce moment : on le croyait dans le genre de ces demi-aveux qui tombent si souvent de la bouche des criminels et qui ne méritent pas d'attention. Bradford avoua donc qu'il méritait son sort, que quoique innocent par le fait il était assassin d'intention. Il avait conçu l'idée de tuer M. Hayes pendant son sommeil et de s'emparer de son argent. Quelle ne fut pas sa surprise en voyant que ce dessein avait été exécuté par un autre ! Dans son agitation il avait laissé tomber son couteau sur le lit et ce fut en le ramassant tout rouge que sa main s'était également tachée de sang. Ensuite les voyageurs étaient entrés et l'avaient saisi.

Lorsque la confession du valet fut connue, on se ressouvint de cette étrange confidence. Tout porte à croire que Bradford en cette circonstance a dit la vérité. S'il y a des exécutions que l'on est forcé d'appeler des assassinats juridiques, et d'autres où la justice peut elle-même être accusée d'homicide par négligence, l'affaire de Bradford ressemble plutôt à un suicide. En tout cas, c'est une mort dont on ne peut demander compte à la société, qui cette fois, paraît avoir eu les mains nettes.

XV

ERREUR JUDICIAIRE

William Shaw, tapissier de son état, habitant la ville d'Edimbourg en l'année 1721, était père d'une belle demoiselle que plusieurs jeunes gens recherchaient en mariage. John Lawson était le nom de celui qui avait gagné son cœur, tandis que son père favorisait la poursuite du fils d'Alexandre Robertson, un de ses voisins et anciens amis. De fréquentes disputes s'étaient élevées entre le père et sa fille Catherine à ce sujet ; enfin, un jour, leur différend paraît avoir donné lieu à une véritable querelle. La jeune fille avait été entendue prononcer, et même plusieurs fois, les mots « inhumanité, » « cruauté, » « la mort, » sur quoi le père l'avait quittée et, fermant après lui la porte à clef, avait descendu l'escalier de la maison.

Un certain Morrison, bijoutier, dont l'appartement n'était séparé de celui de Shaw que par une mince cloison, était celui qui avait entendu ces paroles, et il fut particulièrement frappé du ton dont elles avaient été prononcées. Pendant les premiers moments qui suivirent le départ de Shaw, tout resta dans le silence, mais bientôt un bruit de gémissements parvint aux oreilles de Morrison. Il se hâta d'appeler les voisins, et tous écoutèrent à la porte. On entendit, non seulement des gémissements, mais aussi ces mots prononcés par Catherine : « Père cruel, tu m'as donné la mort ! » La porte ayant été forcée, on découvrit la jeune fille étendue par terre et baignant dans son sang ; à côté d'elle il y avait un couteau. Elle était encore vivante, mais incapable de proférer un mot de plus ; on lui demanda donc par signes si vraiment elle imputait sa mort à son père, et, pour réponse, elle fit un mouvement de tête affirmatif, ou qui, du moins, fut pris pour tel, par l'assistance. Quelques instants plus tard, elle expira.

A ce moment, Shaw se présente. A la vue de son appartement rempli de monde, il paraît étonné, puis, ayant jeté les yeux sur le corps de sa fille, il devient pâle, il tremble, il a toutes les peines du monde à s'empêcher de tomber. Un constable s'approche et le fouille ; on n'est pas étonné en voyant que sa chemise est toute couverte de sang. En vain il proteste de son innocence, en vain il attribue ce sang à une blessure qu'il s'est faite en travaillant de son métier. Quelques jours après, il est arraché de sa demeure et logé en prison.

Personne à Edimbourg ne croyait à l'innocence de Shaw. Ce fut donc à la satisfaction générale que le jury l'envoya sur l'échafaud, d'où son corps, transporté à un gibet permanent, effraya pendant une année les habitants du faubourg de Leith.

Enfin, vers ce temps, un ouvrier, qui lui avait succédé comme locataire de l'appartement témoin du crime supposé, découvrit un jour dans une fente du mur, à côté de la cheminée, un papier plié en forme de lettre. Ce papier contenait les lignes suivantes tracées au crayon :

« Père barbare, puisque tu as été assez cruel pour m'empêcher d'unir ma destinée à celle du seul homme que j'aie jamais aimé, puisque tu veux absolument me marier à un être que je déteste, je me suis décidée à mettre fin à une existence qui m'est désormais à charge.

Catherine Shaw. »

Ce billet, montré aux parents de la défunte, fut immédiatement reconnu par eux pour être de son écriture. Les magistrats de la ville, après en avoir pris connaissance, firent démonter le gibet, et livrèrent le corps de Shaw à sa famille, et, de plus, à son enterrement, un drapeau blanc fut agité par ordre supérieur, au-dessus de sa tombe, comme signe de son innocence.

XVI

UN PROCÈS DU RÈGNE D'ÉLISABETH

L'histoire qui suit, est tirée d'un recueil anglais, portant le titre de *Percy Anecdotes*. Ce même recueil contient l'affaire Shaw qui a précédé et quelques autres procès que j'aurai peut-être l'occasion |de traiter. Ceux-ci, cependant sont connus des jurisconsultes et d'une vérité incontestable ; en me servant du recueil pour les relater, je ne fais qu'utiliser un abrégé commode pour l'objet que j'ai en vue. Ici le cas est différent. Je n'ai pu remonter aux sources originales, je n'ai donc d'autre autorité, pour cette affaire, que les *Anecdotes* elles-mêmes, et je la présente sous toutes réserves. Il y a cependant lieu de croire que ce récit est parfaitement authentique. Il est, dit-on, extrait d'un journal tenu par Sir James Dyer, Lord Chef de Justice sous le règne d'Elisabeth, le juge qui présida au procès.

Un paysan était accusé d'avoir tué avec préméditation un autre paysan habitant la même commune.

Le premier témoin déposa avoir trouvé le cadavre couché par terre. Il avait deux blessures profondes à la poitrine, blessures telles qu'aurait pu les causer un instrument aigu. A côté du cadavre il y avait une fourche dont le manche était marqué aux initiales de l'accusé. Cette fourche, représentée au tribunal, fut reconnue par l'accusé pour la sienne.

Un deuxième témoin avait vu l'accusé le matin de l'assassinat, de très bonne heure. L'ayant revu dans l'après-midi du même jour, il fut frappé en remarquant qu'il avait changé complétement d'habillement. Cette circonstance communiquée à la justice amena une perquisition minutieuse dans la maison de l'accusé. On finit par y découvrir cachés dans un tas de paille et ensanglantés, les vêtements qu'il avait portés le matin du crime, en tout conformes à la description du témoin.

Un troisième parla d'une querelle qu'il avait entendue entre le défunt et l'accusé ; mais il convint que les torts avaient été du côté du premier.

Celui-ci, invité à présenter sa défense, avoua que tout

ce qui avait été déposé à sa charge était la vérité pure et simple, mais en même temps il se déclara innocent du forfait qui lui était imputé.

Voici, selon lui, comment les choses s'étaient passées. Le défunt, qui était son voisin, et lui, cultivaient deux champs situés l'un à côté de l'autre de manière que pour entrer dans le sien, il lui fallait passer par celui de son voisin. Le matin de l'assassinat, comme il traversait ce morceau de terrain, il vit son voisin couché par terre, blessé à la poitrine, mais vivant encore. L'ayant soulevé dans ses bras, il le pria de lui dire qui l'avait réduit à un pareil état. Le malheureux cependant était incapable de proférer une parole, il râlait déjà, et bientôt il expira en vomissant une quantité de sang, dont une grande partie coula sur les habits de l'accusé. Celui-ci sentit tout à coup le danger de sa situation ; la querelle qui avait eu lieu entre lui et l'homme qui venait de mourir devant ses yeux était parfaitement connue dans le voisinage ; il serait infailliblement soupçonné de meurtre. Le parti le plus sûr lui parut de s'en aller, sans rien dire et de faire semblant de ne pas s'être approché des lieux. Ayant pris cette résolution, il s'achemina du côté de sa demeure, mais son trouble était tel qu'il s'empara de la fourche du mort et laissa la sienne à sa place. Rentré chez lui, il se dépouilla de ses vêtements tout couverts de sang, et il avoua franchement devant la cour que c'était bien dans l'intention de les cacher qu'il les avait fourrés là où ils furent plus tard retrouvés. Ce changement d'habits, il est vrai que devant les magistrats instructeurs, il l'avait nié, mais c'était uniquement à cause de la confusion d'esprit à laquelle il se sentait en proie, et de plus, parcequ'il y voyait une circonstance qui serait d'un grand poids contre lui. Il terminait par attester Dieu de son innocence.

Le juge, dans son résumé, dit tout simplement au jury que la culpabilité de l'accusé sautait aux yeux. Il avait combiné une histoire très plausible, mais rien ne devait les empêcher de rendre un verdict affirmatif.

Ceci se passait, que l'on s'en souvienne, il y a trois cents ans, et les résumés des juges du temps d'Elisabeth ne ressemblaient en rien aux abrégés impartiaux des débats, tels que nous les fournissent les présidents actuels en Angleterre.

Cependant les jurés, qui s'étaient retirés dans la salle des délibérations, n'étant pas rentrés à neuf heures du soir, le Lord Chef de Justice, qui les attendait sur son siége, envoya enfin auprès d'eux un huissier de la cour, pour demander s'ils seraient bientôt prêts à rendre un verdict. Cet officier, après avoir communiqué avec quelques membres du jury, rapporta que onze d'entre eux étaient parfaitement d'accord, mais que malheureusement leur chef différait d'opinion avec la majorité, et qu'il n'y avait pas moyen de le convaincre. (1).

Il paraît que, peu de temps après le départ de l'huissier, les onze qui constituaient la majorité, n'ayant pas envie de passer la nuit hors de chez eux, et désespérant de pouvoir convaincre un homme aussi entêté que leur chef en avait l'air, finirent par lui céder. Ils rentrèrent donc à la cour, et rendirent un verdict de « non coupable ».

Le juge, indigné de ce qui lui semblait être un scandale, renvoya les jurés dans la salle des délibérations, en refu-

(1) En Angleterre, comme on le sait, il faut que le verdict d'un jury, pour être valide, soit unanime.

sant d'accepter leur verdict. Il ordonna au shérif de les enfermer pendant la nuit « sans feu ni chandelle » selon la vieille formule anglaise, espérant les retrouver le lendemain matin, dans de meilleures dispositions. Cependant, à l'ouverture de la cour, le jury revint, avec le même verdict, le mettant toujours sur le compte d'un des leurs, qui restait complétement inébranlable. Quelques membres du jury parlaient tout haut de ce qui s'était passé dans la nuit. « Je mourrai de faim plutôt que de rendre un verdict de *coupable* » avait dit le chef, et il paraissait homme à tenir sa parole.

Force fut, cette fois, au juge de s'en remettre à la décision finale du jury. Mais il ne put s'empêcher de lui décocher un trait en le congédiant. Le sang de la victime, dit-il, restera à votre charge !

Aussitôt l'accusé, en entendant l'arrêt qui lui rendait sa liberté, tomba à genoux et, levant les deux mains au ciel : Vous voyez, milord, s'écria-t-il, que Dieu et ma conscience ont témoigné pour moi.

Le juge fut vivement impressionné par cette apostrophe et, en réfléchissant à ce qui s'était passé et à la conduite étrange du juré, il flaira un mystère. S'adressant alors au shérif, il lui demanda si par hasard il connaissait la personne qui avait pour ainsi dire enlevé un acquittement à la barbe de ses collègues. Le shérif répondit qu'il le connaissait bien, que c'était un cultivateur fort à son aise et jouissant à un haut degré de la considération publique.

— Faites-le prévenir, dit sa Seigneurie, que je souhaiterais avoir un entretien particulier avec lui.

Le bonhomme ayant été appelé dans un cabinet voisin, le juge alla l'y trouver, et lui exposa franchement le motif qui l'avait amené à tenter cette démarche. Le juré répondit que les soupçons de milord étaient fondés, qu'il avait eu en effet des raisons particulières pour agir comme il l'avait fait, mais qu'il était tout prêt à révéler ces raisons à sa Seigneurie, à condition qu'elle s'engagerait à les tenir secrètes. Le juge s'étant engagé dans ce sens, l'autre poursuivit.

« Le défunt était le receveur de dîmes de ma paroisse (1). C'était un homme d'une violence extrême, et le matin de sa mort une discussion assez vive s'était élevée entre lui et moi. Il avait visité un champ de blé qui m'appartient, et là, il avait perçu plus qu'il n'avait le droit de prendre, et s'était conduit envers moi d'une façon arbitraire. L'ayant rencontré, par hasard, je lui remontrai qu'il avait excédé ses pouvoirs : sur quoi, paraissant avoir perdu la tête, il se précipita sur moi, fourche en main, et m'infligea deux blessures. »

A ce point, le fermier montra au juge les traces des blessures qui lui avaient été faites, puis il continua.

« Je fus forcé de me défendre, et, dans la lutte qui s'ensuivit, il reçut deux coups mortels. J'étais désolé de ce qui venait d'arriver, et je ne savais quel parti prendre, lorsque j'appris l'arrestation de celui qui vient d'être libéré. En me livrant à la justice, je me verrais obligé de m'absenter de ma propriété, pendant la saison des récoltes, ce qui pour moi, dans les circonstances où je me trouve, équivaudrait à la ruine. Je me décidai donc à attendre, et à laisser l'affaire, jusqu'à un certain point, suivre son

1. *Titheman*, espèce de charge qui, depuis longtemps, a cessé d'exister en Angleterre. Celui qui l'exerçait percevait la dixième partie des produits du sol, en nature.

cours, en ayant soin de faire parvenir des secours à la famille de l'accusé, de manière qu'elle n'eût pas à souffrir de l'absence de son chef. De plus, la récolte terminée, je m'arrangeai de façon à me faire nommer membre du jury, dont, en raison de ma position, je fus choisi pour chef (1). J'étais décidé à mourir de faim plutôt que de consentir à livrer un innocent au bourreau. Voilà, milord, l'exposé de ma conduite. »

Quinze ans plus tard, le juré étant venu à mourir, le juge, qui lui avait survécu, se crut autorisé à publier l'affaire, dont il avait eu soin de consigner les détails sur son carnet.

XVII

L'AVOCAT ET LA BELLE QUAKERESSE

Peut-être n'a-t-on jamais vu d'autre exemple que celui-ci, d'un juge, membre de la plus haute cour criminelle d'un grand pays, qui ait eu à subir lui-même un jugement pour assassinat avec préméditation. Ce fut pourtant le cas du juge Cowper, grand-père du célèbre poëte de ce nom.

L'affaire Cowper est historique non seulement à cause de l'intérêt qu'elle a éveillé, intérêt de nature à la signaler parmi les incidents qui marquent dans la vie d'un peuple, mais aussi par un côté politique bien défini. C'est pourquoi Lord Macaulay dans son histoire d'Angleterre, l'a racontée avec quelques détails. Je me servirai de son

1. Que l'on s'en souvienne, encore une fois, tout ceci est censé s'être passé au seizième siècle.

abrégé, tout en y suppléant au moyen des documents originaux que j'ai l'avantage de posséder.

A la fin du dix-septième siècle, la haine réciproque des partis en Angleterre était, pour le moins, aussi vivace qu'elle est devenue depuis en France. Aux yeux du tory de la vieille roche, le partisan de Guillaume d'Orange figurait comme la personnification du mal. Ce qu'un républicain libre-penseur est aujourd'hui pour une douairière dévote du Poitou, voilà ce qu'était un whig pour un gentilhomme campagnard du Hertfordshire. Comme cela s'est toujours vu, c'était surtout contre les membres de l'aristocratie qui s'étaient ralliés aux idées libérales, que la haine des *bien pensants* se dirigeait. On se servait de toute espèce de moyens pour les déconsidérer et les perdre.

Les Cowper comptaient à cette époque parmi les grands propriétaires du Hertfordshire, où ils s'étaient signalés par leur enthousiasme pour les idées nouvelles. Le chef de la famille, William Cowper (devenu depuis Lord chancelier) député de la ville d'Hertford, était un des orateurs les plus distingués de la chambre des communes. Spencer Cowper, le cadet, faisait déjà son chemin au barreau, dont il devint plus tard un des membres les plus éminents, et qu'il ne quitta que pour être revêtu de la dignité de juge.

Traîner dans la boue une telle famille, c'était non seulement un moyen de satisfaire la rancune des tories du comté, mais aussi d'atteindre un but politique, en faisant perdre son siége à William aux prochaines élections. C'est en effet ce qui arriva, et, de ce côté, la victoire resta aux assaillants.

Parmi les habitants de la ville d'Hertford, on comptait

une famille honorable de Quakers du nom de Stout. Mademoiselle Sarah Stout, qui appartenait à cette famille, était une belle jeune fille évidemment atteinte d'hystérie. Elle avait souvent annoncé l'intention de se donner la mort ; une fois elle avait voulu se jeter par la fenêtre. Elle avouait hautement que le mal qui la rongeait était plutôt moral que physique ; qu'elle était amoureuse, et de plus que celui qu'elle aimait était un homme marié dont elle ne pouvait, par conséquent, jamais devenir la femme. Cet homme qui lui avait tourné la tête, n'était autre que Spencer Cowper. Elle lui écrivit peu de jours avant sa mort, elle le priait de l'enlever de chez elle, et d'en faire sa concubine. Cowper lui-même, lors du procès, porta ces lettres à la connaissance du jury, s'excusant de sa démarche sur ce que non seulement sa vie à lui, mais aussi la vie de trois autres personnes, ses co-accusés, était en péril et qu'il était urgent que la vérité entière fut connue. Il avait parfaitement raison, et les lettres ont établi d'une façon éclatante la folie de Sarah Stout en même temps que la conduite loyale qu'il avait suivie à son égard.

A l'occasion des assises tenues à Hertford dans le courant du printemps de 1699, Cowper rendit une visite à Sarah Stout. Cette visite était en quelque sorte obligatoire, car Mademoiselle Stout l'ayant prié, en qualité d'ami de sa famille, de se charger du placement d'une somme de deux cents livres (cinq mille francs) qui lui appartenait, il avait entrepris l'affaire et il avait par conséquent des comptes à rendre à la jeune fille. Cette demande de Mademoiselle Stout avait été faite avant qu'elle eut expédié les lettres dont nous venons de parler. Il paraît qu'au reçu de ces lettres, Cowper les montra en secret à son

père qui lui conseilla de terminer l'affaire du placement de
fonds, et de ne plus loger dans la maison de Stout comme
il en avait l'habitude à l'époque des assises.

Il se rendit donc chez les Stout et y dîna. Le soir venu,
la jeune fille le pria avec instance de laisser apprêter son
lit et de coucher comme d'habitude à la maison. Il ne fit
aucune réponse, et la servante qui était présente fut envoyée
chauffer son lit. Ce silence est peut-être le seul incident
suspect que l'accusation ait pu produire à sa charge. Mais
il l'expliqua lors de son procès d'une manière satisfaisante. Il ne pouvait, dit-il, exposer à Mademoiselle Stout
devant la servante, les considérations qui l'avaient amené à
chercher un gîte ailleurs. En tout cas, celle-ci était en train
de préparer le lit lorsqu'elle entendit fermer la porte
donnant sur la rue. A son retour à la salle à manger elle
ne trouva ni M. Cowper, ni Mademoiselle Stout. Madame
Stout la mère et elle veillèrent toute la nuit, mais la jeune
fille ne reparut pas.

Le lendemain matin, le corps de la malheureuse fut
retrouvé flottant à la surface d'une petite rivière qui coule
tout près de la ville de Hertford, engagé dans les palissades d'un barrage de moulin.

Il était évident, comme le dit Macaulay, qu'elle s'était
donné la mort. Mais la famille Stout et les Quakers qui
étaient nombreux dans la ville ne voulurent pas admettre
qu'une des leurs eût pu terminer ses jours par un suicide.
Il fallait absolument que la défunte eût péri assassinée, et
on cherchait l'assassin dans la personne qui avait été la
dernière vue en compagnie de la défunte.

L'occasion parut trop belle aux tories pour ne pas être
saisie avec avidité. Ils poussèrent de hauts cris de ven-

geance et Spencer Cowper fut arrêté et ensuite renvoyé devant les assises sous l'inculpation d'homicide volontaire et avec préméditation commis sur la personne de Sarah Stout.

C'était le placer dans une position extrêmement dangereuse. Car quelles que pussent être les preuves de son innocence, pour peu qu'il fût entré dans la composition du jury un fort ingrédient tory ou quaker, le malheureux était à peu près dans la même condition qu'un royaliste devant le tribunal révolutionnaire ou un républicain devant les commissions mixtes de Napoléon III.

On conçut de plus l'idée de lui trouver des complices. Non pas qu'un assassinat tel que celui qui lui était imputé n'eût pas pu être commis par sa main sans auxiliaire mais enfin la présence de quelques associés achetés par lui ne gâtait rien, peut-être même rendait-elle le forfait plus vraisemblable.

Nous n'avons pas l'intention de dire qu'un calcul absolument dans ce genre ait traversé le cerveau de ses ennemis, mais plutôt qu'ils étaient tout disposés à trouver un complice dans le premier venu dont les allures pouvaient être présentées comme suspectes.

Or, la nuit même de la mort de mademoiselle Stout, trois jeunes gens avaient soupé ensemble dans une auberge de la ville. La conversation avait roulé sur elle, et il n'y avait à cela rien d'étonnant, car l'un d'eux lui avait fait la cour, et la réputation de la demoiselle était assez connue. « Toi, Marson, tu lui as fait la cour, n'est-ce pas? — Eh bien! oui, et elle m'a joué, la coquette, mais enfin un de mes amis va lui donner son compte. » — Quelques propos lestes dans ce genre, tenus ouvertement dans une salle d'auberge, et répétés plus tard, valurent à ces trois messieurs une accusation de complicité dans l'assassinat imputé à Cowper.

Il est probable pourtant qu'ils ne couraient aucun danger sérieux ; ce n'étaient pas des whigs influents, et la théorie qui cherchait à les immiscer dans le crime supposé était trop absurde pour être acceptée même par un jury du dix-septième siècle.

Mais Cowper, nous le répétons, se trouvait menacé gravement. Il avait, il est vrai, prouvé un alibi qui ne laissait aucun doute sur son innocence. La servante des Stout avait avoué qu'il avait quitté la maison à onze heures moins un quart, et il était prouvé qu'il était rentré à son auberge avant onze heures. Il était donc matériellement impossible qu'il eût pu accompagner mademoiselle Stout à la rivière qui coule au moins à une demi-heure de marche de la ville. Mais le sentiment populaire une fois ému ne s'arrête pas toujours aux détails. L'accusé avait aussi un autre péril à affronter, péril dont la seule mention fait sourire aujourd'hui, et qui résultait d'une superstition populaire non encore complétement disparue de la science médicale.

On croyait presque universellement à cette époque que le corps d'un noyé ne revenait à la surface de l'eau qu'après quelques jours, tandis qu'un cadavre confié à l'eau surnagerait. Donc la dépouille de Sarah Stout trouvée le matin du 14 mars 1699, dans les conditions que nous avons décrites, ne pouvait être celle d'une personne qui s'était suicidée la veille; et de ce raisonnement il résultait clairement qu'elle avait dû être privée de vie avant la submersion de son corps.

Si ce procès avait eu lieu quelques années plus tôt, une telle théorie aurait pu être fatale à Cowper, car elle excluait l'idée du suicide. Mais, heureusement pour lui, la science médicale, comme nous l'entendons de nos jours, avait déjà fait quelques progrès. Après l'audition de quelques médecins de province qui se rangèrent, cela va sans dire, du côté de la croyance populaire, les chirurgiens les plus éminents de la capitale, appelés par l'accusé, firent entendre la vérité. Parmi eux figuraient sir Hans Sloane, le fondateur du célèbre musée Sloane à Londres, et M. Cooper le premier anatomiste de l'époque. Une tentative de faire croire à un étranglement de la jeune fille, basée sur une légère discoloration remarquée à l'endroit du cou échoua complétement.

Cowper et ses co-accusés furent acquittés au milieu des applaudissements de l'auditoire. Mais les calomnies de ses ennemis politiques le poursuivirent pendant des années. Ils ne l'empêchèrent pas pourtant de devenir juge de la haute Cour. Et l'histoire raconte que dans cette position il se distingua surtout par son équité envers les malheureux qui étaient cités devant lui et qu'il voyait assis sur ce banc des accusés où lui-même il avait occupé une place.

XVIII

LES DÉPECEURS

Le dépècement du cadavre de la victime est un moyen de tromper la justice qui a dû être employé par les assassins de toutes les époques. Si Caïn n'y a pas songé dans l'affaire d'Abel, c'est qu'il n'a pas jugé le procédé nécessaire, ou peut-être bien parce que le couteau, invention nous dit-on de son propre fils Tubal, n'était pas encore en existence.

Et pourtant on a parlé longtemps en Angleterre de l'école de Greenacre, comme on parle aujourd'hui en France des imitateurs de Billoir. Ces misérables n'ont rien inventé et ceux qui sont venus après eux n'ont imité personne. Ce sont simplement les circonstances environnantes qui, à chaque occasion, soufflent au criminel l'idée de cette opération vieille comme l'humanité et ses forfaits. Ainsi, en France, avant Billoir, on a vu à l'œuvre une succession de gredins, dont Billoir, il est à parier, n'avait jamais entendu prononcer les noms. En Angleterre, avant Greenacre, ont paru Théodore Gardelle et Catherine Hayes. Le nom de cette dernière est resté dans le souvenir populaire ; c'est pourquoi nous jugeons à propos de donner un aperçu de son crime sans toutefois nous trop étendre sur les détails (1).

(1) Le célèbre romancier Thackeray, ayant occasion de citer dans un de ses ouvrages les noms de quelques assassins comme types du genre, écrivit parmi eux celui de Catherine Hayes ; tout comme un auteur Français écrirait « Les Brinvilliers, les Desrues, les Lacenaire, les Tropmann. » Il ne croyait pas à la possibilité de se méprendre sur l'identité du personnage qu'il entendait indiquer. Or il y avait à cette époque une fameuse cantatrice, Catherine Hayes, Irlandaise de naissance, qui, par parenthèse, a été applaudie par les Parisiens. Quelques-uns de ses compatriotes, se figurant que c'était elle que M. Thackeray avait voulu désigner, envoyèrent au romancier une lettre remplie de menaces à propos de l'insulte qu'il avait lancée à l'adresse de l'Irlande, dans la personne de l'une de ses illustrations !

Le 2 Mars 1726, vers la pointe du jour, le constable Robinson, de Londres en faisant sa tournée, découvrit, déposée par terre, sur le bord d'un petit canal communiquant avecla Tamise, la tête d'un homme. La justice, aussitôt informée, n'eut pas de peine à constater que cette tête avait été récemment séparée du tronc auquel elle avait appartenu. La boue dont elle était recouverte donnait à penser qu'elle avait été enfoncée dans la rivière; puis, que s'étant dégagée de ce qui la retenait, elle était remontée à la surface et ensuite avait été portée, par la marée montante dans le canal et plus tard à terre. Le hideux débris, après qu'on l'eût soigneusement lavé, fut exposé à la vue du public dans le cimetière de Sainte-Marguerite, dans l'espoir qu'il ne tarderait pas à être reconnu. En attendant, on intima aux constables l'ordre de veiller aux abords de la Tamise, surtout la nuit, et de visiter les voitures et charrettes de toute espèce qu'ils y rencontreraient, dans le cas où ceux qui avaient disposé de la tête s'aviseraient de porter le tronc du même côté.

Du matin jusqu'au soir, une foule nombreuse envahissait le cimetière ; cela avait duré ainsi plusieurs jours et pourtant aucune reconnaissance n'avait eu lieu. Enfin il se trouva parmi les spectateurs deux jeunes gens, William Bennett, apprenti chez un fabricant d'orgues, et Samuel Patrick, dont chacun fut également frappé de la ressemblance qui existait entre les traits de la tête exposée et ceux d'un certain John Hayes, demeurant dans le Tyburn-Road. Bennett, se rendit aussitôt chez Hayes, et fit part de ses soupçons à la femme de ce dernier : Madame Hayes lui répondit d'un air insouciant que la tête ne pouvait pas être celle de son mari, et pour une excellente raison, non seulement il était en vie, mais, de plus, il jouissait d'une excellente santé. Puis, changeant de ton, elle lui ordonna de ne pas répandre des bruits sans fondements, et qui pourraient bien lui susciter des embarras à lui-même. Sur quoi le jeune homme, croyant s'être trompé, se retira et ne parla plus de l'affaire jusqu'à l'époque de la découverte finale.

Patrick, de son côté, s'était acheminé vers une taverne dans Monmouth-Street, rendez-vous très fréquenté par Hayes. Là, tout en buvant, il se mit à parler de ce qu'il avait vu, et de cette étrange ressemblance qui travaillait son esprit. L'aubergiste lui répondit qu'il ne pouvait être question de Hayes « puisque », dit-il, « Billings, un de ses locataires, est en ce moment dans mon parloir, et si Hayes avait disparu certainement il nous en eût fait part. » Billings interpellé affirma que le matin même, en sortant pour aller à son travail, il avait vu M. Hayes. Satisfait de ce qu'il avait entendu, et croyant à une ressemblance fortuite, Patrick s'en alla comme Bennett, et pas plus que lui ne songea à donner suite à son idée.

Le 6 Mars, il devint nécessaire d'enlever la tête, ce qu'ayant fait on la confia à un médecin, le docteur Whitehurst pour qu'elle fût conservée dans de l'esprit de vin. Chose curieuse ! Pendant les quatre jours qu'elle était restée exposée, elle n'avait été reconnue que de deux personnes entre les milliers qui avaient défilé à travers le cimetière Sainte-Marguerite. Et pourtant, comme on le verra dans la suite, celui qui, vivant, avait eu la triste fortune de la posséder, n'était pas un inconnu. C'était un honnête bourgeois de Londres, ayant de nombreuses relations et dont la demeure n'était éloignée de l'église

Sainte-Marguerite que d'environ deux milles, la distance de la Madeleine à la Porte Saint-Martin à Paris. Ce furent même ces relations qui amenèrent la découverte du crime.

Un certain M. Ashby, ami intime de Hayes, était allé le voir plus d'une fois, et à chaque occasion l'avait trouvé absent. Enfin, le 21 Mars, il insista auprès de Madame Hayes pour avoir une explication des absences continuelles de son mari. La femme se troubla d'abord, puis s'étant un peu remise, elle s'entortilla dans le récit d'une querelle qui, disait-elle, était survenue entre Hayes et un voisin. Hayes aurait eu le malheur de lui donner un coup mortel, et se serait ensuite enfui pour échapper aux poursuites de la justice.

Ce conte, et surtout la façon dont il avait été débité, frappèrent Ashby. Il courut trouver le sieur Longmore, aubergiste dans King Street, et parent de Hayes, et lui fit part de ce qu'il avait vu et entendu. Ce dernier s'étant rendu chez la femme Hayes le même soir, la questionna à son tour, et reçut d'elle les mêmes réponses, sauf quelques variantes, l'histoire s'embrouillant de plus en plus, effet d'un embarras visible de la part de la femme. Longmore, très inquiet, alla le lendemain matin retrouver Ashby. Les deux amis furent d'accord qu'il y avait là-dessous un mystère.

On se souvint alors de cette tête qui, quinze jours auparavant, avait attiré la foule et dont le possesseur restait toujours inconnu. Sans aller jusqu'à établir un rapport entre la découverte de cet objet et la disparition de Hayes, Ashby et Longmore crurent de leur devoir de l'examiner. Ils se présentèrent donc chez le chirurgien

Whitehurst et demandèrent à le voir. Le doute leur était impossible. Ce qu'ils avaient devant eux était bien la tête de Hayes. Presque au même moment, un jardinier trouva près de Marylebone Fields (champ au nord de Londres), au fond d'un petit étang, un tronc humain, deux jambes et deux bras, le tout empaqueté dans deux couvertures de laine. Ce tronc rapproché de la tête de Hayes y correspondait parfaitement.

Un mandat d'arrêt fut immédiatement lancé contre la femme Hayes. On la saisit dans son lit, sur lequel était assis Billings, le locataire dont nous avons déjà parlé. Les constables s'emparèrent de ce dernier, et peu de jours après d'un certain Woods, ami de Hayes, et soupçonné d'avoir joué un rôle dans le drame terrible dont on croyait déjà pouvoir démêler toute l'intrigue.

En effet, le procès de ces misérables, par suite de leurs propres aveux, dévoila tous les faits matériels se rattachant à l'exécution du crime. Ils sont de la dernière vulgarité ; l'histoire en est ignoble, et au premier coup d'œil on a de la peine à s'expliquer la célébrité qu'elle a acquise. Mais c'est ici le cas de répéter que le plus ou moins de retentissement d'un crime est presque toujours en proportion des incidents dramatiques qu'il présente. Ce qui le fait survivre dans la mémoire populaire, ce sont souvent certains détails qui le précèdent ou l'accompagnent, ou même qui le suivent et qui sont parfois complétement indépendants de la volonté des acteurs. Ainsi la célébrité de l'affaire Fualdès (que l'on a nommé le crime par excellence de la France), est en grande partie due à l'épisode de Madame Mangin, à la présence imprévue de ce témoin caché dans un cabinet,

au serment qu'on lui fit prêter sur le cadavre de la victime, etc. De même, dans l'affaire dont nous parlons,
l'exposition publique de cette tête attachée en haut d'une
perche, a d'abord ému la population de Londres. D'autres incidents que nous signalerons rapidement en passant, se sont ensuite produits pour ajouter à l'intérêt
évoqué par ce spectacle inaccoutumé.

John Hayes, fils d'un fermier dans le Worcestershire,
était un homme de quarante-deux ans. En 1705, il avait
épousé, à l'insu de ses parents, Catherine Hall, jeune
paysanne du même comté, dont les antécédents n'étaient
pas absolument sans reproche. C'était de plus une femme
d'une humeur acariâtre, emportée, semant partout la dis-
corde, toujours prête à brouiller les voisins. Avec une
telle épouse, Hayes ne pouvait goûter le bonheur conjugal.
Il s'engagea dans l'armée et en qualité de soldat passa
plusieurs années en Espagne. Cependant, plus tard, on
se réunit et on vint chercher fortune à Londres. A l'é-
poque de l'assassinat, le couple y avait été établi depuis
sept ans environ, et grâce à l'activité du mari, se trouvait
dans une position aisée. Hayes vendait du charbon de
terre, de la faïence, de l'épicerie, etc., et il prêtait sur
gages aux voisins ; de plus, il ajoutait aux bénéfices que
lui procuraient ses différents commerces en louant des
appartements dans la maison qu'il occupait.

C'était, d'après les aveux de la femme Hayes elle-même,
un brave homme, très énergique, très remuant et auquel
on ne pouvait imputer qu'un seul défaut, son extrême
parcimonie. Du moins, c'est toujours ainsi qu'elle s'exprimait sur son compte en conversation avec ses intimes,
ceux qui connaissaient le ménage, et étaient à même de

l'apprécier. A d'autres, il est vrai, elle s'est plainte de temps en temps des mauvais traitements que son mari lui aurait fait subir; elle a parlé de coups et de blessures; mais c'étaient toujours les étrangers qu'elle entretenait de ces histoires et tout porte à croire qu'elles n'étaient que de pures inventions.

Peu de temps avant la catastrophe, un jeune homme nommé Billings, tailleur de son état, vint loger chez les Hayes. Il était originaire de leur comté (le Worcestershire) circonstance qui, sans doute, détermina son choix. Bientôt un de ses amis et compatriotes, Woods, étant allé le voir un jour, finit par s'installer à côté de lui. C'est de l'arrivée de ces jeunes gens que paraît dater une intention arrêtée de la part de la femme Hayes de se débarrasser de son mari. Mais quel était son motif ? Etait-ce son amour pour Billings, garçon plus jeune qu'elle de seize ans, et qu'elle a tâché de faire passer plus tard pour son propre fils ? Ce qui est certain, c'est que Billings, qui l'a avoué lui-même, a couché avec elle plusieurs nuits de suite après l'assassinat. L'idée du crime s'était-elle déjà depuis longtemps présentée à son esprit, et n'attendait-elle que l'aide de quelques complices pour la mettre à exécution ? Il y a ici un point obscur qui n'a pas été complétement éclairci ; ce qui est sûr, c'est que la femme a conseillé le crime. Woods et Billings, dans leurs aveux, ont constamment insisté sur ce fait : elle l'a nié d'abord, mais ensuite elle l'a avoué. « Pendant six semaines », dit-elle, « j'étais toujours auprès d'eux pour tâcher de leur persuader de faire le coup, et plusieurs fois ils s'y sont refusés. »

Le coup ayant été enfin résolu, restait à saisir une occasion propice. Or, il arriva que le 1er mars, Hayes, qui avait probablement déjà trop bu, quoique l'ivrognerie ne fût pas un de ses vices, se mit à vanter la force de sa tête, « J'ai bu », dit-il, « une fois pour une demi-guinée de vin sans en être étourdi. » « Je parie, s'écria Billings, « que vous n'en feriez pas autant aujourd'hui. Une demi-guinée de vin contre la même somme en argent ! »

« Tenu » lui répondit Hayes. Et chacun d'eux de poser son enjeu sur la table. Sur quoi Woods, Billings et la femme Hayes s'en allèrent acheter six bouteilles de vin à une auberge dans Bond Street. Un des accusés a dit que le malheureux réussit à boire les six bouteilles sans perdre connaissance, et qu'il fallut en chercher une septième. Quoiqu'il en soit, à la tombée du jour il était couché ivre-mort sur un lit dans une petite chambre de derrière.

Les assassins échangèrent quelques paroles (nous suivons toujours les aveux) ; le moment tant épié était évidemment arrivé. Le jeune Billing, saisissant une hache, se précipite dans la pièce où dort le malheureux Hayes, et lui assène un coup terrible sur la tête, tandis que Woods l'achève en lui coupant la gorge.

Pendant ce temps, la femme Hayes était restée dans la salle à manger, et ne l'avait quittée qu'après avoir acquis la certitude de la mort de son mari. Non pas qu'il lui répugnât de voir couler le sang ; il y avait évidemment de sa part un calcul, que démontrent assez quelques paroles qu'elle a prononcées plus tard. Il existe parmi les classes criminelles de l'Angleterre, et sans doute de tous les pays, une idée que l'expérience n'est jamais parvenue à leur arracher, à savoir que s'ils n'ont pas prêté un concours matériel à la commission d'un crime, et à plus forte raison s'ils ont été absents lors de son exécution, ils ne sont pas passibles des conséquences légales qu'il entraîne.

Ayant appris que tout était terminé, la femme Hayes rejoignit ses complices et leur conseilla d'abord de couper la tête de la victime, puis de s'en défaire, comme le moyen le plus efficace de s'assurer l'impunité. Woods s'étant chargé de cette besogne, elle se mit à ses côtés, l'éclairant d'une chandelle qu'elle tenait à la main. Cet incident de la femme apportant une lumière à la décapitation de son mari fut un de ceux qui, dans ce procès, émurent au plus haut point le public. Il en fut de même de ce qui s'ensuivit. On se demandait ce qu'il fallait faire de cette tête. La femme était d'avis qu'il serait prudent de la faire bouillir dans une marmite afin de la rendre complétement méconnaissable. Mais ce procédé paraissant devoir occuper trop de temps, on se décida à la jeter à la rivière. Elle fut donc placée au fond d'un seau *sans couvercle*, et portée de cette façon par Woods et Billings jusqu'aux bords de la Tamise. On s'est demandé comment ces deux misérables ont pu tenter la fortune de la sorte. Car enfin quelle témerité que de porter des débris humains à travers les rues d'une grande ville dans un seau ouvert, même la nuit, tout en supposant, comme on est forcé de le faire, qu'ils les avaient enveloppés d'un drap, ou de paille, ou de n'importe quoi destiné à les dérober aux regards! Celui qui a dit le premier que le vrai n'est pas toujours vraisemblable a dû être juge à une cour criminelle.

Le jour suivant, on dépeça le restant du cadavre, et la nuit, pendant que la femme Hayes s'occupait de nettoyer la chambre et d'en faire disparaître les traces du crime, ses deux associés portaient les débris aux Marylebone Gardens, d'où ils furent retirés comme nous l'avons déjà vu, à peu près au moment où la justice avait mis la main sur les coupables.

Tous les trois furent condamnés à la peine capitale. Woods mourut d'une fièvre peu de jours avant celui qui avait été fixé pour son exécution. Billings fut pendu ; mais à la femme Hayes un supplice plus terrible était réservé.

Un assassinat commis par une femme sur la personne de son mari constituait à cette époque le crime connu dans la législation anglaise sous le nom de *petite trahison*, entraînant la peine du bûcher. La femme Hayes fut donc condamnée à être brûlée vive. Mais les officiers de la justice, plus humains que la loi, avaient trouvé un moyen d'en tempérer la sévérité. Après avoir attaché la condamnée au poteau, on lui passait une corde autour du cou, moyen qui permettait au bourreau de l'étrangler, en même temps que le feu était mis aux fagots.

En cette occasion, soit que le feu eut été trop vite allumé, soit que la corde fut trop courte, les flammes atteignirent la main du bourreau, et lui forcèrent de lâcher prise avant qu'il n'eût achevé sa besogne, de sorte que la sentence fut littéralement exécutée.

XIX

LE PARRICIDE

Vers le milieu du dernier siècle on citait parmi les principaux habitants de la petite ville de Henley-sur-Thames la famille Blandy. Cette famille était composée de M. Blandy, avoué, de sa femme et d'une fille unique. Leur train de maison, sans afficher le luxe, indiquait une aisance bourgeoise; ils avaient à leurs gages un domestique et deux femmes, trois serviteurs en tout. Cependant, l'avoué, par suite de ses relations avec les grandes familles du Buckinghamshire, avait amassé une fortune considérable. Partout on citait sa demoiselle comme ce qu'on appelait alors *une fortune* (a fortune). C'était effectivement l'héritière la plus considérable du bourg, et son père parlait tout haut de la dot de six mille livres qu'il se tenait prêt à lui compter le jour où elle ferait un mariage du goût de ses parents.

Dans de telles conditions les soupirants ne pouvaient manquer de se présenter. Parmi eux on remarquait plusieurs officiers; la guerre civile de 1745 était à peine terminée, l'armée de Georges II s'y était distinguée autant qu'il est donné à une armée de se distinguer dans ces tristes affaires. Bref, l'habit rouge se trouvait à cette époque environné d'un certain prestige dont il ne jouit pas toujours en Angleterre.

Ce furent ces officiers surtout que Mademoiselle Blandy honora de sa préférence, jusqu'à ce que l'un d'eux en vint au point de se faire agréer par elle comme fiancé.

Cet homme, le capitaine Cranstoun, quoique cadet d'une famille noble de l'Ecosse, n'était qu'un aventurier de la pire espèce. Envoyé en Angleterre pour le service du recrutement, il avait fait une visite à son oncle Lord Mark Kerr qui demeurait dans le voisinage de Henley, et ce fut au château de ce seigneur qu'il fit la connaissance de miss Blandy. La demoiselle à cette époque avait vingt-six ans; sans être belle elle ne manquait pas d'agréments ; sa conversation surtout était spirituelle et son air distingué. Elle paraissait aimable de caractère sans toutefois pouvoir cacher une certaine aigreur que lui inspirait la conduite de son père à son égard. Celui-ci avait repoussé jusqu'alors toutes les demandes de mariage qui lui avaient été adressées; les estimant au-dessous des prétentions de sa fille. Au train dont on y allait on pourrait bien finir par coiffer Sainte-Catherine. Voilà ce que pensait la jeune fille et enfin elle s'était décidée à saisir pour tout de bon la première occasion qui se présenterait pour se marier.

Ce fût dans ces dispositions qu'elle rencontra le capitaine Cranstoun qui ne tarda pas à deviner les sentiments qui la travaillaient. Il lui vint l'idée d'en profiter et d'accaparer sa fortune en l'épousant. Il existait, à vrai dire, un obstacle à ce projet. C'est que le Capitaine avait laissé derrière lui en Ecosse, une femme, épouse parfaitement légitime, dont il s'était séparé depuis longtemps. Aussi se donna-t-il bien garde d'en souffler mot au commencement de l'affaire, se présentant toujours chez les Blandy comme célibataire. Cranstoun, qui avait alors trente-six ans, était, d'après les contemporains, un homme très peu doué du côté du physique, taille exiguë, figure mesquine et marquée de la petite vérole, mais c'était un *beau parleur* sachant surtout mettre en avant sa famille et ses ancêtres. Non seulement il plut à la jeune personne, mais ce qui est plus singulier, il se fit vite agréer du père ; soit que celui-ci eût enfin hâte de marier sa fille, soit

qu'une alliance avec une famille noble eût flatté ses sentiments de bourgeois.

Il y avait déjà plusieurs semaines que l'officier était
devenu l'hôte assidu de la maison Blandy, et cependant il
ne s'était pas encore déclaré d'une façon définitive. Il lui
était arrivé, ce qui arrive à beaucoup de gens qui se lan-
cent dans des entreprises dangereuses, de s'apercevoir au
moment du succès attendu que les dangers à courir ne
faisaient que s'accroître. Il ne pouvait s'empêcher de penser à sa femme. Même à cette époque de communications
imparfaites où l'Ecosse était pour l'Angleterre un pays à
peu près inconnu la nouvelle de son mariage était toujours
capable de se faire jour à un moment imprévu, et d'éclater
de façon à amener une catastrophe. Ce qui, du reste, rend
sa conduite presque inexplicable, même en faisant la part
des précautions dont il s'environna, c'est que sa vraie situation était connue de son oncle Lord Mark Kerr. Enfin il
s'avisa d'aller en quelque sorte au devant du péril. Il avoua à
Mademoiselle Blandy qu'il y avait en Ecosse une femme
se faisant passer pour son épouse, mais qui n'avait pas le
droit de porter ce titre. C'était tout simplement une personne avec qui il avait malheureusement eu une liaison
passagère, et la décision d'une cour ferait bientôt justice
de ses prétentions. — Après cet aveu, voulez-vous toujours de moi ? demanda-t-il. Mademoiselle Blandy, complétement aveuglée par la passion, paraît n'avoir éprouvé
aucune difficulté à croire tout ce qu'on lui débitait, et se
hâta de rassurer son amant en lui jurant une fidélité à toute
épreuve.

Mademoiselle Blandy était ce qu'est toute femme amoureuse à l'égard de son amant, c'est-à-dire une espèce d'hal-

lucinée. Mais il faut admettre que le conte inventé par Cranstoun ne manquait pas d'une certaine vraisemblance, car il s'agissait de l'Ecosse. Les lois de ce pays sur le mariage étaient alors et sont encore aujourd'hui dans un tel état de confusion que bien des hommes y ont passé leur vie, incertains s'ils étaient mariés ou non. D'autres ont vécu sans avoir conçu le moindre soupçon qu'ils étaient bigames et il a été réservé aux enfants d'apprendre après la mort du père leur illégitimité due au fait d'une liaison passagère formée par celui-ci longtemps avant leur naissance, et pendant laquelle il avait eu l'imprudence de parler devant témoins de sa maîtresse comme d'une femme légitime.

Cependant Lord Mark Kerr savait la vérité. Il savait que son neveu avait été marié avec toutes les cérémonies prescrites par la loi, et que le doute n'était pas permis sur sa position. Par conséquent, du moment qu'il apprit où en étaient les affaires entre Cranstoun et Mademoiselle Blandy, il fit ce qu'eût fait tout homme d'honneur à sa place ; il adressa à M. Blandy une lettre qui lui exposait la situation.

Au reçu de cette lettre le vieil avocat en proie à une vive agitation courut chercher sa fille et lui annonça sur-le-champ ce qu'il venait d'apprendre. Il s'attendait à une crise de sa part et ne fut pas médiocrement surpris en remarquant qu'elle ne paraissait nullement émue : les demi-aveux de son amant l'avaient préparée à cette éventualité. Elle fit aussitôt part à son père des explications qu'elle avait reçues, et à la fin une entrevue eut lieu entre les parents d'une part et les fiancés de l'autre. Le capitaine répéta avec assurance l'histoire qu'il avait brodée, et de plus se fit fort de remettre aux Blandy dans peu de temps un jugement d'une cour Ecossaise frappant de nullité son prétendu mariage. La mère, qui semble avoir été ensorcelée de même que sa fille, fut d'avis qu'il fallait croire le capitaine sur sa parole. Son époux, moins aveugle, demandait absolument des preuves à l'appui de ce qu'on lui racontait, mais enfin les preuves étaient promises et en attendant leur arrivée il consentit à ce que le mariage ne fût pas définitivement rompu.

Cependant, Cranstoun, malgré sa confiance simulée, se trouvait dans un cruel embarras ; bien résolu de ne pas lâcher Mademoiselle Blandy, d'un autre côté il ne savait comment faire honneur à ses engagements. Après avoir beaucoup réfléchi il ne trouva rien de mieux que d'écrire à sa femme la lettre que voici :

« N'ayant aucun espoir de me créer une position autrement qu'en suivant la carrière militaire, je ne pourrai jamais m'attendre à recevoir de l'avancement tant que je serai censé être chargé d'une femme et d'une famille. Mais si je pouvais me faire passer pour célibataire, je suis convaincu que mon avancement serait rapide, et que je trouverais ainsi le moyen de pourvoir bien plus largement qu'à présent à vos besoins en même temps qu'aux miens. Tout ce que je vous demande à cet effet, c'est de bien vouloir transcrire la lettre que vous trouverez sous ce pli, dans laquelle vous me désavouez pour mari. Signez-la de votre nom de demoiselle, et envoyez-la moi par la poste. Croyez bien que je n'en ferai usage que pour assurer mon avancement qui vous profitera également. Je suis fermement persuadé que vous ne manquerez pas de

faire ce que je vous demande. Votre mari affectionné.
J. H. Cranstoun ».

Qu'une femme quelconque ait pu donner dans un tel piége, voilà ce qui serait à peine admissible dans un roman. Mais comme nous avons eu plusieurs fois l'occasion de le voir, chaque page des causes célèbres fourmille d'invraisemblances ; c'est au point que les inventions les plus hardies des romanciers se trouvent en quelque sorte justifiées. Madame Cranstoun, non sans s'être plusieurs fois refusée à ce qu'on lui demandait, céda aux instances de son mari, qui, muni de la lettre portant la signature de « Murray », et s'appuyant de cette pièce importante s'empressa d'adresser à une cour Ecossaise une requête pour obtenir une déclaration de nullité de son mariage. Cependant il avait trop compté sur la patience de sa femme. Celle-ci, avertie de la démarche de son mari, se présenta en personne devant le tribunal, auquel elle fit connaître tous les détails de cette affaire, en lui remettant la lettre écrite de la main de son époux qu'elle n'avait fait que copier. Le résultat fut nécessairement le contraire de celui qu'espérait Cranstoun. Le tribunal confirma le mariage.

L'aventurier, déchu de son espoir, interjeta appel et se rendit aussitôt chez les Blandy pour leur assurer que la décision du tribunal inférieur serait bientôt invalidée. La fille et la mère croyaient toujours ce qu'il leur débitait, aveuglées par cette confiance à toute épreuve qui est le don particulier des femmes aimantes. Mais tous ces procédés avaient fini par dessiller les yeux de M. Blandy. Ce n'était pas à vrai dire un homme doué d'une grande sagacité, mais l'arrêt de la cour Ecossaise était de nature à dissiper les doutes même dans l'esprit le plus borné. Il se montra fort mécontent du retour de Cranstoun, et quoique ne lui défendant pas absolument sa maison, il lui fit savoir assez clairement que tout était rompu entre sa fille et lui. Cranstoun se voyant si mal reçu annonça son intention de repartir pour l'Ecosse, sous prétexte de veiller à son appel. Mais avant de quitter Henley il eut un long entretien avec Mlle Blandy. Que s'est-il passé dans cet entretien ? Nul ne le saura jamais d'une façon définitive. La justice en prononçant dans cette cause célèbre a indiqué nettement son opinion, et après un mûr examen des faits nous ne nous trouvons pas en état d'affirmer qu'il y ait eu une erreur judiciaire. Cependant quelques doutes se sont élevés dans l'esprit public ; ils étaient fondés sur les aveux de la coupable elle-même, si coupable elle fut : elle n'a pas cessé de les maintenir jusqu'à son dernier soupir.

Disons sous forme de parenthèse que les protestations de leur innocence faites par les condamnés, celles même qui sortent de leur bouche au pied de l'échafaud ne nous paraissent être d'aucun poids. Les criminels dont la culpabilité ressort le plus clairement aux yeux de tous, les scélérats compromis dans les affaires où le doute n'est pas permis, ont souvent montré jusqu'au dernier instant de leur vie la plus grande persévérance dans leurs démentis. Rush, le célèbre assassin, a même trouvé moyen de prolonger ses dénégations au-delà du tombeau, et de mentir à la face du monde après son exécution. Dans la nuit qui précéda son supplice, ses gardiens le virent occupé à feuilleter les pages d'une bible et à souligner certains versets à l'aide d'un crayon. Le lendemain, lorsque ses crimes furent expiés, on s'avisa, tout en mettant ordre à la cellule qu'il avait occupée, de regarder cette bible de plus près, et l'on constata que les versets soulignés étaient toujours ceux où David proclame son innocence. Presque en même temps on découvrit, cachée tout près de sa demeure, l'arme dont il s'était servi et qui avait manqué jusqu'alors aux pièces de conviction, et c'était une preuve de plus de sa culpabilité, quoique les preuves abondassent déjà. Singulière espèce d'écho que la vérité renvoyait à ces cris mensongers d'outre-tombe !

Non, c'est uniquement aux faits d'un procès qu'il faut s'attacher. Les déclarations d'un accusé en tant qu'elles sont appuyées du dehors doivent compter pour quelque chose, cela va sans dire ; mais les déclarations d'un condamné dont la culpabilité est démontrée ne sauraient ni arrêter le glaive de la justice ni jeter le trouble dans la conscience publique.

Cependant, il faut bien avouer que les explications fournies par Mlle Blandy ne sont pas impossibles en elles-mêmes, et si le doute existe sur ce procès, c'est en faisant la part de ces aveux, tels qu'ils ont été portés à la connaissance du tribunal, et non pas en s'appuyant sur ce que la condamnée n'a pas cessé de les proférer après sa condamnation.

Mais avant d'aborder cette question, revenons aux faits qui ont amené le procès, et que nous ne ferons qu'indiquer sommairement, puisque l'intérêt de la cause est ailleurs.

Peu de temps après le départ de Cranstoun, M. Blandy qui, jusqu'alors, avait joui d'une assez bonne santé, mourut dans des souffrances terribles. L'autopsie constata la présence dans les intestins d'une quantité d'arsenic et les dépositions des domestiques désignaient assez clairement sa fille comme la personne qui le lui avait administré dans du thé et du gruau. Du reste, il ne pouvait y avoir de doute sur ce fait, puisque elle-même l'avouait hautement.

La tâche de la justice se trouvait donc bornée à l'éclaircissement de cette simple question : « L'accusée savait-elle que ce qu'elle donnait à son père était du poison ? »

Or, voici les explications qu'elle fournit à ce sujet et qui se rapportaient à l'entrevue, dont nous avons déjà parlé, avec son amant.

Celui-ci, se voyant renvoyé par le père, aurait affirmé connaître un moyen sûr de se le rendre favorable par l'administration de certaines poudres possédant des qualités magiques. Il se serait engagé à les envoyer d'Ecosse par la poste à Mlle Blandy dans un paquet marqué « poudre pour nettoyer les cristaux » ; et Mademoiselle Blandy se serait chargée de les administrer à son père dans du thé, du bouillon, ou n'importe quelle boisson. Tel avait été, — elle n'a jamais cessé de le répéter, — le plan combiné entre eux : elle a concouru pour sa part à l'exécution de ce plan, sans jamais avoir conçu le moindre soupçon sur la vraie nature de ces prétendues poudres magiques.

Au point de vue des croyances d'alors, un tel système de défense n'était pas insoutenable. Et peut-être en se produisant à l'heure actuelle dans quelque coin reculé de l'Angleterre ou de la France, — comme par exemple dans le Morbihan ou dans le comté de Cumberland — mériterait-il quelque considération de la part d'un jury. En l'an 1752, la fille d'un notaire de province était parfaitement capable de croire aux philtres, aux potions magiques, comme elle croyait le plus souvent aux revenants, aux fées, aux sorcières, à une foule de superstitions aujourd'hui reléguées dans les classes inférieures de la population. Cela est tellement vrai que nous avons nous-mêmes connu dans notre jeunesse des personnes très haut placées, qui se sont montrées aussi crédules que Mademoiselle Blandy, en la supposant innocente. Mais il reste à ceux qui l'affirment, cette innocence, d'expliquer certains incidents qui ne s'accordent que difficilement avec leur théorie, et qui déterminèrent sans aucun doute le verdict du jury.

Ainsi plusieurs dépositions font foi qu'elle se servait habituellement, en parlant de son père, d'expressions qui tout au moins sont propres à exciter les soupçons. C'était un vieux chien, une vieille canaille ; une fois elle était allée jusqu'à s'écrier : « Qui n'enverrait pas son père aux enfers pour gagner dix mille livres ? » Le procès révéla d'autres incidents qui, sans équivaloir à des preuves, ne manquent pas de laisser derrière eux une impression défavorable. Ainsi, lorsqu'elle apprit que son père avait été saisi de douleurs intérieures, elle demanda si Suzanne la femme de chambre, avait mangé du gruau qu'on servait à son maître. « Si elle y touche » dit Mademoiselle Blandy, « elle pourrait bien avoir son affaire » ; (do for herself). Elle envoya à son amant une lettre qui fut interceptée et dans laquelle elle lui disait « Prenez garde à ce que vous m'écrirez, en songeant que vos lettres pourront tomber entre des mains étrangères ». Enfin, dans le courant de la nuit qui précéda la mort de son père, lorsqu'elle veillait à son chevet, elle fit une proposition assez singulière à la servante qui lui tenait compagnie. « Si vous pouvez me commander demain matin une chaise de poste pour aller à

Londres », dit-elle, « je vous donnerai quinze guinées, et j'y ajouterai dix guinées de plus, lors de notre arrivée à Londres. » Sur le refus de la servante, elle se mit à rire, et affirma n'avoir fait cette proposition que pour plaisanter.

Tout cela, nous le répétons, ne constitue pas une preuve suffisante, légale, de culpabilité, et il est par conséquent plus que probable que Mademoiselle Blandy, jugée aujourd'hui, bénéficierait des doutes qui sont permis à son égard. Les jurys du siècle dernier décidaient en gros ; une conviction morale leur suffisait à la place de cette certitude, qui peut seule, à nous autres, nous arracher une condamnation. Ajoutons que le langage qu'elle a tenu envers son père a été pour beaucoup dans le verdict du jury, et que cette considération est de nature à diminuer la pitié qu'innocente elle eût pu exciter. Certes, on ne punit pas de mort les enfants qui maudissent leurs pères, mais qu'ils se trouvent accusés de parricide et que ces malédictions prononcées par eux deviennent le poids qui fait pencher la balance fatale, ils n'auront qu'eux-mêmes à blâmer.

Mademoiselle Blandy fut exécutée quelques jours après son procès.

Cranstoun, mille fois plus coupable, réussit à se soustraire aux poursuites de la justice. Il se réfugia à Boulogne, et ensuite à Paris, mais la vie de ce misérable ne devait pas être de longue durée. Il mourut quelques mois plus tard en Hollande.

XX

JACK SHEPPARD. — LES ÉVASIONS.

Tout amateur de drames doit connaître l'émouvant spécimen du genre intitulé les « Chevaliers du brouillard », dont le héros est Jack Sheppard et qui, représenté à Paris pour la première fois il y a vingt-cinq ans, tient toujours une place dans les répertoires de province. Ce Sheppard est un personnage vrai, vrai comme Cartouche et Mandrin, et ceux qui l'ont vu sur la scène seront peut-être curieux de savoir quel fut le véritable rôle qu'il joua dans le monde.

C'était un jeune bandit du siècle dernier, complétement vulgaire dans ses procédés, volant, jouant, buvant, courant les femmes, prêt à assommer le premier qui se fût opposé à ses desseins, mais n'ayant au fait assommé personne ; sans originalité et sans invention dans le crime. Sa spécialité est d'un tout autre genre; c'est le Latude du bagne, si toutefois il est permis de lui appliquer le nom d'un homme plus honnête mais non moins habile que lui, et qui est venu au monde à peu près à l'époque où lui l'a quitté. Son don particulier c'est la faculté de s'évader. Il n'est pas de cachot d'où il ne trouve pas le moyen de sortir, ni de chaînes qui puissent l'attacher : il a connu, tour à tour, l'intérieur de toutes les prisons de Londres, mais en les visitant, pour ainsi dire, par curiosité, et s'en allant au moment où il commençait à s'y ennuyer. C'est le souvenir de ces hauts faits qui a enfanté sa légende et qui, de plus, a produit une foule de jeunes imitateurs en Angleterre. Espérons que, naturalisé en France, ce bandit y bornera ses exploits à enlever les parterres, et si même il produit des imitateurs, il n'y aura aucun mal à cela, pourvu qu'ils se contentent d'imiter Madame Marie Laurent, l'interprète originale du rôle.

Jack Sheppard, né à Londres en 1702, était fils et petit-fils de charpentiers, et a lui-même, pendant quelques années, fait son apprentissage de ce métier : c'est une circonstance à noter, car elle explique l'adresse avec laquelle il a plus tard manié ses outils. Sa conduite paraît avoir été irréprochable jusqu'à l'époque où il fit la connaissance d'une fille publique, Elisabeth Lyon, autrement dite Edgeworth Bess, du nom de sa ville natale. Et, chose singulière, ce fut non pas par le vol qu'il fit son début dans la carrière du vice, mais par un procédé qui était tout à fait de sa spécialité. Edgeworth Bess ayant été écrouée au violon de St-Giles sous l'inculpation d'un larcin, Sheppard se présenta à la porte, eut bientôt le dessus du vieux *watchman* et de sa femme qui y étaient de garde, et délivra sa maîtresse.

Un tel début n'annonçait rien de bon, et, en effet, peu de temps après, nous retrouvons Sheppard régulièrement enrôlé dans une bande de scélérats de la pire espèce et volant dans tous les quartiers de la ville. Nous n'avons pas l'intention de suivre ses pas; nous ne nous arrêterons qu'aux étapes, c'est-à-dire aux occasions où, tombé entre les mains de la justice, il se moqua de ses geôliers. Remarquons seulement, que même dans sa première *affaire* il fit preuve d'une dextérité de sa façon. C'était un vol avec effraction commis la nuit chez le sieur Baines, brocanteur ; le lendemain, lorsqu'on eut constaté la disparition des objets volés, ce fut en vain que l'autorité chercha des traces de violence provenant du dehors. On n'en voyait aucune, on ne trouvait non plus aucun indice qui put faire soupçonner que des étrangers se fussent introduits de façon ou d'autre dans la maison. Le résultat fut qu'une malheureuse femme, locataire de M. Baines, tomba sous les soupçons de la police. Plus tard, Sheppard avoua que c'était lui qui avait fait le coup : il avait arraché les barreaux de la fenêtre extérieure du sous-sol, pour se faciliter une entrée, puis, le vol commis, il s'était arrêté à sa sortie le temps de les rajuster et de les remettre en place, le tout ayant été machiné de manière à déjouer complétement les soupçons de la justice.

Peu de temps après, Sheppard, arrêté pour un de ses nombreux vols, se vit logé en prison pour la première fois. C'était au violon de St-Giles, le même dépôt de police, d'où il avait réussi à tirer sa maîtresse. Comme il s'était déjà fait la réputation d'un gaillard capable de n'importe quelle entreprise, on l'enferma dans une chambre en haut de la maison, lieu réputé sûr, où étaient toujours logés les gredins les plus dangereux, pendant la nuit de passage qui précédait leur transport à Newgate. Deux heures lui suffirent pour pratiquer un trou dans le toit, à l'aide d'un vieux rasoir et des débris d'une chaise cassée. Ensuite, en se servant des draps de son lit, coupés en longueur et attachés par les bouts, il descendit dans le cimetière de St-Giles et de là regagna facilement un asile.

Ce n'était là que son coup d'essai. Le 25 mai de la même année (1723), nous le retrouvons à New Prison en compagnie de sa maîtresse : ils avaient été arrêtés pour un vol commis dans Leicester Fields, et cette fois, pour plus ample précaution, on avait eu soin de mettre Sheppard à la chaîne. Mais à cette époque la discipline des prisons était loin d'être ce qu'elle est devenue depuis ; il faut tenir compte de cette circonstance en appréciant les exploits d'hommes comme celui-ci ; les visiteurs étaient admis à voir les détenus et trouvaient ainsi l'occasion de leur fournir en cachette des outils propres à favoriser leur évasion. C'est évidemment par ce moyen que Sheppard entra en possession d'une vrille, d'une lime, d'un perçoir et de quelques autres instruments de la sorte. En tout cas, la nuit venue, il se débarrassa lestement de ses chaînes, puis arracha un des barreaux de fer de l'ouverture à jour de son cachot. Mais il fallait compter de plus avec une forte poutre en chêne qui traversait cette ouverture du haut en bas, et qui lui barrait le passage. Il n'en parvint à bout qu'après un travail de plusieurs heures, se servant de son perçoir pour y faire une infinité de petits trous, l'un à côté de l'autre, jusqu'à ce que enfin la poutre cédât à ses efforts. Le voleur et son amie passèrent ensuite à travers l'ouverture et se trouvèrent de la sorte dans une espèce de passage extérieur de la maison, en face d'un mur ayant vingt pieds de hauteur. Sheppard avait prévu cet obstacle ; lui n'avait aucune peine à escalader le mur, mais il fallait le faire franchir à sa maîtresse : il y réussit à l'aide d'une échelle qu'ils avaient eu la précaution de fabriquer dans leur cachot en découpant les couvertures des lits. Dix minutes leur suffirent pour avoir raison de cet obstacle et pour jouir de leur pleine liberté.

Repris bien vite et condamné à mort, Sheppard s'évada pour la troisième fois au mois d'août de cette même année. On a donné sur cette évasion des détails contradictoires, et nous n'avons pas pu reconstituer la vérité. Ce qui est certain, c'est qu'il était enfermé dans la cellule des condamnés à mort (condemned cell) et qu'il a réussi à prendre la clef des champs. M. Ainsworth, dans son roman populaire « Jack Sheppard » l'a fait partir sous un costume de femme : est-ce de la sorte que la chose s'est passée ? Nous n'en savons rien. Les gardiens de la prison n'ont jamais été explicites à propos de cette fuite: nous croyons que quelques-uns d'entre eux dûrent fermer les yeux à cet égard pour de bonnes raisons, si même ils n'ont pas pris part à l'évasion d'une manière active. C'était là du moins l'opinion des contemporains, au point que les officiers supérieurs de la prison et les chefs de la police s'en émurent vivement. La justice se mit à battre la campagne dans toutes directions et à promettre monts et merveilles à celui qui ferait reprendre l'oiseau envolé, en jurant qu'une fois en cage il n'en ressortirait plus. Elle n'eut pas longtemps à attendre, car il était toujours aussi facile de trouver Sheppard qu'il était difficile de le garder. Arrêté à Finchley il fut réintégré à Newgate le 10 septembre.

Cette fois des précautions inouïes furent prises par les autorités pour empêcher une évasion de sa part. D'abord on le transféra de la cellule ordinairement occupée par les condamnés à une autre qui portait le nom du *Château-Fort* située à l'intérieur de la prison, après avoir eu soin de renouveler les guichetiers chargés de surveiller sa personne et de ne placer auprès de lui que des hommes solides et incorruptibles. Il devait toujours porter des menottes la nuit, bien qu'il eût des chaînes aux jambes, et pour surcroît de sureté ces chaînes étaient réunies aux deux bouts par un énorme cadenas et de plus attachées au plancher par le moyen de deux forts crampons de fer. Nous avons sous les yeux, en écrivant, une gravure contemporaine représentant Sheppard chargé de cet appareil qui ne permet guère l'idée qu'on eût pu s'en débarrasser.

C'est ce qu'il fit pourtant, et voici ce qu'on raconte à ce sujet.

Le jeudi 15 octobre, dans l'après-midi, M. Austin, chef des guichetiers de Newgate, accompagné de quelques autres personnes, lui rendit la visite d'habitude. Il se montra fort gai et dîna de bon appétit en leur présence. Avant de le quitter, M. Austin examina avec attention ses menottes, ses chaînes et le reste de l'appareil qu'il portait et s'assura que tout était en bon état. Alors on lui dit bon soir, car, chose assez singulière, on n'avait pas songé à placer des gardes dans sa cellule, comme cela serait de rigueur aujourd'hui pour un condamné à mort. Cet usage n'existait pas alors dans les cas ordinaires ; et sans doute dans celui de Sheppard, les précautions que l'on avait déjà prises à son égard ont dû paraître suffisantes.

La même nuit, vers les onze heures et demie, M. Bird, tourneur, dont la boutique était à côté de la prison, fut éveillé par un watchman qui lui fit observer que sa porte de devant était ouverte. Quelques minutes auparavant, Bird avait entendu comme un bruit de pas descendant l'escalier ; il s'en était inquiété pendant un instant, puis s'était vite rendormi. Averti par le watchman, il supposa qu'un locataire qui venait de sortir avait oublié de refermer derrière lui la porte, puis la fermant lui-même, il alla se recoucher.

Le lendemain on eut l'explication de cet incident. Vers les huit heures du matin, Austin se rendit à la cellule de Sheppard et, ayant ouvert les deux énormes portes fermées à double tour qui en défendaient l'entrée, ne put croire ses yeux en la trouvant vide. A terre, on voyait les chaînes que Sheppard avait portées, à côté d'elles il y avait un monceau de briques, de plâtre, de débris en quantité suffisante pour remplir une charrette. Une immense ouverture pratiquée dans le mur montrait clairement comment le vaurien s'y était pris pour sortir de sa cellule.

Mais ce n'était pas tout que d'en sortir, et les gardiens mis immédiatement en éveil furent d'avis qu'il était matériellement impossible qu'il eût pu franchir les limites de la prison elle-même. Pour en arriver là, il aurait fallu ouvrir au moins six portes fermées, qui s'interposaient entre lui et la seule issue praticable du côté du toit. Quelle ne fut pas leur surprise lorsque en courant à ces portes ils les virent toutes grandes ouvertes, leurs serrures arrachées et jetées par terre. C'était effectivement ce chemin que Sheppard avait suivi. Arrivé sur le toit de la prison, il était descendu jusqu'à celui de la maison de Bird, par le moyen d'une couverture qu'il avait emportée de sa cellule. Ensuite il était entré chez Bird, par une lucarne, et c'était bien lui dont les pas avaient été entendus sur l'escalier du tourneur.

C'est à dessein, comme nous l'avons déjà dit, que nous avons évité de parler de la carrière de Sheppard hors de ses prisons ; elle n'offrirait, à vrai dire, qu'une série de vols ignobles, sans intérêt quelconque. Mais il ne sera pas inutile d'indiquer la manière dont il passa son temps après cette évasion qui devait être la dernière. On verra par là le degré d'audace auquel il était arrivé, la témérité poussée jusqu'à l'insouciance dont il faisait preuve à un moment où il savait tous les limiers de la justice lancés sur sa piste.

Quelques jours seulement s'étaient écoulés depuis sa fuite, et déjà il avait pillé une boutique dans Monmouth Street. Le 29 octobre, dans la nuit, il força la porte du sieur Rawlins, prêteur sur gage de Drury-Lane, et s'empara de plusieurs objets de valeur, montres, tabatières, épingles, etc. Se trouvant ainsi en fonds, il conçut l'idée assez bizarre de jouer le gentleman et alla le surlendemain trouver ses anciens amis de Clare-Market, vêtu d'un habit noir, avec chemise à jabot de dentelle, la tête recouverte d'une perruque à la mode, et porteur d'une épée à poignée d'argent. C'était peut-être aussi dans l'intention de se déguiser qu'il s'était travesti de la sorte, mais en tout cas l'imprudence d'une telle démarche était inconcevable.

En parcourant le marché, Jack eut bientôt rencontré deux de ses anciennes amies, les nommées Cook et Reys, filles publiques. Il les mena dîner chez un marchand de vins, de Newgate Street, à l'ombre même de la prison. C'était véritablement mettre sa tête dans la gueule du lion, car il avait à craindre la rencontre d'un guichetier ou de quelque autre des employés dont tous à cette époque fréquentaient les cabarets dans le voisinage de Newgate. A la suite du dîner qui avait été fort gai, Jack cédant, il est probable, aux conseils des deux filles, consentit à prendre un fiacre, dont les stores furent soigneusement baissés. On arriva de la sorte à un autre cabaret de Clare-Market, où l'on s'était rencontré le matin : là, installé dans le parloir, Sheppard envoya chercher sa mère et lui fit boire de l'eau-de-vie. Elle, parfaitement instruite du danger qui menaçait son fils, le conjura de quitter Londres, mais c'était peine perdue, il était complétement ivre et incapable d'entendre raison. Il la quitta donc brusquement et s'en alla boire de nouveau, de cabaret en cabaret, jusqu'à ce que, ayant été reconnu par un garçon qui le servait, il fut dénoncé par celui-ci à la police. A l'arrivée des agents, il n'était plus en état d'offrir une résistance quelconque et se laissa paisiblement reconduire à Newgate quelques heures seulement après avoir dîné en face de cette prison.

Cette fois, c'en était fait de lui ; cependant il s'en est peu fallu qu'il pût ajouter une nouvelle évasion à la série qui avait précédé. On lui avait fait passer du dehors, on ne sait pas comment, un couteau, qu'il avait attaché entre sa chemise et son gilet, de manière à ce que la lame fût en haut et le tranchant au devant ; voici comment il comptait s'en servir. A cette époque le condamné n'était gardé le long de son passage à l'échafaud que par des officiers de police à cheval : on ne faisait entrer personne dans la charrette avec le patient, à l'exception du cocher placé sur le devant. Sheppard n'avait donc rien à redouter de l'interposition d'un gardien dans la tentative qu'il méditait. Ses mains seraient liées par de fortes cordes, mais non pas de manière à l'empêcher de déboutonner son gilet et de mettre à nu le tranchant de son couteau, dont il se servirait pour les couper. Cela fait, il serait facile de sauter par terre, et il avait choisi pour le moment convenable celui où la charrette serait en train de passer le Petit-Turnstile, allée étroite donnant sur la route que suivrait le cortége, et où il serait impossible aux cavaliers de la police de le suivre.

Il est à parier dix contre un que ce plan aurait réussi, car la foule lui était favorable, et le voyant hors du char, il est certain qu'en enveloppant les troupiers, elle aurait pu protéger sa fuite.

Malheureusement pour lui, au moment où il montait sur la charrette, un des gardiens aperçut le bout du couteau. Désormais, il ne lui restait plus qu'à subir sa peine qui lui fut infligée le 16 novembre 1723.

Sheppard est resté et restera probablement longtemps dans le souvenir du peuple. Après sa mort, sept différentes brochures furent publiées, chacune contenant un récit plus ou moins exact et détaillé de ses aventures. Le célèbre peintre Thornhill, le beau-père de Hogarth, avait fait son portrait.

XXI

LES FAUSSAIRES DU BEAU MONDE

Puisque nous sommes sur le chapitre des procès soulevant quelques doutes, (d'un caractère juridique plutôt que moral) nous esquisserons rapidement celui des frères Perreau, exécutés pour faux en 1776. Eux aussi, de même que Mlle Blandy, ont eu leurs partisans, et quoique ici l'hypothèse de l'innocence soit encore plus difficile à admettre, elle est cependant jusqu'à un certain point soutenable. Toutefois, ces hommes sont passibles du même reproche que nous avons adressé à Mlle Blandy. S'ils ont été vraiment innocents du crime qui leur fut imputé, c'est toujours à leur propre conduite qu'ils sont redevables de leur condamnation. Une connaissance assez étendue des causes célèbres nous a conduit à formuler cette opinion ; à savoir qu'un homme d'une conduite parfaitement irréprochable n'est presque jamais la victime d'une erreur judiciaire. Les rares exceptions à cette règle qui se présentent sont presque toujours des cas d'une erreur de ressemblance ou du moins d'une confusion de personnes, comme celui de Lesurques.

Robert Perreau, médecin-apothicaire à la tête d'une assez belle clientèle, et Daniel Perreau, homme d'affaires, étaient deux frères jumeaux habitant une belle maison dans le West-end, et s'il faut ajouter foi au témoignage de tous ceux qui ont déposé au procès, jouissant de l'estime publique. Cependant il s'en fallait de beaucoup que Daniel fût un saint : il vivait en concubinage avec une dame Rudd, et ce qui est encore plus grave, les incidents du procès, le système adopté par Daniel lui-même, laissent entrevoir, (on pourrait bien dire qu'ils font ressortir clairement) certaines circonstances particulières à ce ménage qui ne sont rien moins qu'édifiantes.

Le 15 mars 1775, Robert Perreau s'étant rendu chez M. Drummond, banquier, lui demanda, à titre de prêt, la somme de 5,000 livres, (125,000 fr.) en lui offrant comme caution un billet de 7,000 livres (175,000 fr.) a l'ordre de son frère Daniel, endossé du nom de M. Adair, homme d'affaires bien connu.

M. Drummond, qui connaissait parfaitement l'écriture de M. Adair, n'eut pas plutôt examiné la signature dont billet était revêtu, que quelques doutes sur son authenticité s'élevèrent dans son esprit. « L'avez-vous vu signer?» demanda-t-il d'un ton poli à M. Perreau. Celui-ci répondit que non, mais qu'ayant reçu le billet de la main de sa belle-sœur (Mme Rudd) il ne lui était jamais venu à l'esprit de douter de sa validité.

— Il nous sera impossible de négocier cet emprunt sans aller à de plus amples informations, dit enfin M. Drummond. Voulez-vous nous laisser le billet, et repasser demain matin ? Robert Perreau ne fit aucune difficulté. Quelques heures plus tard M. Stevens, secrétaire de l'amirauté et ami intime de M. Adair, s'étant rendu à la banque, M. Drummond lui montra le billet. Il se rangea immédiatement à l'avis du banquier, en prononçant la signature contrefaite.

Le lendemain, Robert étant revenu, M. Drummond dont les soupçons ne se portaient nullement sur lui personnellement, lui exprima la crainte d'avoir été trompé. — Mais, ajouta-t-il pour tirer tout cela au clair il est urgent que nous nous rendions de suite chez M. Adair : à quoi Robert ne souleva aucune objection.

M. Adair se montra très surpris, en jetant les yeux sur l'obligation qui lui fut présentée ; il déclara sur-le-champ qu'elle n'était pas de lui et que la signature dont elle était revêtue était fausse. — Vous plaisantez ! lui répondit Robert Perreau. — Il ne s'agit pas de plaisanteries répliqua M. Adair, il faut que le jour soit fait sur toute cette affaire et pour cela que la police en soit informée.

A la suite de ces événements, Robert et Daniel Perreau avec Mme Daniel Perreau, autrement dite Mme Rudd, comparurent devant la cour criminelle de Londres sous l'inculpation de faux, mais Mme Rudd fut admise en qualité de témoin du Roi.

L'acte d'accusation se rapportait uniquement aux faits que nous venons de raconter, mais il faut ajouter que l'obligation dont il a été question n'était pas la seule portant le nom de M. Adair que les frères Perreau eussent négociée. En se servant du même moyen, ils avaient tiré de sir Thomas Frankland une somme de 4,000 livres qu'ils avaient remboursée, puis ils étaient revenus lui emprunter 5,000 livres, et plus tard 4,000 livres. A un médecin nommé Brooke, ils devaient 1,500 livres. Toutes les obligations qu'ils avaient déposées comme cautionnements dans ces différents emprunts n'étaient que des actes supposés.

L'intérêt de la cause est cependant toute dans la défense. Elle est la même pour les deux frères et se résume à peu près à ceci : « Nous sommes les dupes de Madame Rudd. C'est d'elle que nous tenons les bons que nous avons toujours pris pour authentiques. Elle était en relations intimes avec M. Adair, un des hommes les plus riches de la cité, et elle nous a fait accroire que les signatures n'étaient autre chose que le prix de ses complaisances. »

Ce système, qui, par parenthèse, n'est pas fait pour mettre les accusés dans un jour favorable, ne paraît pas au premier abord digne d'attention. Et cependant il n'a pas manqué complétement d'appui.

D'abord, au début de l'affaire, il a été confirmé par la femme Rudd qui a hautement proclamé l'innocence des deux frères. D'après ses propres aveux, c'est elle qui a conçu l'idée de fournir aux frères Perreau un aide à leurs spéculations dans la personne supposée de M. Adair. Ce qui est certain, c'est qu'elle a écrit les signatures. Il résulte des témoignages des domestiques qu'elle écrivait de deux façons, dont une la sienne propre, et l'autre d'une ressemblance à s'y tromper avec celle de M. Adair, et que bien souvent, elle se faisait envoyer des lettres dont l'adresse était de cette dernière écriture, et qu'elle montrait à Daniel Perreau lorsqu'elle voulait lui faire croire qu'elle avait été en communication avec M. Adair.

Pourtant, les difficultés offertes par une telle hypothèse sont si grandes, qu'il n'y a pas lieu d'être surpris que le jury ait refusé de l'accepter. Les Perreau condamnés à mort, furent exécutés en 1776 au milieu d'une assistance évaluée à trente mille personnes. Tous les efforts possibles furent tentés auprès du roi par les comités du commerce et de la cité pour obtenir une commutation de la peine capitale. Avant de mourir sur l'échafaud, chacun d'eux remit aux shériffs un papier écrit de sa main, affirmant son innocence et accusant Madame Rudd ; et il est facile de voir, en consultant les journaux de l'époque, que le sentiment populaire leur était favorable.

XXII

AUTOBIOGRAPHIE D'UN VOLEUR

Nous ne connaissons guère de livre plus curieux que les Confessions de David Haggart, pickpocket, qu'il a en partie dictées, en partie écrites, dans la prison d'Edimbourg. Ce livre est devenu fort rare, malgré une vogue qui lui a valu deux éditions, et nous nous félicitons du hasard qui nous a permis d'en trouver un exemplaire.

Nous avons qualifié Haggart de pickpocket, bien qu'il ait été exécuté comme assassin. Mais cet assassinat n'est pour ainsi dire qu'un accident dans sa carrière. C'est en cherchant à s'échapper qu'il frappe d'un coup mortel un malheureux geôlier, et rien ne prouve une intention de sa part de donner la mort ; au contraire, les moyens violents lui ont presque toujours répugné. Ce vaurien est tout simplement un voleur *à la tire* des plus adroits, doublé d'un Jack Sheppard en petit. Nous ne croyons pas qu'un autre homme de cette espèce ait laissé des mémoires ; c'est pourquoi nous jugeons à propos de mettre sous les yeux du lecteur français quelques pages de cet écrit singulier, en ayant soin toutefois de débarrasser notre traduction des termes d'argot qui fourmillent dans l'anglais, mais à cela près, en rendant fidèlement l'original. En effet le charme ou plutôt l'intérêt de cette vie est tout dans sa brutalité naïve. On y touche du doigt le voleur, non tel que les romanciers l'ont conçu, mais tel qu'il est, tel que la nature et la mauvaise compagnie l'on fait, exposant ses crimes avec le même sang-froid qu'il mettrait à raconter les événements les plus ordinaires de son existence.

Haggart, né en 1801, dans les environs d'Edimbourg, est le fils d'un garde-chasse. Il a reçu une assez bonne éducation à l'école de son village, où il a presque toujours tenu la tête de sa classe. Les mémoires débutent par le récit de quelques espiègleries qui datent du temps de son « innocence », à peu près comme la lorette parisienne disait de son enfant, âgé de trois ans. « Il est du temps où j'étais sage. » Parmi ces « espiègleries » se trouvent le vol d'un poney, et un peu plus tard celui d'un coq, la soustraction des économies d'une voisine, etc. A cette époque, Haggart n'avait fait aucune mauvaise connaissance, et rien de ce qu'il avait sous les yeux au foyer paternel n'était de nature à lui inspirer des procédés de ce genre. On peut dire qu'il vient au monde des gens nés voleurs, comme il y vient des artistes, des philosophes, des saltimbanques. Ce n'est pas toujours à une mauvaise éducation entée sur une méchante nature que l'on doit les criminels. Quelquefois une mauvaise nature suffit, et Haggart en est la preuve.

A l'âge de dix-sept ans, il s'engagea dans la milice, mais comme il eût été facile de le prévoir, un tempérament tel que le sien ne pouvait se plier à la discipline militaire. Ayant obtenu son congé, il entra comme commis-apprenti dans une maison de commerce, où il resta deux ans. Il affirme que dans cet emploi il s'est toujours conduit avec la probité la plus scrupuleuse, et la franchise dont il fait preuve partout dans ses confessions nous permet de croire qu'ici il a dit la vérité. Il avoue cependant que dans les derniers temps de son apprentissage il avait fait quelques connaissances dans le monde des voleurs, et son patron étant venu à faillir, c'est chez ces vauriens qu'il alla tout naturellement chercher un logement.

Il se mit bientôt à l'œuvre avec eux. Voici comment il raconte ce qu'il appelle sa « première affaire ».

« Parmi mes associés, il y avait un certain Irlandais, Barney M'guire, un charmant garçon avec qui je m'étais étroitement lié. Il avait fait son apprentissage chez un tailleur de Dumfries. Il était de beaucoup plus âgé que moi, d'un caractère aussi audacieux qu'entreprenant, et voleur d'une dextérité hors ligne. Il était admirable dans tout ce qui tenait de sa profession et jouait toujours de franc jeu avec moi, mais nous trichions souvent nos camarades, même le frère de Barney.

» Ce Barney, m'ayant appris une infinité de tours adroits, nous convînmes de faire un voyage en Angleterre, à la condition de partager nos bénéfices. Ce fut dans sa compagnie que pour la première fois je vidai une poche en plein jour. C'était au mois d'août 1817 : sur le point de partir pour l'Angleterre, nous nous étions rendus aux courses de Portobello. Je vis dans les tribunes un monsieur qui pariait beaucoup et qui semblait souvent gagner. J'observai en outre que plusieurs vétérans du métier avaient l'attention fixée sur lui, et que je n'étais pas seul dans ma petite spéculation. Cela a été cause que, de peur d'être devancé, j'ai trop brusqué l'affaire : lorsque ce monsieur sortit des tribunes, je m'attaquai à sa poche avec tant d'ardeur que j'en arrachai la doublure en même temps que la bourse, mais j'eus le soin de passer le tout en un clin d'œil à Barney qui se tenait derrière moi. Le monsieur se retournant vivement me saisit par les deux mains, mais les voyant vides, il crut à mon innocence et s'écria qu'il venait d'être volé dans la foule. Nous gagnâmes onze livres à cette affaire. Il me serait impossible de raconter tous les vols de cette espèce que j'ai commis depuis : je ne cite celui-ci que parce qu'il fut mon premier exploit public.

» Ce tour fait, nous partîmes immédiatement pour Jedbergh, dans la diligence, possesseurs de trente et une livres en espèces et d'une malle remplie d'habits neufs ; nous-mêmes nous étions vêtus à la dernière mode. De

Jedbergh, nous nous rendîmes le jour suivant à Kelso, où il y avait foire. Nous y gagnâmes vingt livres, sans parler de plusieurs bourses contenant de la menue monnaie. Voici comment nous nous rendîmes possesseurs des vingt livres, provenant de deux vols distincts. Nous avions remarqué un maquignon fort occupé à exposer ses chevaux et qui portait sur lui un portefeuille dont le bout dépassait l'ouverture de sa poche de devant. Nous nous mîmes aussitôt à marchander une de ses bêtes, une assez belle jument, et à disputer sur son âge. Le maquignon ayant élevé les deux bras pour ouvrir la bouche de sa jument, Barney s'empara lestement du portefeuille, puis nous priâmes le marchand de faire trotter l'animal afin de nous permettre de mieux juger de ses allures. Il ne s'était pas plutôt éloigné que nous nous perdîmes dans la foule. Ce vol nous rapporta neuf livres. Plus tard, je pris un autre portefeuille contenant onze livres, en en débarrassant un monsieur qui causait avec un ami. Rien n'est plus facile que de vider une poche de pantalon. Si c'est un portefeuille que vous cherchez, jouez de la *fourchette* (1) (l'index et le doigt du milieu) mais pour prendre une bourse, ou une poignée d'argent, il faut absolument que la poche soit retournée. Celle de devant présente plus de difficultés : si l'habit est boutonné, il est nécessaire de le déboutonner et cette espèce de vol ne peut être exécuté qu'au milieu d'une foule. En vous servant de la main droite, faites descendre le portefeuille entre l'habit et le corps de la victime, puis passez vite l'objet volé à votre compère qui doit toujours se trouver à vos côtés. Pendant

(1) C'est ici l'un des cas où l'argot des voleurs français correspond à celui de leurs confrères anglais.

ce temps, placez le bras gauche à travers la poitrine de la personne volée, et ensuite, ayez soin de l'injurier sous prétexte qu'il vous a bousculé. »

Il serait impossible, comme lui-même l'a remarqué, de suivre Haggart dans toutes ses aventures, dont la plupart ne présentent qu'une série interminable de vols dans le genre de ceux qu'il vient de raconter. Les foires, les marchés, les courses, les théâtres, les maisons de jeu, tous les endroits où se rassemblent les hommes, lui fournissent du gibier, jamais il ne revient bredouille, c'est au point de croire qu'il a dû quelquefois exagérer ses exploits. A Newcastle, et dans d'autres grandes villes, lui et son compagnon mènent un train de dandys, logeant dans les meilleurs hôtels, fréquentant les femmes galantes et montant à cheval. Cela arrive quand ils sont en fonds, et alors, pendant un certain temps, ils renoncent à leurs déprédations, mais pour y revenir bien vite lorsqu'ils se trouvent à sec. Enfin il tombe pour la première fois entre les mains de la justice, mais ce n'est que pour en ressortir, grâce à son adresse, ensuite pour en délivrer son compagnon. Nous citerons le passage fort curieux des mémoires où il raconte ces aventures et où certes il n'y a rien d'inventé.

« Dans le courant de janvier 1818, nous nous étions rendus à Durham, pour y travailler à une foire. Le soir de notre arrivée, Barney et moi, nous fîmes un tour de promenade sur la route de York. A environ six milles de Durham, une maison isolée s'étant présentée à nos yeux, nous conçûmes aussitôt le projet de la voler. Barney s'introduisit par une fenêtre et moi je le suivis de près. Le maître de la maison nous opposa une résistance formidable mais, Barney l'ayant terrassé d'un coup de poing, nous parvînmes à le lier et à le garrotter. Le reste de la famille paraissait être composée de femmes, toutes tellement épouvantées qu'elles étaient incapables de nous interrompre. Cette affaire nous valut trente livres environ, mais le lendemain je fus arrêté à Durham. Cependant, comme le matin j'avais eu soin de changer d'habits et de me donner autant que possible une nouvelle figure, le propriétaire de la maison ne parvint pas à me reconnaître d'une manière certaine, et je fus en conséquence mis en liberté. Je courus retrouver Barney, et tous les deux nous repartîmes pour Newcastle.

» Mais à peine trois jours s'étaient-ils écoulés que me voici repincé, cette fois en compagnie de Barney. Par malheur, nous étions revêtus des mêmes habits que nous avions portés la nuit du vol. On nous ramena à Durham et là le maître de la maison nous reconnut sur-le-champ. Envoyés devant la cour d'assises et déclarés coupables de vol avec effraction, Barney sous le nom de Arkison et moi sous celui de Morrison, nous nous vîmes ramenés à la prison, en attendant qu'on nous fît paraitre devant la cour, à la fin des assises, pour y entendre notre arrêt, qui ne pourrait être autre qu'une condamnation à mort.

» Voyant qu'il n'y avait pas un moment à perdre, je me creusai la tête pour combiner un plan d'évasion, et après en avoir longtemps conféré avec les prisonniers qui partageaient ma chambre, nous nous décidâmes sur la marche à suivre. Pendant la nuit, nous parvînmes à pratiquer un trou assez grand pour nous livrer passage dans le mur qui nous séparait de la cour principale. Arrivés là, nous rencontrâmes le guichetier, auquel nous enlevâmes ses clefs, après l'avoir solidement baillonné. Il ne nous restait qu'à pénétrer dans une cour de derrière et à escalader le mur extérieur de la prison : mais malheureusement Barney et un autre détenu retombèrent dans la cour, après avoir gagné le haut du mur, et l'alarme ayant été enfin donnée, tous les deux furent ressaisis par la garde.

» Je retournai à Newcastle, accompagné d'un des évadés, natif du comté de Yorkshire, et je passai un jour dans cette ville occupé à me procurer un *archet de violon* (petite scie) pour Barney. Ayant enfin trouvé ce que je cherchais, je m'acheminais, toujours en société du Yorkshireman, vers Durham, lorsque deux agents de police se précipitèrent sur nous. Ils s'étaient approchés, je ne sais trop comment, sans que nous les eussions aperçus. Le lieu était désert, je tirai mon pistolet et je fis feu sur l'un d'eux, pendant que le Yorshireman assommait l'autre. Je ne sais si j'ai à me reprocher la mort de mon homme, mais il avait l'air d'un mort. Nous arrivâmes à Durham sans avoir rencontré d'autres aventures : la nuit, à l'aide de cordes, je réussis à franchir le mur extérieur de la prison et à remettre la scie à Barney, à travers l'ouverture de sa cellule. Cette même nuit, il scia les barreaux et, étant venu me retrouver, partit avec moi pour Newcastle. »

Après une aventure de cette espèce, on aurait pu croire que les associés se seraient quelque peu effacés, et en effet ils se tinrent coi pendant un certain temps. A Berwick, où ils recommencèrent, Barney retomba bien vite entre les mains de la justice et Haggart se trouvant seul, s'en alla voler dans toutes les villes de l'Ecosse, passant souvent ses nuits au violon mais toujours introuvable par la police le lendemain.

Passons à l'époque où nous le retrouvons enfermé dans la prison de Dumfries et à l'acte qui amena plus tard son exécution.

« Le mardi 10 octobre 1820, les nommés Simpson et Dunbar étaient mes compagnons de chambre. A midi, nous vîmes Hunter, le guichetier en chef, quitter la prison; on nous dit qu'il se rendait aux courses. Peu de temps après, Morrin son aide, monta l'escalier, conduisant deux ministres de la religion qui étaient venus pour faire une visite à Mc Grory, un condamné à mort occupant une cellule voisine de la nôtre. Morrin les enferma avec le condamné et redescendit. A une heure, quoique les deux ministres ne fussent pas encore partis, nous résolûmes d'agir, croyant qu'une pareille occasion pourrait bien ne pas s'offrir une seconde fois. Je me blottis dans une petite armoire s'ouvrant sur le palier en haut de l'escalier, où j'avais eu soin de cacher, en l'enveloppant dans un sac de toile, une grosse pierre ramassée dans la cour. Un détenu, qui était occupé à piocher en bas, nous l'avait fait parvenir, en l'attachant au bout d'une couverture suspendue de la fenêtre. Dunbar se mit à crier à Morrin pour qu'il vînt ouvrir aux ministres ; celui-ci remonta l'escalier par un grillage s'ouvrant à l'aide d'une clef. Morrin n'avait pas eu le temps de la refermer derrière lui que, m'élançant de l'armoire, je lui appliquai un vigoureux coup de pierre sur la tête, puis je le précipitai en bas de l'escalier. Ensuite, étant descendu moi-même, je fouillai dans ses poches et j'y trouvai les clefs de la porte extérieure, à l'aide desquelles mes deux amis et moi nous sortîmes facilement ».

Nous poursuivons, en ayant soin de résumer.

Dunbar fut vite repris par la police, mais je réussis à me sauver. Un moment j'eus l'idée de faire un effort pour délivrer mon compagnon, mais la foule était trop nombreuse, car la nouvelle de notre évasion avait mis toute la ville en émoi. Je gagnai les faubourgs par des rues détournées, puis je courus à travers champs jusqu'à la route d'Annan, ayant fait dix milles en moins d'une heure. J'avais à peine gagné cette route que je vis s'avançant vers moi au grand galop des chevaux, une chaise de poste contenant des officiers de police. Elle venait du côté de Dumfries et n'était pas à plus de vingt pas de moi lorsque je l'aperçus. Je sautai une haie, pour me trouver au milieu d'une famille de paysans occupés à récolter des pommes de terre. Devant moi, à quelque distance, je voyais un profond fossé, dont les bords étaient en partie cachés par des broussailles et des ajoncs, et de l'autre côté de ce fossé il y avait un bois. Je courus dans cette direction et tout en courant je m'aperçus que les paysans se joignaient aux policiers et que j'avais toute une meute à mes trousses. L'idée me prit de franchir le fossé, à la vue de tout ce monde, afin de leur faire croire que je m'étais réfugié dans le bois, puis tout à coup de me baisser et de revenir sur mes pas en me cachant sous les buissons jusqu'à ce que ceux qui me poursuivaient fussent passés. Ce projet me réussit et pendant qu'ils fouillaient le bois, je gagnai la route conduisant à la rivière Nith. Cependant je l'avais échappé belle, car lorsqu'ils traversèrent le fossé, John Richardson, l'agent de police, aurait pu entendre le bruit de ma respiration. Jamais peut-être, renard chassé n'a usé de plus de finesse.

« Au coucher du soleil, j'avais dépassé Annan et je me trouvais à une distance de deux milles au-delà, sur la route de Carlisle. Alors je me cachai tout près d'une ferme, dans une petite meule de foin, où je dormis jusqu'à deux heures après-midi du lendemain. Je fus éveillé par un bruit de voix, celle de deux personnes venant du côté de la ferme. — Est-il pris, ce garçon qui s'est échappé de la prison de Dumfries ? — Non, mais le guichetier est mort hier au soir. — En entendant ces paroles, je perdis connaissance, car il ne m'était jamais venu dans l'idée que le coup que j'avais frappé avait pu être mortel. Cependant, lorsque j'eus repris mes sens, je pris le parti de continuer mon chemin. J'aurais donné tout au monde pour pouvoir changer d'habits et bientôt, ayant avisé des haillons suspendus à un bâton pour effrayer les oiseaux, je m'en servis pour m'arranger un costume de mendiant.

Le mercredi soir, je couchai dans un grenier d'où le matin j'entendis causer entre eux les garçons de la ferme. C'était encore de moi qu'ils parlaient. — Ce doit être un gaillard terrible — dit l'un d'eux — il s'est échappé de toutes les autres prisons de l'Ecosse, et maintenant ç'a été le tour de Dumfries. — Je parvins peu après à sortir inaperçu de ma retraite et à dix heures du soir j'entrais dans Carlisle. »

A Carlisle, étant en pays de connaissance, il va d'abord trouver la femme Stubbs, logeuse de voleurs, chez qui il a autrefois demeuré sous le nom de Barney M'Coul. C'est en vain qu'il soutient que c'est là son véritable nom, la femme Stubbs lui dit qu'il est Haggart et nul autre ; elle ajoute que le bruit de son évasion a pénétré dans la ville, que tout le monde en parle, et qu'il ne serait pas en sûreté chez elle, attendu que la police a toujours les yeux fixés sur son hôtel. Elle lui indique en même temps un asile plus sûr, où en effet il est reçu et où il trouve à manger pour la première fois depuis qu'il a quitté Dumfries. Le lendemain, on lui procure un habillement complet de femme et c'est sous ce déguisement que le soir il quitte Carlisle pour Newcastle où il arrive le lundi suivant, voyageant la nuit, se cachant dans les bois pendant le jour, mangeant sur le pouce des provisions de bouche qu'il avait emportées et n'étant entré qu'une seule fois dans un cabaret le long de la route. A Newcastle, où il avait également des connaissances parmi le monde des voleurs, il n'éprouva aucune difficulté à trouver un gîte. Il crut prudent de garder la maison pendant douze jours, ce qui devait être un mortel ennui pour un travailleur de sa trempe, mais enfin, le treizième, ne pouvant supporter son état d'oisiveté, il s'en alla faire un tour au marché et y dévalisa un promeneur d'un portefeuille contenant vingt-trois livres. C'était sa première affaire depuis sa sortie de prison : se trouvant ainsi en fonds, il s'acheta le lendemain une toilette de dandy et résolut d'aller passer sa soirée au théâtre. Comme il s'y rendait, qu'elle ne fut pas sa surprise en se trouvant tout à coup nez à nez avec la personne qu'il redoutait le plus au monde, John Richardson, le célèbre agent de police, occupé à le suivre à la piste, il n'y avait plus à en douter. « Il était si près de moi, » dit Haggart « que le collet de mon manteau a frôlé son épaule, cependant il ne fit pas attention à moi. » Puis il continue :

« Je me décidai à repartir sur-le-champ pour l'Ecosse,

m'imaginant que l'on ne me croirait jamais de retour dans un pays où j'étais si bien connu. Je me sauvai donc à pied, ayant fait un paquet de mes habits de femme, que je portais à la main, et à quelques milles de Newcastle je montai sur la diligence de Berwick.

Je passai une semaine à Berwick, me rendant tous les jours à l'arrivée de la diligence d'Edimbourg, pour guetter les agents de police. Dans une de ces occasions, voyant un monsieur tirer de sa poche une bourse pour payer le conducteur, puis la remettre, je m'en emparai au moyen de la *fourchette* et je gagnai treize billets de banque et quelque argent à cette affaire.

« Le surlendemain, je partis pour Edimbourg, dans l'intérieur de la diligence, n'ayant pour seul compagnon qu'un jeune homme avec lequel je liai vite connaissance ; c'était un garçon si charmant que, quoique j'eusse pris cette place exprès pour le voler, je ne pus m'y résoudre. Sous prétexte d'être étranger à la capitale, je lui demandai des renseignements sur les auberges de cette ville ; il m'indiqua la taverne Lord Duncan dans la Canongate comme celle où il descendait de préférence. Il était loin de se douter que je la connaissais aussi bien que lui. J'avais volé plusieurs montres à la porte de cette taverne, qui offre l'avantage d'être tout près d'une allée communiquant avec John Street, par laquelle il est facile de s'échapper. »

A Edimbourg, Haggart, pendant quelque temps, ne sortait que la nuit et alors toujours déguisé en femme. Un soir pourtant qu'il s'était aventuré jusqu'à Leith (le port d'Edimbourg,) dans ses propres habits, il tomba à l'improviste sur le capitaine Ross de la police et se vit reconnu.

« Nos yeux se rencontrèrent, mon cœur cessa de battre,

mais ce ne fut que pendant un instant. Reprenant mon courage, je portai ma main à ma poche de devant, comme pour y chercher une arme. Le prudent capitaine ne fit ni une ni deux, il prit ses jambes à son cou, et partit à fond de train. En effet, il me connaissait trop bien pour vouloir entamer un combat singulier avec un homme de ma trempe. Moi aussi je m'esquivai à toutes jambes, mais, comme on peut le penser, dans la direction opposée, du côté des champs, d'où plus tard je pus regagner mon gîte en sûreté. »

Voyant que la capitale est à peu près fermée à son industrie, Haggart projette un grand tour dans le nord et l'ouest de l'Ecosse suivi d'un voyage en Irlande. Le deuxième jour il arrive à Dundee, n'ayant volé qu'une montre en route.

« Je voyais « dit-il » qu'il fallait travailler. J'allai m'acheter un habillement complet de matelot, puis je me mis à flâner à travers la ville. Bientôt, en m'arrêtant devant la devanture d'un horloger, j'aperçus derrière le vitrage plusieurs montres suspendues. La plupart étaient en argent, mais il y en avait deux en or. Je réussis, sans difficulté, à briser la fenêtre et à me saisir des montres en or, mais le propriétaire et d'autres m'avaient vu, et j'avais toutes les peines du monde à me sauver. Cependant, je gagnai mon logement, où je me hâtai de revêtir mon costume de ville : j'eus alors la curiosité de retourner sur le théâtre de mon exploit, où il y avait foule autour de la boutique dévalisée. Les voisins plaignaient l'horloger de sa perte, et je fis en sorte que plus tard ils eussent à se plaindre eux-mêmes, en leur escamotant dix-sept livres en bons billets de banque, et une troisième montre. »

Cependant Haggart, comme cela arrive à tous ses semblables, se sentait toujours attiré vers la capitale. Il revint donc à Edimbourg, où le premier objet qui frappa ses yeux fut un avis placardé sur les murs de la ville, promettant une récompense de soixante-dix guinées à quiconque le livrerait à la justice. L'imprudence d'y rester en pareilles circonstances ne pouvait manquer de se présenter à son esprit, si bien qu'il repartit sur-le-champ, jurant qu'on ne l'y reverrait plus. Cependant, il se trompait, il devait revenir encore une fois à Edimbourg et pour ne plus en ressortir.

Il se dirigea donc immédiatement sur Perth, où en arrivant il eut la chance de se trouver tout de suite dans le milieu qui lui convenait. Justement cette ville, très radicale en politique, fêtait l'acquittement de la reine Caroline, les rues étaient illuminées la nuit et, par conséquent, remplies de monde.

« J'y fis valoir mes talents en me rendant possesseur de quatre montres, dont une en or, et de treize billets de banque. Les trois montres en argent je les volai à des marchands qui regardaient dans la rue, debout devant leurs portes. »

Enfin, après des vols nombreux commis dans différentes parties de l'Ecosse, Haggart croit qu'il est temps de se produire sur un nouveau théâtre : il reprend donc son intention primitive de passer en Irlande. Il fait la traversée en compagnie d'un voleur Irlandais, mais peu de jours après leur débarquement, ce dernier tombe entre les mains de la police et notre homme se voit forcé de travailler dans un pays qui lui est complétement inconnu. Comme on le pense bien, il n'y a pas là de quoi inquiéter un tel génie. Cependant, en stratégiste habile, avant de livrer l'attaque, il jugea à propos d'étudier le terrain.

» Abandonné à mes propres ressources, je me rendis à la foire de Lisburne, où j'étais bien décidé à *commencer mes opérations* sur le sol irlandais. Je remarquai que les Paddys, quoique tout prêts à jeter leur argent par la fenêtre, ne supportent pas facilement qu'on les vole. Ils traitent le voleur de la même manière que celui-ci les a traités, lui enlevant tout ce qu'il a sur lui, jusqu'à ses habits, ensuite ils le rouent de coups et le laissent pour mort. Malgré cela, Paddyland est le paradis des pick-pockets, l'argent y abonde, le whisky coule à flots, on se boxe pour un rien. Voilà l'atmosphère qui nous convient à nous autres, voilà un pays où il fait bon travailler. L'Angleterre a été trop exploitée, et en Ecosse l'argent est trop rare. »

Il est inutile d'ajouter que Haggart se trouva bientôt parfaitement à son aise avec les poches des Irlandais, et qu'il finit par y puiser à peu près à son gré. Cependant, au grand marché de Dromore, la fortune lui joua deux mauvais tours, dont le premier fut de lui faire perdre cent livres qu'il venait de gagner. Ayant volé un portefeuille, il le jeta par terre dans l'idée qu'il ne contenait que des lettres : plus tard il a su que sous le pli d'une de ces lettres il y avait un billet de banque de cette valeur. Ce n'était encore rien, tout ce qui pouvait lui arriver de pire l'attendait, il fut reconnu, et cette reconnaissance a été la cause indirecte de sa perte. Un de ses anciens co-détenus de la prison de Dumfries, un voleur nommé Platt, l'avait aperçu dans la matinée, sans que Haggart s'en fût douté. Plus tard, Platt, arrêté en flagrant délit, crut de son intérêt de le dénoncer. — L'assassin Haggart est dans le marché ! — vola de bouche en bouche, et la police de se saisir pêle-mêle des personnages suspects qu'elle voyait sur son chemin. Haggart dînait paisiblement dans une auberge, lorsque quatre agents, accompagnés de Platt, se précipitent sur lui et le conduisent devant un magistrat. C'est en vain que d'un accent irlandais des plus prononcés il décline ses prétendues qualités de Paddy pur-sang et natif d'Armagh : le magistrat lui montre un exemplaire du « Journal de la Police » de Dublin, avec le signalement de Haggart et ordonne qu'à défaut de prison, il soit enfermé la nuit dans la salle d'audience du bourg. Par surcroît de précautions, trois paysans sont adjoints aux quatre agents, pour le veiller.

« Je commençais à croire que c'en était fait de moi, et je résolus de tenter un effort désespéré pour regagner ma liberté au risque de ma vie. A cet effet, je fis circuler le whisky parmi mes gardiens, qui tous étaient de la plus parfaite politesse à mon égard. Vers les onze heures, j'obtins d'eux de me faire servir à souper par une de mes connaissances du dehors, et, lorsque cette jeune fille se fut présentée, chargée du repas, je demandai à mes hommes la permission de lui dire deux mots en secret, derrière le tribunal de la salle. Il y avait à cet endroit une grande fenêtre, par laquelle je me précipitai, de plein saut, en véritable arlequin, me trouvant ainsi dans la rue sans avoir été blessé par les vitres cassées ni contusionné par la chute. Je m'élançai aussitôt dans une allée qui se trouvait en face de moi, où je ne pus m'empêcher de m'arrêter un instant, et de jeter un regard derrière moi. Mes gardiens, tout ébahis, me regardaient par la fenêtre.

— C'était bien lui ! — j'entendis dire à l'un d'eux. — Il est charmant — répondit un autre, — mais nous allons vite le repincer. — En attendant, je courais de toutes mes forces dans la direction de Belfast, et cette nuit-là, je fis quinze milles irlandais en deux heures trois quarts. »

Haggart se rend ensuite à Dublin, où il exerce sa profession avec beaucoup de succès, puis à Derry, et aux villes principales de l'Irlande. Nous ne le suivrons pas dans ses redites : relevons pourtant une anecdote assez curieuse.

« A Derry, j'assistais un soir à un combat de coqs. J'avais remarqué au parterre un monsieur qui pariait souvent et gagnait à chaque occasion. Je me plaçai à côté de lui et, croyant être complétement inaperçu, je lui enlevai, à l'aide de la *fourchette*, son portefeuille, sa bourse et sa montre. Comme je me dirigeais vers la porte, un autre monsieur se plaça devant moi et me dit : — Il y a des gens qui gagnent tout, et vous, à ce qu'il paraît, vous ne leur laissez rien. — Je ne trouvai rien de mieux que de répondre : — Si je lui avais laissé quelque chose, il aurait fini par gagner l'argent de tout le monde. — C'est vrai, — répliqua le monsieur, — il a le mien, ou plutôt, c'est vous qui l'avez maintenant. — Je quittai immédiatement la salle, sans qu'il eût cherché à me retenir, et je n'entendis plus parler de cette affaire, qui me valut vingt-six livres. »

Haggart était trop intelligent pour ne pas s'apercevoir qu'en restant plus longtemps en Irlande, il risquait d'épuiser sa veine. Il ne pouvait plus remettre les pieds à Dublin, et son pays natal lui était à peu près interdit. Déjà, une première fois, il avait retenu son passage pour l'Amérique, mais, au dernier moment, le cœur lui avait manqué. Cette fois-ci, il se décida pour la France et, sa résolution prise, il se mit aussitôt en route pour Belfast, où il avait l'intention de s'embarquer.

« Arrivé à Fort-William, j'entendis parler d'une foire qui devait être tenue le lendemain à Clough, à une distance de six à huit milles. Je résolus de m'y rendre et d'y *exercer ma profession*, pour la dernière fois, sur le sol Britannique. »

Ce devait être en effet la dernière fois.

En réalité, il était impossible de plus mal choisir son endroit. Car, dans le cas d'un *accident*, Downpatrick, où se tenaient les assises, n'était éloigné de Dromore, la scène de son évasion, que d'une vingtaine de milles ; or, si par hasard il était arrêté et conduit à Downpatrick, il courait les plus grandes chances d'être reconnu. C'est précisément ce qui arriva. Pris sur le fait, jugé et condamné pour vol à sept ans de déportation, Haggart vit paraître dans sa prison à Downpatrick, monsieur Blackart, le magistrat devant lequel il avait paru à Dromore. Cette visite équivalait à un arrêt de mort, car M. Blackart tenait les fils qui rattachait sa personnalité à celle de l'assassin de Dumfries. Transféré à la prison centrale de Kilmainham, près de Dublin, il s'occupa, sur-le-champ, comme il n'a jamais manqué de le faire en pareil cas, de combiner un plan d'évasion ; il était même très près d'y réussir, lorsque quelques-uns de ses compagnons, ne se souciant pas d'être de l'affaire, et cherchant peut-être à se ménager un pardon, signalèrent la tentative aux autorités.

Le lendemain matin, tous les prisonniers ayant été rangés dans la cour, Haggart fut frappé de consternation, en voyant arriver son ancien ennemi, John Richardson, l'agent écossais. Richardson le reconnut tout de suite, malgré ses dénégations, et se chargea, en compagnie d'un autre officier, de le reconduire en Ecosse. On avait eu soin auparavant de l'enchaîner de manière à rendre toute tentative de fuite impossible.

Il faisait nuit lorsqu'ils approchèrent de Dumfries : cependant l'immense renommée de Haggart avait attiré plusieurs milliers de spectateurs qui bordaient la route de chaque côté et dont beaucoup s'étaient munis de flambeaux, afin de pouvoir mieux le voir. Lorsque la porte de la prison s'ouvrit pour lui, il eut à monter l'escalier en bas duquel il avait précipité sa victime et à passer devant le lieu même où il l'avait assommée d'un coup de pierre.

Haggart n'avait que vingt ans, mais sa carrière était terminée. Condamné à mort, par la haute cour d'Edimbourg, le 11 juin 1821, il fut exécuté le 18 juillet. C'est dans l'intervalle que l'idée lui vint de composer la singulière autobiographie qui fut publiée après sa mort et dont nous avons donné quelques extraits.

XXIII

CONSTANCE KENT

« Road » est le nom d'un village situé sur les limites de deux comtés, ceux de Somerset et de Wilts, au sud-ouest de l'Angleterre. C'est une collection de maisonnettes et de chaumières, assez propres, n'offrant aucune particularité de nature à distinguer ce village des bourgs voisins. On n'y voit qu'une seule habitation de quelque importance, Road Hill House, villa assez spacieuse, avec écurie et remise, le tout encadré par un petit parc : cette propriété était occupée en 1860 par M. Kent, employé du gouvernement, exerçant les fonctions d'*Inspecteur de Fabriques.* (1)

La famille de M. Kent, homme qui frisait la soixantaine, était composée de sa femme et de trois enfants en bas âge, dont le plus jeune, François Saville, avait à peine quatre ans. Il y avait de plus dans la maison trois filles, Marianne, Elizabeth et Constance, agées respectivement de vingt-sept, vingt-cinq, et seize ans, et un fils William, de quinze ans, enfants qu'il avait eus d'un premier lit.

Les domestiques couchant dans la maison étaient au nombre de trois : une bonne, une cuisinière, et une fille chargée du ménage. Il y avait de plus deux gens de service au dehors : un homme qui soignait le jardin et le cheval, et un jeune garçon pour cirer les bottes et tenir en bon état le potager.

M. et Mme Kent occupaient la nuit une grande pièce au premier, où l'ainée de leurs enfants dormait sur une couchette placée à côté de leur lit. L'appartement d'en face était celui de la nourrice et des deux autres enfants. Les autres membres de la famille étaient logés au second, les deux filles ainées de M. Kent dans la chambre au-dessus

---

(1). Ce fonctionnaire n'existant pas en France, il est impossible de rendre son emploi par un équivalent. Les *factory acts,* comme on le sait, ont été rendus dans l'intérêt des ouvriers : ils limitent le travail, surtout des femmes et des enfants, etc. L'inspecteur est un officier chargé de visiter les fabriques et de veiller à ce que les dispositions de la loi n'y soient pas violées.

de celle de leur père, et Constance au-dessus de la nourrice. William et les deux servantes couchaient dans deux petites chambres situées au derrière de cet étage.

Le vendredi 29 juin 1860, à onze heures du soir, M. Kent, sur le point de se retirer pour la nuit, visita, selon son habitude, les portes extérieures de la maison. Il y en avait deux, l'une la porte principale donnant sur le jardin de devant, l'autre, qui était celle de service, communiquant avec l'écurie et les communs. Il s'assura qu'elles étaient toutes les deux fermées et verrouillées, et qu'à moins d'une effraction, personne ne pouvait s'introduire dans sa demeure pendant la nuit.

En même temps Mme Kent était allée de son côté faire sa visite d'habitude à la *nursery*. Elle y trouva les deux enfants dormant paisiblement, et la nourrice en train de se deshabiller pour se mettre au lit.

Le lendemain matin la nourrice s'étant réveillée vers cinq heures (c'est du moins ce qu'elle a raconté plus tard) jeta instinctivement un coup d'œil sur les couchettes des deux enfants. La petite dormait toujours dans la sienne, mais celle du garçon était vide. Elle se figura d'abord que sa maîtresse était venue chercher l'enfant, puis se rendormit sans s'inquiéter davantage de la circonstance. Cependant, s'étant réveillée de nouveau une demi-heure plus tard, elle crut de son devoir de s'assurer de la cause de cette disparition. La couchette ne trahissait aucun désordre et l'on voyait encore sur l'oreiller l'empreinte de la tête du dormeur, seulement la couverture était à moitié retirée, comme si celui qui avait emporté le petit ne s'était pas donné la peine de la remettre à sa place. Elizabeth Gough (c'était le nom de la nourrice) alla frapper doucement à la porte de ses maîtres, puis n'ayant pas reçu de réponse, elle revint s'habiller chez elle. Il ne paraît pas qu'elle se soit pressée, car jusqu'alors, — nous suivons toujours son récit, — elle n'avait pressenti aucun malheur. Sa toilette achevée, elle alla de nouveau frapper chez les Kent, et cette fois se fit entendre : « Master Saville est chez vous, Madame, n'est-ce pas ? » demanda-t-elle. « Non, il n'est pas ici » s'écria sa maîtresse. « S'il n'est pas dans votre chambre, où est-il donc ? « Etonnée de cette réponse, la nourrice monta immédiatement au second, dans l'espoir de trouver l'enfant chez les Miss Kent aînées, mais elles pas plus que leur belle-mère ne savaient ce qu'il était devenu. Pendant quelques paroles rapides échangées entre elle et les demoiselles, Miss Constance était venue ouvrir la porte de sa chambre qui, comme nous l'avons déjà indiqué, était en face de celle de ses sœurs. Interrogée à son tour, elle donna la même réponse : personne au second n'avait vu le petit Saville depuis la veille. A ce moment, la fille de ménage, qui s'était levée un peu plus tôt que Gough, remontait l'escalier. On lui fit part de ce qui venait d'arriver. « C'est singulier » répondit-elle, « je venais précisément vous dire que j'avais trouvé la fenêtre du salon ouverte. » Comme on doit le penser, cette nouvelle, jointe à celle de la disparition de l'enfant, ne pouvait tarder à mettre tout ce monde en émoi. On fouilla sans succès jusqu'aux recoins les plus obscurs. A la fin du compte, il était évident que le petit Saville avait été enlevé de la maison par quelque personne inconnue. Mais par qui ? Et comment ? L'inspection de la fenêtre du salon situé au rez-de-chaussée, et donnant sur le jardin, faisait clairement ressortir qu'elle avait été ouverte du dedans. Il fallait donc conclure que le ravisseur s'était caché dans la maison, et qu'il avait accompli son dessein pendant que la famille dormait. C'était la seule hypothèse qui pût se présenter à l'esprit, à moins de soupçonner les domestiques. En tout cas, l'enlèvement une fois constaté, la première démarche à suivre était évidemment de prévenir la police.

Chaque petit village en Angleterre possède son *policeman* ou gardien de la paix, homme en général fort respectable, veillant à la sécurité publique et auquel les habitants s'adressent lorsqu'ils ont été volés ou maltraités par un voisin ou dans des cas analogues.

Cependant, M. Kent croyait le cas trop grave pour qu'il n'en fût pas déféré tout de suite à la connaissance d'une autorité supérieure : c'est du moins ce qu'il a affirmé depuis : il fit donc atteler sa voiture et partit pour Troubridge, ville voisine, siège d'un surintendant de police et d'une brigade de gendarmerie. L'opinion publique, qui plus tard se déclara fortement contre lui, crut voir dans cette démarche quelque chose de louche. On se figura qu'il avait profité de l'occasion pour cacher en route quelques indices du crime. Il nous paraît au contraire que la façon d'agir de M. Kent était parfaitement raisonnable et telle que tout autre aurait suivi à sa place.

Cependant la nouvelle de l'enlèvement s'étant vite répandue au dehors, quelques voisins étaient accourus pour offrir leurs services à la famille : ils se dispersaient çà et là dans le petit domaine, fouillant les écuries, les communs, les hangars, toutes les dépendances de la villa, qui n'avaient pas encore été visitées. Ces recherches amenèrent bientôt la découverte d'une petite construction en bois, discrètement cachée dans un bosquet du côté du potager. Un premier coup d'œil jeté dans l'intérieur de ce chalet de nécessité révéla la présence d'une quantité de sang sur le plancher. On arracha vite la lunette et l'on découvrit reposant sur une espèce de saillie en briques, un peu au-dessous de l'ouverture circulaire, le corps de l'enfant.

Le cou de la victime avait été coupé à l'aide d'un rasoir appliqué avec une telle violence que la tête était presque séparée du tronc. On remarquait en outre, une large blessure au côté droit, mais l'incision pratiquée au cou avait nécessairement déterminé la mort. Les médecins du voisinage appelés en toute hâte furent unanimement d'avis que de huit à neuf heures s'étaient écoulées depuis l'assassinat, ce qui le faisait remonter à minuit environ.

Voilà à peu près toutes les circonstances qu'il importe de connaître pour l'intelligence de cette affaire. Un exposé plus détaillé des faits ne servirait guère à la faire mieux apprécier, et ce qui le prouve, c'est que ceux qui les ont étudiés de près, n'ont pas été pour cela plus avancés. Que l'on se souvienne seulement que l'enfant avait été enlevé de sa couchette dans la chambre de la bonne, que la personne qui le portait avait dû descendre l'escalier, traverser le salon et ensuite ouvrir la fenêtre donnant sur le jardin, qu'il lui avait fallu ensuite faire une trentaine de pas pour arriver au cabinet où l'assassinat avait été commis. Dans le cas où le crime aurait été commis par une personne habitant la maison, celle-ci aurait regagné sa chambre, de la même manière dont elle était sortie, et c'était sans doute en rentrant qu'elle avait oublié de refermer la fenêtre. Si un malfaiteur qui se serait introduit, ou un étranger caché dans la maison était l'auteur du crime, il avait sans doute quitté les lieux après l'avoir commis, et alors (quoique ce détail ne soit pas en lui-même d'une grande importance) c'était en sortant du salon qu'il aurait négligé de refermer la fenêtre.

Les deux dernières hypothèses parurent insoutenables, non seulement à la justice, mais aussi à tous ceux qui avaient examiné l'affaire. D'abord, c'était une façon bien singulière d'agir pour un malfaiteur que de ne rien voler, après s'être introduit nuitamment dans une maison, et de s'en prendre à un malheureux enfant dont la mort ne pouvait être qu'une simple boucherie. Celui qui aurait agi de la sorte avait dû nécessairement céder à un mobile de vengeance. Or, on ne connaissait aucun ennemi à M. Kent. Mais ce qui rendait cette hypothèse inadmissible, c'était qu'une inspection minutieuse des lieux, n'offrait aucun indice d'une escalade, et que d'après les dépositions, qui parurent à la justice dignes de foi, de la femme de ménage, la fenêtre du salon avait été ouverte du dedans.

Il était presque aussi difficile d'admettre que le crime eût pu être commis par un étranger caché dans la maison. Ici, comme dans le premier cas supposé, le mobile ne pouvait être que la vengeance, à moins de soupçonner la présence de quelque fou furieux, tuant pour son propre amusement. Un moment la police se fondant sur ses souvenirs d'un cas analogue, s'arrêta à cette dernière idée, mais ce ne fut que pour la rejeter. Il était, en effet, impossible qu'un individu de cette espèce n'eût pas laissé quelque trace dans le voisinage. C'était donc parmi les habitants de la maison qu'il fallait chercher le coupable.

Mais où et par qui commencer ? D'abord on pouvait mettre Mme Kent hors de compte, du moins pour ce qui concernait les faits matériels de l'enlèvement et de l'assassinat, car son état de grossesse avancée lui eût rendu ces deux actes impossibles. Il était même avéré que quelques jours avant, elle avait voulu prendre l'enfant dans ses bras et qu'elle n'était pas parvenue à le soulever. Parmi les autres, lequel choisir ? Pour agir, il fallait quelques indices et pour le moment il n'y avait rien de nature à désigner une personne en particulier aux soupçons de la justice. Qu'on se souvienne aussi que d'après l'usage anglais, un individu une fois arrêté ne peut plus être interrogé. Agir avec précipitation, même dans le cas où l'on tomberait juste, serait donc courir le risque de perdre des révélations précieuses. Certes il valait mieux laisser tout le monde libre (sauf, bien entendu, à exercer sur eux une surveillance active) et en état de répondre aux interrogations qui leur seraient adressées à l'enquête du coroner, ou enquête préliminaire sur la mort de l'enfant.

Le verdict rendu par le jury d'enquête ayant été, selon l'ancienne formule, le suivant : « Il y a eu assassinat commis par quelque personne ou personnes qui nous sont inconnues, » la police, qui avait suivi avec attention les débats, crut devoir arrêter Elisabeth Gough, la bonne. A vrai dire il n'y avait contre elle que des apparences fort légères, mais enfin c'était elle qui, pour ainsi dire avait été en possession de l'enfant, c'était de ses côtés qu'on avait dû l'arracher ; de plus il paraissait étrange qu'après avoir constaté l'absence du jeune Saville elle se fût rendormie, et que plus tard sans avoir reçu une réponse de la part de sa maîtresse, elle eût pris soin de s'habiller sans se préoccuper aucunement.

Il y eut donc une seconde enquête, cette fois devant des magistrats de première instance, à laquelle Elisabeth Gough figura comme prévenue. Ces magistrats jugeant avec raison que les indications fournies par la police n'étaient pas suffisantes pour autoriser le renvoi de l'accusée devant une cour d'assises la firent mettre en liberté.

Quelques jours plus tard, ce fut le tour de Mlle Constance Kent. Un nouvel incident porté à l'attention de la police motiva cette arrestation.

Le lundi suivant le crime, la blanchisseuse s'était rendue à la villa, comme de coutume, pour emporter le linge sale de la famille. Ce linge comprenait toujours, avec d'autres objets, les chemises de nuit portées par les demoiselles Kent pendant la semaine précédente. La servante se souvenait parfaitement d'avoir pris celle de Mlle Constance dans la chambre de cette dernière et de l'avoir mise dans le paquet avec celles de ses sœurs. Or, quand le linge fut renvoyé, cette chemise manquait, et la blanchisseuse interrogée déclara de la façon la plus formelle qu'elle ne l'avait jamais reçue. « Lorsque je défis le paquet, dit-elle, je n'y vis que deux chemises de demoiselle. » Cet incident étant arrivé aux oreilles de la police, éveilla son attention : on voulut connaître exactement tout ce qui se rapportait à la remise du paquet entre les mains de la blanchisseuse.

Mlle Constance avait-elle eu la faculté de s'en approcher et d'en retirer quelque chose sans être aperçue ? D'après les souvenirs de la servante, une occasion de cette espèce s'était en effet présentée. Mlle Constance était venue dans la chambre où le paquet de linge était par terre en attendant qu'on l'emportât, elle s'était plainte d'un malaise et avait prié la servante d'aller lui chercher un verre d'eau. Le temps que celle-ci avait été absente était suffisant pour permettre à quelqu'un de défaire le paquet et d'en retirer une chemise ou tout autre objet.

Croyant entrevoir un rayon de lumière de ce côté, et plus tard nous verrons s'ils étaient ou non fondés dans cette attente, les hommes de la police crurent de leur devoir d'en appeler de nouveau aux magistrats et de faire ouvrir une nouvelle enquête, en substituant cette fois Mlle Kent à Elisabeth Gough au banc des accusés. En agissant de la sorte ils n'avaient probablement fait que leur devoir, cependant cette troisième audition ne servit qu'à faire voir l'extrême ténuité des circonstances à charge qu'ils avaient rassemblées. Tout en admettant que la chemise en question avait été enveloppée dans le paquet, ce qui, par parenthèse, paraissait confirmé par le fait que de trois de ces vêtements connus à l'accusée il n'en restait que deux de trouvables, qu'est-ce qui prouvait que la blanchisseuse ne s'était pas trompée en affirmant que cet article ne se trouvait pas dans le contenu du paquet ? Cette femme jouissait d'une excellente réputation, mais ce n'était pas lui faire tort que de supposer qu'elle avait pu perdre la chemise, ou qu'on la lui avait volée comme cela arrive assez souvent chez les blanchisseuses de la campagne. Elle-même avoua avoir antérieurement égaré de la sorte plusieurs autres articles appartenant à la famille Kent. Mais il y avait une autre considération de nature à frapper les magistrats. La servante avait vu la chemise dont il était question, elle l'avait eue entre les mains,

l'avait retournée, pliée, roulée, et cependant, elle le dé-
clarait elle-même, elle n'y avait pas aperçu la moindre
goutte de sang. Quel intérêt Mlle Kent avait-elle donc pu
avoir à s'en défaire ?

De plus, la villa à cette époque était déjà occupée par
la police, les habitants y étaient rigoureusemeut surveil-
lés, il n'y avait de feu qu'à la cuisine où un agent était
toujours en vedette. Dans ces conditions, il eût été presque impossible à la jeune fille de détruire un vêtement
sans être découverte, et dans le cas où elle l'aurait pris
dans le paquet, il fallait bien qu'il eût été détruit, puisque
les perquisitions les plus minutieuses prouvèrent qu'il
n'était caché nulle part dans la maison.

La décision des magistrats mettant en liberté Mlle Kent
fut accueillie par des applaudissements bruyants.
L'opinion publique s'était tournée, on pourrait presque
dire qu'elle s'était fixée, d'un autre côté.

Il y avait bien un incident, et de plus, d'assez fraîche
date, dans la vie de Constance Kent qui se prêtait à des
commentaires divers. En Angleterre, la vie antérieure
d'un accusé n'est pas fouillée méthodiquement, comme
cela a lieu en France, mais nonobstant, tout ce qu'il
a pu faire en sortant de la ligne tracée finit toujours par
se faire jour de façon où d'autre. On apprit donc que
Constance et son frère William, tous les deux écoliers à
cette époque, s'étaient enfuis du toit paternel pendant les
vacances d'été de l'année précédente, et qu'ils avaient
vagabondé plusieurs jours avant de rentrer en pénitents.
Ce fait, qui pouvait passer pour une espièglerie de la
part du garçon, mais qui pour la demoiselle était d'une
gravité extrême, disposa plus que jamais les esprits à

suivre la voie qu'ils s'étaient tracée et fut interprétée comme confirmant la théorie généralement acceptée. On raisonnait ainsi. La fuite d'une jeune fille de quinze ans ne pouvait s'expliquer que par les mauvais traitements qu'elle avait subis, et peut-être comme la conséquence d'un secret de famille qu'elle aurait surpris. Ce secret c'était l'existence de relations adultères entre son père et la bonne, Elizabeth Gough. Ces relations avaient dû être également surprises par le jeune Saville, et Kent l'avait sacrifié pour s'assurer de son silence.

Tel fut, sans aucun doute, le verdict rendu par le public à l'égard de cette affaire mystérieuse. Le malheureux Kent, en butte aux soupçons et quelquefois aux insultes de ses voisins, se vit forcé d'abandonner sa demeure et d'aller s'ensevelir dans l'obscurité.

Il existait cependant une minorité qui ne partageait pas l'opinion la plus généralement accréditée, et qui, ne voyant pas en Kent le coupable, cherchait ailleurs l'assassin. De ce nombre était le célèbre agent de police Whycher, le même qui avait fait arrêter Constance. Nous nous souvenons d'avoir assisté à plusieurs discussions très animées entre les partisans des deux théories et d'avoir une fois entendu dire à un des chirurgiens les plus renommés de l'Angleterre répondant à un avocat non moins connu : « Non, Kent n'est pas coupable. C'est là une vengeance de jeune fille hystérique. » Nous-mêmes qu'il nous soit permis de le dire, nous nous sommes toujours rangé à ce dernier avis.

Ce ne fut que cinq ans plus tard que la vérité fut connue sur cette cause à peu près oubliée. Le 25 avril 1865, les journaux annonçaient que le Révérend M. Wagner, prêtre anglican de Brighton, s'était présenté la veille devant les magistrats de Londres, accompagné de Mlle Constance Kent qui avait signifié son intention de faire des aveux à la justice relativement au crime de Road. M. Wagner, qu'il soit dit en passant, était le directeur de Mlle Kent; il fut pour cela fortement attaqué comme ayant livré à la publicité un secret qu'il n'avait pu connaître que par la voie de la confession.

Pourtant il se justifia complétement dans une lettre écrite au *Times*. — Le secret, dit-il, ne m'a jamais été confié dans le confessionnal. Mlle Kent est venue me trouver de son propre mouvement, et m'a avoué que sa conscience ne lui permettait plus de se taire sur l'assassinat de son frère : elle m'a ensuite prié de l'accompagner chez les magistrats afin qu'elle pût avoir à ses côtés un ami pour la soutenir pendant l'épreuve terrible qu'elle s'était décidée à affronter.

Voici le résumé de la confession de Constance Kent, telle qu'elle a été faite à deux médecins chargés d'examiner son état mental :

Quelques jours avant le crime elle avait pris un rasoir dans la garde-robe de son père : c'est le seul instrument dont elle se soit servie. En même temps elle avait caché une chandelle et des allumettes dans un coin du cabinet où elle s'était décidée à tuer l'enfant. La nuit de l'assassinat, elle se déshabilla, puis se mit au lit, parce qu'elle croyait que sa sœur viendrait la voir avant de se coucher. Enfin, tout étant tranquille, elle descendit l'escalier peu après minuit et ouvrit les volets et une des fenêtres donnant sur le jardin. Ensuite elle remonta à la « nursery »; la bonne et les enfants dormaient d'un sommeil profond, de sorte qu'elle put retirer le petit Savile de sa couchette sans éveiller personne. Elle était en chemise de nuit, mais dans le salon elle se chaussa d'une paire de galoches. Portant toujours l'enfant endormi, elle passa par la fenêtre ouverte, pour se diriger vers le cabinet. Arrivée là, elle alluma une des allumettes qu'elle y avait cachées, puis, à la lumière de la chandelle, elle coupa la gorge à sa victime. Elle dit qu'elle croyait que le sang ne coulerait jamais ; c'est à cause de cela et pour achever sa besogne qu'elle enfonça le rasoir dans le côté de l'enfant; ensuite elle a passé le cadavre par l'ouverture.

Rentrée dans son appartement par la même voie qu'elle avait prise pour en sortir, elle s'aperçut de deux gouttes de sang sur le devant de sa chemise : c'était là la seule trace qu'avait imprimé sur elle l'œuvre terrible à laquelle elle venait de se livrer. Elle lava avec soin cette partie de la chemise, puis versa l'eau, qui était à peine rougie, dans celle qui contenait son bain de pied. Mais le lendemain matin, en observant avec soin sa chemise tenue entre elle et la lumière, elle se figura, peut-être avec raison, que les traces du sang n'avaient pas entièrement disparu : c'est pourquoi elle résolut de se défaire de ce vêtement, et c'est bien pendant l'absence de la servante, qu'elle avait éloignée sous le prétexte de demander un verre d'eau, qu'elle avait réussi à le retirer du paquet de linge sale. L'ayant transporté d'une cachette à une autre pendant plusieurs jours de suite, elle le brûla à la fin dans sa chambre à coucher. Elle parvint à se débarrasser des cendres en les jetant à la dérobée dans la cheminée de la cuisine. Déjà le lendemain du crime elle avait replacé le rasoir dans la garde-robe de son père.

L'accusée avait dit hautement que le crime n'avait été motivé par aucun mauvais traitement, au contraire. « Je n'ai éprouvé de la part de mon père et de ma belle-mère et de tous les miens que la bienveillance la plus extrême et les égards les plus tendres. » Voilà quelles ont été ses propres paroles. A quoi donc faut-il attribuer l'instinct diabolique qui l'a poussée au mal ? Tout ce que l'on peut répondre, c'est qu'il y a des mystères dans le cœur humain qu'il est impossible de sonder. C'est là une banalité, il est vrai, mais après tout, les grands mots dont la science médicale se plaît à envelopper les symptômes qui lui sont incompréhensibles, ne reviennent-ils pas à peu près à la même chose ? Qui parle dans ces sortes de cas, d'*hystérie*, de *manie homicide*, avoue, en effet, qu'il est des influences auxquelles l'homme se sent parfois obligé de céder, non seulement sans motif apparent mais même contre ses propres intérêts. Tout ce que la justice a à y voir, c'est de traiter en aliéné le malheureux qui a cédé à une pareille influence, et le nom spécial que l'on donnera à sa maladie est plutôt du ressort de la science médicale que de celui de la jurisprudence.

C'est ainsi que fut envisagé le cas de Constance Kent, qui vit la peine de mort prononcée contre elle commuée en une détention perpétuelle, qu'elle subit à l'heure actuelle.

Terminons par une anecdote qui, peut-être, n'est pas sans intérêt. Un de nos amis, dans le cours d'une visite qu'il fit dernièrement à la maison centrale où Constance Kent est enfermée, demanda de ses nouvelles à la respectable gardienne en chef des détenues. « De toutes les prisonnières » répondit celle-ci « Constance me cause le plus d'embarras. Elle est rusée, sournoise, menteuse ; il faut que je la surveille incessamment. »

D'après ceci, le bon mouvement qui l'a amenée à avouer son crime, afin d'écarter les soupçons qui planaient au-dessus de la tête de son père, se serait évanoui pour céder la place aux vieux penchants. Heureusement pour elle, comme pour la société, aujourd'hui elle ne peut que vouloir le mal, elle n'est plus en état de le mettre à exécution.

XXIV

LE PEINTRE GENEVOIS.

Théodore Gardelle, natif de Genève et appartenant à une famille très estimée de cette ville, vint s'établir à Londres comme peintre en miniature vers le milieu du siècle dernier. Eut-il du succès ? Nous n'en savons rien. Nous ne sommes pas mieux informés sur son talent, car il nous a été impossible de trouver un portrait portant sa signature. En tout cas, on le voit, en 1761, occupant un appartement dans Leicester-Fields, aujourd'hui Leicester-Square. Le nom de ce quartier ne doit pas être inconnu des Français, même de ceux qui n'ont jamais fait le voyage d'Angleterre. C'est là que s'est établie la colonie étrangère, que s'ennuient les Français et les Italiens, assez souvent des réfugiés politiques ; nous voulons parler de ceux auxquels la modestie de leur fortune défend l'accès du West-End. Il semble qu'ils se soient arrêtés là comme à un endroit qui touche au quartier fashionable sans en faire partie. Mais de ce que Gardelle habitait le square en 1761, on ne saurait conclure, comme on serait en droit de le faire aujourd'hui, que c'était un artiste à peu près inconnu. À cette époque, tout ce quartier appartenait au West-End, qui, en se retirant vers l'ouest, l'a plus tard abandonné : et même Sir Joshua Reynolds, le président de l'Académie Royale des Arts, habitait tout près au numéro 47, et l'on voyait stationné devant sa porte le magnifique carrosse, qu'il s'était fait construire (avec des panneaux ornés de desseins dûs à un de ses confrères de l'Académie) conduit par un cocher vêtu d'une livrée galonnée d'argent.

Gardelle, beaucoup moins bien partagé de la fortune, occupait à quelques portes de Reynolds un appartement de garçon, dans une maison meublée tenue par une certaine madame King. En sa qualité de peintre en miniature, il n'avait que faire d'un atelier et son petit salon lui suffisait pour recevoir ses clients. Il est évident, d'ailleurs, qu'il passait beaucoup de son temps auprès de la maîtresse de la maison. C'était une de ces anciennes femmes galantes qui abondent dans les grandes villes et qui, faute d'aller mourir sur un fumier, sont presque fatalement poussées à tenir des garnis, y faisant bien leurs affaires quelquefois, surtout lorsque la beauté ne les a pas entièrement abandonnées. Madame King était une de ces dames qui, au point de vue commercial, ont peut-être raison de ne pas savoir vieillir.

Le jeudi 19 février 1761, la petite maison de Leicester-Fields ne contenait que trois habitants : Madame King, logée au rez-de-chaussée, sa servante et Gardelle qui était au second.

Il y avait bien au premier un locataire, M. Wright, servi par un valet de chambre (qui couchait aux combles) mais ceux-ci étaient par hasard en voyage.

Ce jour-là, la servante se rendit de bonne heure chez sa maîtresse, l'éveilla, puis alluma du feu dans le salon. Ensuite elle alla frapper à la porte de Gardelle, qu'elle trouva déjà debout et habillé. Il lui remit deux lettres à porter jusqu'au Haymarket (une rue voisine) avec une guinée, en la priant d'acheter pour son compte, quelques onces de tabac à priser.

La fille étant redescendue chez sa maîtresse, fit part à cette dernière des commissions dont Gardelle l'avait chargée. Madame King lui intima l'ordre de ne pas sortir avant qu'elle-même ne fût levée, lui faisant remarquer qu'il n'y aurait personne pour répondre à la sonnette. Sur ces entrefaites, Gardelle arriva sur la scène. Il s'engagea à remplacer la domestique jusqu'à sa rentrée : sur quoi il fut permis à celle-ci de partir, ce qu'elle fit en fermant la porte soigneusement derrière elle.

Elle n'est rentrée qu'une demi-heure plus tard. Que s'est-il passé pendant son absence ? Personne ne l'a su, personne ne le saura au juste.

Dans sa déposition, elle affirme qu'en revenant elle s'est rendue d'abord chez sa maîtresse, elle a frappé à la porte de sa chambre à coucher et n'a reçu aucune réponse. Elle ne fut nullement troublée par cette circonstance, car elle soupçonnait déjà l'existence de certaines relations entre Madame King et le peintre genevois. Elle descendit donc à la cuisine, se débarbouilla, puis prit son déjeuner. Ensuite elle monta chez Gardelle, pour lui remettre son paquet de tabac et pour faire sa chambre.

Arrivée sur le palier, elle fut quelque peu surprise en le voyant descendre des combles, où il n'avait pas l'habitude de monter, n'ayant en effet aucune raison pour les visiter. Elle remarqua, en outre, qu'il avait changé de vêtements et que sa figure paraissait toute bouleversée.

Cette fois, il lui remit une lettre pour Suffolk-Street (petite rue voisine), qu'elle se hâta de porter à son adresse. A son retour, un quart d'heure plus tard, il lui dit que Madame King venait de sortir en compagnie d'un gentleman qui était venu la chercher. Cette histoire parut assez étrange à la jeune fille, qui ne croyait pas que sa maîtresse eût eu le temps de s'habiller pendant ce court intervalle. Mais elle n'y pensa plus, se figurant toujours qu'il y avait une intrigue sous roche que Gardelle cherchait à cacher.

Vers les deux heures, on vit arriver le valet de chambre de M. Wright, le locataire du premier, avec ordre de préparer l'appartement de son maître pour le soir. Aussitôt, Gardelle envoya la servante une seconde fois à Suffolk-Street, et à son retour lui annonça que Madame King était décidée à lui donner son congé sur-le-champ. Comme preuve de ce qu'il avançait, il dit à la fille qu'il était chargé de payer ses gages, mais que ne possédant pas assez bien l'anglais pour préparer un reçu formel, il la priait de passer à cet effet chez M. Brocket, homme d'affaires de sa connaissance. La fille partit, — c'était la quatrième fois qu'on l'éloignait de la maison — pour se rendre chez M. Brocket, qui lui demanda si Gardelle était autorisé à renvoyer les domestiques de Madame King. Elle répondit que non. — « Il m'écrit pourtant qu'il a reçu autorité pour agir de la sorte » dit l'homme d'affaires. Enfin, la quittance préparée, la jeune fille y apposa la croix conventionnelle qui, au dix-huitième siècle, représentait la signature d'une femme du peuple, et l'ayant rapportée à Leicester-Fields, reçut ce qui lui était dû, et s'apprêta à partir. Il ne paraît pas qu'elle ait conçu des soupçons, elle avait toujours les mêmes idées et se croyait renvoyée uniquement pour avoir surpris la liaison de sa maîtresse avec le peintre. « Restez » dit-elle, au moment de s'en aller, au domestique de M. Wright, « si vous voulez voir Madame. Elle est toujours couchée, mais elle ne doit pas tarder à se lever. » Celui-ci répondit qu'il était attendu par son maître, et partit quelques instants après la domestique.

Voilà Gardelle resté seul à la maison, ou du moins seul avec Madame King morte ou vivante. Encore une fois, que s'est-il passé ? C'est ce que nous apprendrons bientôt.

Dans le courant de la soirée, le valet reparut, disant que son maître était allé se loger ailleurs, mais que lui continuerait à coucher dans sa mansarde pendant quelques nuits, M. Wright n'ayant pas encore trouvé à le caser dans son voisinage. Le lendemain matin, avant d'aller à son service, cet homme demanda après Mme King. Gardelle répondit qu'elle était sortie.

Encore une journée entière, le vendredi, du matin jusqu'au soir, où Gardelle reste le seul habitant dont nous ayons une indication quelconque dans la petite maison de Leicester Fields !

Il en fut de même pour le samedi, jour suivant, du moins jusqu'à six heures, quand un certain M. Mozier frappa à la porte. C'était un ami commun de Gardelle et de Mme King, qui venait conduire cette dernière à l'Opéra selon une promesse qu'il lui en avait faite. Gardelle lui dit qu'elle avait été appelée subitement à faire un voyage à Bristol ou à Bath.

Ici se place un trait des plus significatifs et qui peint les mœurs de tous ces personnages. Mozier (c'est lui-même qui l'affirme dans sa déposition) ne fut nullement étonné de la réponse, mais il ne put s'empêcher de remarquer l'air soucieux de Gardelle. Il lui vint dans l'idée que cette tristesse était causée par l'absence de Mme King, et, pour consoler son ami, il lui envoya une fille de mauvaise vie, pour lui tenir compagnie.

Gardelle ne parut pas très content de recevoir cette fille, mais, chose assez singulière, il ne la renvoya pas.

Pourtant dans le cas où il aurait commis un crime et chercherait à en faire disparaître les traces (et le lecteur a deviné sans peine que telle était sa situation) la présence d'une personne sans cesse à ses côtés devait lui paraître au plus haut point importune. Les remords lui avaient-ils rendu sa solitude insupportable ? Ou la passion brutale, telle qu'elle se révèle dans les natures de cette espèce, a-t-elle chassé la prudence ? En tout cas il se coucha avec elle et même la garda chez lui jusqu'au mercredi suivant. Cette fille ne s'éveilla le lendemain matin qu'à dix heures, quand elle s'aperçut que Gardelle l'avait quittée, et l'ayant cherché au rez-de-chaussée, elle le vit qui brûlait quelque objet à un feu allumé dans le salon de Mme King.

Il était évident que le ménage ne pouvait continuer sur ce pied, et qu'il fallait absolument quelqu'un pour faire le service. Après le déjeûner, Gardelle pria sa maîtresse d'occasion d'aller lui trouver une femme de journée, se réservant de continuer ses travaux la nuit. Une vieille femme de cette espèce ayant été engagée dans l'après-midi, Gardelle la chargea, aussitôt son arrivée, d'aller dire au valet de M. Wright que la fille qu'il voyait avait été envoyée de la part de Mme King pour veiller à la maison pendant son absence.

Cet homme, nommé Pelsey, ne paraît pas avoir ajouté beaucoup de foi à cette explication. Tous les jours, en sortant et en rentrant, il demandait des nouvelles de Mme King, et la réponse était toujours la même : elle était selon Gardelle à Bristol ou à Bath. Il a ajouté depuis que le mardi soir comme il montait à sa mansarde il s'est aperçu d'une odeur comme de chair brulée.

Le lendemain (mercredi) Gardelle congédia l'envoyée de l'aimable Mozier, en lui affirmant que Mme King était attendue le soir même. Cette jeune personne n'avait pas manqué de remarquer, chaque jour en s'éveillant, l'absence de son compagnon de lit, qui avait fini par lui paraître singulièrement matinal.

Enfin, dans la soirée de ce même jour, l'eau de la fontaine ayant manqué, la vieille alla en chercher dans une espèce de grande cuve placée dans la cour. En y plongeant la main, elle crut rencontrer quelque objet étranger, cédant au toucher comme un linge. Elle fit part de cette circonstance à Pelsey, mais il ne paraît pas que ni l'un ni l'autre d'eux aient encore conçu des soupçons. Cependant le lendemain matin, lorsqu'ils eurent retiré de la cuve des draps et des couvertures de lit, l'idée de l'assassinat de Mme King se présenta pour la première fois à leur esprit. Une semaine entière s'était alors écoulée depuis que la présence de celle-ci avait été constatée dans la maison.

La première pensée de Pelsey fut d'aller trouver la servante chassée, dont il connaissait l'adresse. Celle-ci ayant nié avoir mis des objets pareils dans la cuve, il crut de son devoir de s'ouvrir à son maître de ses soupçons. M. Wright pensant comme son domestique qu'il y avait du louche dans cette affaire, consulta à son tour un certain M. Baron, pharmacien de sa connaissance, qui fut du même avis. Mais avant d'avertir la police, on résolut de tenter une dernière expérience. M. Baron se rendit à Leicester-Fields et demanda Mme King : il ne réussit qu'à se faire conter comme aux autres l'histoire du voyage à Bristol ou à Bath. Alors on n'hésita plus.

Cependant, Gardelle ne fut arrêté que le samedi. Les agents ayant commencé par lui demander la clef de la chambre à coucher de Mme King, il répondit qu'elle l'avait emportée à la campagne. Comme cette chambre était au rez-de-chaussée, on y entra facilement par la fenêtre, et le premier objet qui frappa les yeux, fut le lit portant des traces de sang. Il y en avait également sur le tapis.

Une perquisition minutieuse dans la maison amena l'horrible découverte de morceaux de chair humaine cachés derrière la charpente au-dessous du toit. On trouva également dans les latrines des entrailles et des fragments d'os calcinés. Le cadavre de la victime avait été évidemment dépecé et, sauf certaines parties, soumis à l'action du feu, en commençant par la tête dont aucune trace ne fut recueillie.

Gardelle entra bientôt dans la voie des aveux. Voici comme il raconta l'affaire, et son récit (que nous avons abrégé) est à noter.

« Le 19 février, aussitôt la servante partie, Mme King, qui s'était levée, m'apostropha dans les termes les plus grossiers. Je la traitai d'impertinente, ce qui parut la mettre complétement hors d'elle, au point qu'elle m'asséna un coup violent sur les côtes. En essayant de parer ce coup, je ne pus m'empêcher de la pousser, et son pied s'étant accroché à un coin de la toile cirée qui couvrait le plancher, elle tomba par terre.

Je m'empressai de la relever en lui prodiguant des excuses. Cependant elle ne cessait de m'insulter, en me jurant qu'elle me poursuivrait pour les voies de fait dont je venais de me rendre coupable envers elle. A bout de patience, et sans tenir compte de ce que je faisais, je saisis un peigne à manche pointu qui se trouvait sur la table de toilette et je lui enfonçai la pointe en avant dans la gorge. Je vis à mon effroi qu'elle était morte. Ce fut à ce moment que la servante rentra avec le tabac à priser. »

(Viennent ensuite les détails, que nous omettons, de la manière dont il a disposé du cadavre.)

Le système de Gardelle est celui de presque tous les assassins dépeceurs. Greenacre, (voir au procès Thurtell) et, si je ne me trompe, Billoir et bien d'autres l'adoptèrent plus tard. Ils n'ont jamais eu l'intention de tuer ; une rixe est survenue, et par malheur ils ont été la cause plus ou moins involontaire de la mort de leur victime. Alors, épouvantés par la situation qui leur a été faite, et craignant que s'ils s'avisaient de dire la vérité à la justice ils ne seraient pas crus sur parole, ils se sont efforcés de faire disparaître les traces de *l'accident*.

Un tel système est-il admissible ? Nous ne le croyons pas, malgré l'impossibilité de le refuter directement dans certains cas. Par exemple, Greenacre a affirmé qu'à la suite d'une querelle survenue entre lui et sa maîtresse, il avait frappé cette dernière avec un rouleau de bois qu'il tenait à la main. S'il a dit vrai, son crime se trouverait réduit à celui d'un homicide sans préméditation, et il faut en convenir, la fausseté de son assertion n'a jamais été démontrée. Billoir, ce me semble, a cherché à atténuer son forfait en alléguant des circonstances analogues. Mais ni l'un ni l'autre n'ont été écoutés par les jurés.

Voici pourquoi il me paraît que dans ces deux cas, comme dans tant d'autres qui leur ressemblent, la justice a eu raison.

L'*onus probandi*, l'obligation d'établir d'une manière satisfaisante la culpabilité d'un accusé incombe évidemment à la justice ; c'est un axiome de droit. Là surtout où elle demande (sous le règne de M. Grévy, il serait plus juste de dire : fait semblant de demander) la tête d'un citoyen, on est fondé à exiger d'elle une démonstration des plus rigoureuses. Mais dans le cas où un homme s'est froidement livré à une besogne aussi horrible que le dépècement d'un cadavre, du cadavre d'une personne qu'il avoue avoir été mise à mort par lui, il me paraît que l'obligation est transférée. C'est à lui de démontrer l'absence de préméditation, la présomption légale étant évidemment contre lui. Voilà, selon mon avis, la seule règle salutaire, et on ne saurait la violer sans faciliter l'œuvre, déjà trop facile, des assassins.

Quoiqu'il en soit, dans le cas de Gardelle, cette question épineuse ne s'est pas présentée, ou, pour mieux dire, elle a été vite résolue. La justice apprit que le jeudi précédant son arrestation, c'est-à-dire le jour même où pour la première fois naquit le soupçon d'un crime, il avait expédié chez un de ses amis une caisse fermée à clef. Dans cette caisse furent trouvés une montre, des bijoux et d'autres objets de valeur appartenant à la victime. Il était évident que le vol avait été le seul mobile du crime.

Ce malfaiteur vulgaire, après avoir tenté deux fois de se donner la mort, fut exécuté, selon l'usage de l'époque, dans le Haymarket, à quelques pas de Leicester Fields, la tête tournée vers le lieu de son crime. L'assistance était énorme, et les spectateurs en le voyant mourir poussaient des cris de joie qui, même alors, furent trouvés inconvenants.

L'affaire Gardelle eut un grand retentissement, dû sans doute à la position de l'accusé, et son souvenir ne s'est pas effacé de longtemps. Soixante-dix ans plus tard, dans les romans de Hook, on trouve l'expression « Il est aussi mort que Théodore Gardelle », et cette expression paraît avoir passé dans la langue populaire.

XXV

LE DRAME DE CHISLEHURST

Camden House, Chislehurst, dans le comté de Kent, est connu de tout le monde pour avoir été la résidence et le lieu d'enterrement de l'ex-empereur Napoléon III et de son fils. Mais ce qui n'est pas généralement connu, même des Anglais, c'est que cette maison jouissait d'une célébrité d'une certaine sorte au commencement de ce siècle. Elle a été le théâtre d'un drame sanglant, d'un crime que l'on pourrait peut-être appeler célèbre : du moins il est raconté dans « l'Annual Register 1813 » et il figure parmi les « Procès Célèbres » de Barrow, publiés en 1825.

Nous croyons que le lecteur français nous saura gré de lui raconter brièvement cette affaire qui ne manque pas de certaines particularités intéressantes et qui de plus se rattache à une demeure dont l'histoire subséquente est, pour ainsi dire, française.

En 1813, Camden House, qui par parenthèse, figure dans les journaux de l'époque comme « une belle maison» était occupée par deux vieillards, M. et Mme Bonnar, avec un nombreux domestique. M. Bonnar, courtier d'assurances de son état, et l'un des associés d'une des premières maisons de ce genre à Londres, avait honorablement acquis une grande fortune, et était très répandu dans la société; il y était fort estimé à cause de son commerce agréable et surtout en raison de ses œuvres charitables. De plus, M. Bonnar fils était colonel du régiment de milice de Kent, grade qui, à cette époque, n'était guère conféré qu'à des gens jouissant d'une certaine considération dans leur comté.

Le dimanche soir, 30 mai de cette année, M. Bonnar, qui avait soixante-dix ans, se retira de bonne heure, mais sa femme ne le rejoignit que vers deux heures du matin. Suivant les témoins, ils n'avaient pas l'habitude de fermer à clef la porte de leur chambre à coucher.

Le lendemain matin, Susannah Carmick, la femme de chambre, étant descendue sur le coup de six heures, fut assez surprise de voir la porte principale de la maison entre-baillée. Poussant plus loin ses recherches, elle constata que l'une des fenêtres du salon donnant sur le jardin était toute grande ouverte. Très émue de cette circonstance, elle alla raconter ce qu'elle avait vu à Mary Clark, la cuisinière. Celle-ci s'écria aussitôt : « Alors mon maître et ma maîtresse ont été assassinés. » Cette exclamation, répétée plus tard à la justice, ne lui parut nullement de nature à diriger les soupçons sur la cuisinière. La justice avait raison, le cri était tout naturel, les gens du peuple sont toujours disposés à mettre les choses au pis.

Malgré leur frayeur, les deux femmes firent en sorte de monter l'escalier ensemble et de frapper à la porte de leurs maîtres. En attendant une réponse qui ne vint pas, elles remarquèrent quelques traces de sang sur le palier.

Survint une autre domestique (nous abrégeons les détails) plus courageuse que ses devancières. Celle-ci ouvrit la porte de la chambre et ensuite les volets.

Il est impossible de se figurer un spectacle plus affreux que celui qui s'offrit alors à leurs yeux. Le cadavre de M. Bonnar gisait par terre, tout baigné de sang et la tête littéralement broyée. Sa femme, dont le crâne était horriblement mutilé, râlait sur le lit et ne tarda pas à rendre le dernier soupir. Le désordre qui régnait dans la chambre, les meubles renversés, les draps du lit déchirés, témoignaient d'une lutte terrible entre les victimes et leur assassin, ce que l'autopsie confirma plus tard. On voyait par terre, à côté du corps de M. Bonnar, un grand fourgon en fer, qui avait évidemment servi d'instrument à l'assassin : la violence des coups portés l'avait courbé presque en forme de demi-cercle.

Sur ces entrefaites, arrivent les hommes, le valet de chambre, le cocher, le groom, un serviteur. Telle est la confusion d'esprit de tous ces gens que, pendant un certain temps, on ne peut s'arrêter à aucun parti. Enfin il est décidé que Philip Nicholson, le valet, partira à cheval pour Londres (pourquoi pas le groom ? nous n'en savons rien, mais il est vrai que Nicholson avait servi autrefois dans la cavalerie) pour y chercher M. Astley Cooper, célèbre chirurgien et ami de M. Bonnar. En ce moment, Mme Bonnar respirait encore, et certes mieux eût valu courir chez le médecin le plus voisin. Mais qu'attendre d'une troupe de domestiques dans un tel état de surexcitation ?

La justice informée se transporta quelques heures plus tard sur les lieux. Elle put constater à la suite d'une première perquisition qu'il n'y avait pas eu d'effraction. Dans la supposition que le crime avait été commis par quelqu'un venant du dehors, il eût fallu qu'il eût pénétré par la porte ou par la fenêtre du salon, que le domestique, chargé de ce soin aurait négligé de fermer la veille, soit par mégarde, soit en qualité de complice. Ce qui étonnait, c'était qu'aucun objet ne paraissait manquer ; les serrures des tiroirs et des commodes étaient intactes, l'argenterie était au complet. Et, cependant, les assassins n'avaient pas été interrompus. Ayant eu le temps de tuer leurs victimes à leur aise, pourquoi avoir décampé sans achever la besogne ? S'agirait-il d'une vengeance ? Voilà la question que la justice commençait à se poser.

Les premiers soupçons se portèrent sur un certain Duke, ancien sommelier de la maison, que M. Bonnar avait congédié pour un délit grave, une quinzaine de jours avant le crime. Or, au moment même où ces soupçons étaient formulés à Chislehurst, Duke se voyait arrêté par la police de Londres. Il paraît que Nicholson, le valet, s'était rendu à Bow Street (1), de son propre mouvement, et sans qu'une telle mission lui eût été imposée par ses collègues et qu'il y avait donné avis de l'assassinat, commis à une distance de dix milles de Londres, tout en laissant tomber le nom de ce Duke, comme celui d'un domestique qui venait d'être renvoyé par son maître, et dont il connaissait l'adresse. Les agents, précisément par suite de ce que Nicholson venait de leur raconter, s'emparèrent de Duke, mais il fournit un alibi tellement concluant que force fut de le relâcher.

Les soupçons commençaient à se diriger du côté de Nicholson lui-même. On avait bien remarqué que, lors de son apparition à Bow Street, il était dans un état d'ivresse, et des agents habiles expédiés à Chislehurst, apprirent des autres domestiques que sa conduite et ses paroles leur avaient paru singulières. Son absence prolongée ajoutait à chaque instant une nouvelle force à ces indications, et, le lendemain étant venu, sans qu'il fût rentré à la maison, on lança un mandat contre lui. Grâce à son étrange conduite, on le trouva sans trop de difficulté. Il avait eu l'idée de parcourir la ville à cheval, dans un état d'ivresse qui frisait la folie, et il fut pris enfin devant la porte d'un cabaret de Whitechapel, se tenant à peine en selle, pendant qu'il buvait, ou plutôt essayait de boire, le contenu d'un verre qu'on lui tendait.

Nicholson avoua son crime et fut exécuté. La seule particularité qui donne de l'intérêt à ce crime, au delà de ce que l'on pourrait appeler l'intérêt posthume que lui a communiqué le séjour à Camden House des Napoléons, c'est le mobile qui l'a suggéré. Il paraît constant

(1) La rue de Jérusalem de Londres.

que ce malheureux n'a été poussé ni par la cupidité, ni par la vengeance, et qu'il n'a cédé qu'à un instinct homicide provoqué par la boisson. Il a frappé ses maîtres en fou furieux, n'ayant qu'une conscience imparfaite de ce qu'il faisait.

Voici la substance de ce qu'il a dit, et tout semble confirmer la vérité de ses aveux. N'omettons pas pourtant ce détail horrible. « Lorsque je l'attaquai, mon maître sauta en bas du lit et m'empoigna. Il était très vigoureux, malgré ses soixante-dix ans, et la lutte entre nous dura au moins *quinze minutes* : il y eut même un moment où il fut sur le point d'avoir le dessus. Mais je parvins à lui asséner un coup qui le terrassa et je le laissai poussant des gémissements.

Madame Bonnar avait été paralysée auparavant par deux coups appliqués sur la tête ; mais pour en revenir à la confession : « A trois heures du matin, lorsque je m'éveillai d'un somme que j'avais fait dans l'office, l'idée du crime s'est tout à coup présentée à mon esprit. Jamais je n'avais songé à chose pareille auparavant. *Je n'ai eu l'intention de commettre ces actes barbares que pendant un temps si court qu'on aurait de la peine à le compter, tant l'exécution a suivi de près la formation instinctive du projet.* J'attribue ces assassinats à une folie passagère engendrée par la boisson. »

De plus, le colonel Bonnar, dans l'intention toute naturelle d'acquérir, autant que possible, une certitude sur les faits, obtint des autorités la permission de faire poser une dernière question au condamné. Au moment où la corde était déjà passée autour du cou de Nicholson, l'émissaire du colonel s'approchant de lui, dit tout bas :

— Vous n'avez qu'un instant à vivre. Avez-vous dit la vérité en affirmant que vous n'aviez pas de motif et que vous avez agi sans complices ?

— Tout ce que j'ai dit est vrai.

— Vous n'aviez pas de rancune à satisfaire ?

— Aussi vrai que Dieu est au ciel, je n'ai cédé, comme je l'ai souvent dit, qu'à une inspiration momentanée.

Ce furent ses dernières paroles.

En supposant que la justice ait ajouté foi aux aveux de Nicholson, le crime était-il de ceux qui méritent la peine suprême ? C'est poser la question qu'on appelle en Angleterre « homicidal mania » qui est tranchée, croyons-nous, d'une manière différente des deux côtés du détroit. En France, depuis l'exécution de Papavoine, « les impulsions momentanées » ont toujours bénéficié des circonstances atténuantes. Il n'en est pas de même en Angleterre, où la loi envisage la mort d'un homme causée par un autre homme, comme un assassinat, à moins de circonstances tendant à réduire l'acte à un délit moins grave, ou à l'excuser complétement. Et elle refuse de compter parmi ces circonstances, un désir violent de tuer sans motifs apparents. C'est ce qu'a une fois exprimé un juge à un condamné, qui avait cherché à s'excuser sur « un violent désir de donner la mort. » — « C'est possible, mais la justice aussi éprouve un violent désir de vous faire pendre. »

Sans aborder la discussion de cette question médico-légale qui nous mènerait beaucoup trop loin, qu'il nous soit permis, en passant, d'énoncer l'opinion que la théorie anglaise est parfois poussée à l'excès. Par exemple, il y a quelques années, dans ce même comté de Kent, un jeune homme est allé un jour se promener sur les remparts d'une ville fortifiée et y a assommé un autre jeune homme de son âge, qu'il n'avait jamais vu, puis s'est rendu à la première *station* de police, où il a avoué son crime. — Je l'ai commis afin d'être pendu, — dit-il tranquillement et, à la suite, la faveur qu'il demandait lui a été dûment accordée. Et pourtant voilà un cas où, selon nous, il eût mieux valu la refuser. Les assassinats, motivés par le désir de monter sur l'échafaud, sont si rares qu'ils ne présentent aucun danger sérieux pour la société, et, même fussent-ils nombreux, il nous paraît que le meilleur moyen de les réprimer serait précisément de se refuser à la demande de leurs auteurs maniaques.

Mais le cas de Nicholson est tout différent. La folie furieuse, engendrée par la boisson, constitue pour la société un vrai péril, contre lequel il est absolument nécessaire de sévir, dans l'intérêt général. Et même si l'assassin n'a pas eu la conscience de son action, au moment de la commettre, sa responsabilité reste pleine et entière. Il est responsable de s'être mis dans un état qui incline l'homme à la violence. C'est le cas de dire que celui qui veut les moyens veut la fin.

XXVI

MASSACRE DE DEUX FAMILLES

Le samedi, 7 décembre de l'année 1811, sur le coup de minuit, M. Marr, mercier de Ratcliff-Highway, était en train de régler ses comptes dans l'arrière-boutique, en

attendant le moment de fermer ses volets. Dans ce quartier, qui avoisine les docks, et qui est un des plus pauvres de Londres, les habitants n'ont guère que le samedi
pour faire leurs emplettes, et par conséquent, les magasins restent ouverts ce soir-là jusqu'à une heure fort
avancée.

Marr, jeune homme rangé et laborieux, avait réussi, en
partant de très bas, à fonder un petit commerce qui, à
cette époque, était en pleine prospérité. Ayant servi
comme marin, et s'étant établi dans un quartier de la
ville presque uniquement fréquenté par des marins, il se
voyait soutenu par ses anciens camarades. Le petit ménage se composait, en outre du maître de la maison,
d'une épouse, jeune femme remarquable par sa beauté,
et qui allaitait en ce moment un bébé de quelques
mois, d'un commis âgé de quatorze ans, et d'une servante.

Pendant cette journée du 11 décembre, les affaires
avaient bien marché dans l'établissement de M. Marr, et
les pratiques n'avaient cessé d'affluer, à telles enseignes
que minuit sonnant, on n'avait pas encore trouvé le
temps de souper. Pour fêter l'occasion, Mme Marr proposa d'envoyer chercher quelques douzaines d'huîtres,
régal qui, en ce temps, était à la portée de tous et fort au
goût des habitants de ces parages.

La servante partit donc, chargée de cette commission,
laissant M. Marr en train de fermer sa devanture. Au moment de sortir, elle crut apercevoir à travers le brouillard,
un homme stationné de l'autre côté de la rue qui, à cet
endroit, est assez large ; mais elle ne fit pas grande attention à cette circonstance : ce devait être quelque pratique

attardée. Pendant une demi-heure elle erra vainement, de boutique en boutique, cherchant les huîtres tant désirées : les écaillères étaient toutes à sec, et force lui fut de revenir, les mains vides, à la maison, qu'elle trouva, comme elle s'y attendait, fermée.

Elle tira la sonnette trois ou quatre fois de suite, sans obtenir de réponse. A ce moment survint le *watchman* (ancien gardien de nuit, prédécesseur du *policeman* de nos jours) auquel elle fit part de sa situation et des craintes qu'elle ne pouvait s'empêcher d'éprouver. Cet homme, à ce qu'il paraît, avait aidé M. Marr et le commis à poser les volets une demi-heure plus tôt, c'est-à-dire immédiatement après le départ de la servante : puis, ayant redescendu la rue quelques instants avant le retour de celle-ci, il avait remarqué qu'un des volets n'était pas complétement fermé. Il avait frappé à la porte pour informer M. Marr de cette circonstance, et une voix, qui lui était inconnue, lui avait répondu : « On y veillera ! » Croyant avoir assez fait, il reprenait son parcours, quand les coups de sonnette et les cris de la servante, le firent rebrousser chemin.

Ni les coups de sonnette répétés, ni les cris du bonhomme n'eurent aucun succès. Mais, dans l'intervalle, le tintamarre exécuté devant la porte du n° 29 avait fini par éveiller le propriétaire de la maison voisine, M. Murray, qui mit la tête à la fenêtre de sa chambre à coucher, pour demander ce qui se passait. Informé de l'état des choses, il proposa de tenter une entrée dans la maison par la porte de derrière. Certes, il ne manquait pas de courage, ce brave bourgeois, car, en supposant la présence d'assassins, il pouvait parfaitement les rencontrer, dans le cas où ils n'auraient pas eu le temps de s'enfuir de ce côté. Mais, sans songer au danger qu'il courait, il se contenta de passer un pantalon, et s'étant armé d'un fourgon, arraché à la garniture de cheminée, il descendit vite l'escalier et sortit de chez lui par la cour de derrière. Cette cour était séparée de celle de M. Marr, et, par conséquent, de la maison de ce dernier, par un mur mitoyen haut de dix pieds. Comment Murray, encombré de son fourgon, parvint-il à le franchir ? Peut-être, lui aussi, avait-il servi dans la marine. Enfin, il avait surmonté l'obstacle pour se trouver dans la cour voisine, lorsqu'il s'aperçut qu'il avait oublié d'apporter des allumettes, et il sentait qu'en l'absence de lumière, il serait assez embarrassé pour trouver son chemin dans la maison. Mais, à ce moment, il vit la porte de derrière grande ouverte et la lumière d'une chandelle qui brûlait sur le palier de l'escalier.

Entrant hardiment, et s'emparant de cette chandelle pour s'éclairer, il s'avança du côté de la boutique. Le premier objet qui frappa ses yeux fut le cadavre du commis, gisant par terre, le crâne horriblement fracturé. Mme Marr, également sans vie, était couchée devant la porte, et son mari derrière le comptoir, tous les deux portant d'affreuses blessures à la tête ; le plancher de la boutique était tout couvert de sang et de cervelle.

Epouvanté par ce qu'il venait de découvrir, mais conservant tout son sang-froid, le brave Murray se souvint tout à coup de l'enfant. Celui-là, du moins, devait être en vie, dans quelque partie de la maison, puisque l'assassin n'avait pu avoir aucun intérêt à s'en défaire. Avant d'ouvrir la porte à la police, Murray résolut de le trouver, afin de l'emporter chez lui. Dans cette intention, il commença par visiter la cuisine.

C'était là que la famille, dont il connaissait les habitudes, prenait le souper, et l'état des cadavres qui, tous, portaient leurs habits, montrait que les victimes n'étaient pas montées se coucher.

Sa chandelle toujours à la main, il fut heureux d'apercevoir le berceau posé dans un coin de la cuisine. Mais quelle ne fut pas son horreur, lorsque en écartant la couverture, il découvrit un quatrième cadavre, celui du bébé âgé seulement de quelques mois. Il avait été traité absolument comme les autres. Les deux joues étaient écrasées par la violence des coups qu'elles avaient reçus et, de plus, la gorge était coupée de manière à presque séparer la tête des épaules.

D'une perquisition minutieuse il résultait assez clairement que le vol avait été le mobile des assassins, mais ils avaient dû décamper avant d'accomplir leur projet, car on trouva dans un tiroir une somme de cent quatre-vingt guinées, qui représentait à peu près tout l'avoir de M. Marr. En fuyant, ils avaient laissé derrière eux deux objets immédiatement recueillis par la justice, un maillet, précisément de la sorte dont se servent les charpentiers de navire, marqué aux initiales J. P., et un grand ciseau à froid; le premier de ces instruments était tout taché de sang. La façon d'agir des meurtriers — ou, peut-être du meurtrier, car on commençait à songer à l'inconnu qui guettait la maison au moment du départ de la domestique — était facile à établir, du moins d'une manière générale. Il était entré dans la maison par la porte de devant, et, pour le faire il avait dû suivre de près M. Marr, alors que celui-ci avait fini de fermer ses volets. Peut-être avait-il frappé à la porte en demandant à Marr quelque article de son commerce, et celui-ci, toujours prêt à gagner quelques sous, lui avait-il ouvert. Marr avait ensuite passé derrière son comptoir pour chercher sur un des rayons l'article demandé ; en ce faisant il avait dû tourner le dos à l'assassin, qui l'avait frappé par derrière d'un coup de maillet, et ensuite achevé par terre. Probablement le brigand avait-il choisi ce moment pour fermer à clef la porte donnant sur la rue. Le bruit de la chute de Marr avait sans doute amené sur les lieux sa femme et son commis. Ils avaient été assommés et ensuite achevés, on ne sait dans quel ordre, mais tout porte à croire que Mme Marr essayait de fuir, peut-être pendant que l'assassin était occupé par le commis ; la position du cadavre, reposant contre la porte d'entrée, en faisait foi. Le meurtrier était ensuite descendu à la cuisine et, ayant trouvé l'enfant, l'avait tranquillement expédié, sans motif apparent. Étant remonté à la boutique, il s'était occupé à fouiller les tiroirs et, sans doute la caisse, lorsque la voix du watchman se fit entendre et, peu d'instants plus tard, les coups de sonnette tirés par la servante. Alors il s'était enfui, nécessairement par la porte de derrière. Mais, de ce côté, la fuite n'était pas facile. Le n° 29 faisait partie d'un grand carré, ou square, bâti autour d'une vaste cour intérieure, commune à tous les habitants. Les portes de devant donnaient sur quatre rues correspondant aux quatre côtés du square, mais toutes les portes de derrière s'ouvraient sur la cour, de manière que pour en sortir et gagner une des rues, il fallait absolument passer par une des maisons du square. Mais il y avait, du côté de Pennington Street, quelques maisons inhabitées, et ce devait être par là que le malfaiteur avait dû se frayer un passage. Cette conjecture fut confirmée par plusieurs des voisins qui, dans la nuit, avaient entendu un bruit comme celui de quelqu'un traversant une de ces maisons. Une telle démarche semblait indiquer une connaissance de la localité de la part de, l'assassin.

Ce crime eut un retentissement énorme. L'imagination populaire, toujours disposée à se fixer sur un effet saillant, s'empara aussitôt de l'incident de l'enfant. Cette affaire, toute voilée de mystères, mais de mystères pour ainsi dire vulgaires, à fleur de l'intelligence générale, semblait cacher dans ses bas-fonds une énigme indéchiffrable. Pourquoi avoir tué le bébé ? On cite des cas de chiens massacrés en pareil cas : cela se comprend, leurs aboïements, surtout au milieu de la nuit, sont capables d'attirer l'attention. Mais les cris d'un enfant dans le berceau — à supposer qu'il eût crié ? Quoi de plus naturel ? Un voisin, un passant dans la rue, qui eût entendu ces cris, n'y aurait prêté aucune attention. Tous les enfants de cet âge en se réveillant la nuit font aussitôt du tapage. Pourquoi donc avoir égorgé un être innocent, dont l'existence n'offrait aucun danger à l'assassin et dont la mort ne pouvait aucunement faciliter l'exécution de son projet ?

A quoi on répondait que tout cela était parfaitement vrai, mais que le meurtrier n'avait peut-être pas été en état de se livrer à ces calculs. Il a entendu du bruit, le cri de l'enfant ; dans l'état de surexcitation où il se trouvait, toute espèce de bruit lui aura paru dangereux. Il a supprimé l'être qui en était la cause, comme il aurait brisé une pendule pour étouffer ses battements. Il est possible d'expliquer de la sorte son procédé, mais il faut avouer que cette explication ne cadre ni avec le sang-froid qu'il a montré en répondant au watchman, ni avec sa conduite en général. De plus, l'enfant une fois réduit au silence, tué même, par les coups qui lui avaient été portés, cn a de la peine à se figurer le motif qui aurait pu pousser l'assassin à séparer la tête du tronc.

Troppmann, le chef d'emploi dans ce genre, n'a rien imaginé de la sorte. Il a tué des enfants, mais c'était des enfants dont la suppression entrait dans son plan général. (1)

Tout cela suggérait à quelques-uns l'idée d'un fou furieux, d'un échappé de Bedlam, massacrant à tort et à travers, comme le terrible singe, créé plus tard par Edgar Poë. En effet une telle solution n'était pas entièrement inadmissible.

Cependant, plusieurs jours s'étant écoulés, sans que la police eût découvert la moindre trace des coupables, et sans qu'aucune maison de santé eût réclamé un fugitif, la terreur publique, surtout à l'est de Londres, semblait s'accentuer. L'assassin était non seulement libre, mais, ce qui ajoutait à ses moyens d'action, totalement inconnu. Sa première entreprise ayant avorté, comme spéculation, n'était-il pas plus que probable qu'un homme, doué d'une

---

(1) Le 23 mai 1870, une famille de sept personnes, y compris un enfant de quatre ans, fut assassiné, près d'Uxbridge, dans le comté de Middlesex, par un misérable nommé Jones, qui expia son crime sur l'échafaud. On fit à peine attention à ce massacre, tant il entre de caprice dans l'intérêt que le public porte à ces sortes d'affaires.

audace pareille, s'aviserait bientôt d'en tenter une seconde ? Dans tous les quartiers pauvres de toutes les grandes villes, il existe des milliers de familles dans la situation des Marr, des petits commerçants servis par une bonne et gardant soigneusement chez eux le petit pécule, fruit de leur industrie. Les bourgeois de Ratcliffe Highway et des rues avoisinantes se promettaient bien de ne pas répéter la faute du malheureux Marr, et de fermer la porte au nez d'un inconnu quelconque qui chercherait à pénétrer chez eux à une heure indue. Mais, toute précaution prise, l'assassin ne trouverait-il pas le moyen de se cacher quelque part dans la maison pour tomber sur eux dans la solitude de la nuit ? Chacun craignait pour soi, comme autant de moineaux en entendant le battement d'ailes d'un épervier.

Telle étant la situation des esprits, que l'on se figure la panique qui s'empara du quartier lorsque, douze jours plus tard, ces prévisions se trouvèrent réalisées et la nouvelle courut qu'une seconde famille venait d'être exterminée, dans les mêmes conditions et évidemment par la même main qui avait frappé les Marr.

Le jeudi 19 décembre 1811, vers les onze heures du soir, des cris réitérés à l'assassin ! se firent entendre du côté de Gravel Lane. Le *watchman*, qui, par hasard, se trouvait dans le voisinage, étant accouru en compagnie de quelques passants, un spectacle assez curieux se présenta à leurs yeux.

A environ huit pieds au-dessus du sol, était suspendu un homme en chemise de nuit ; ses mains tenaient à une corde formée par deux draps de lit, noués l'un à la suite de l'autre, et partant d'une fenêtre du second étage de l'auberge du « King's Head ». Le watchman reçut sans peine dans ses bras cet homme qui paraissait à moitié mort de frayeur et qui ne cessait de vociférer « A l'assassin ! On assassine les gens de la maison ! »

. On se consulta pendant quelques instants, puis, la foule s'étant accrue, quatre hommes, dont l'un portait une épée, résolurent de pénétrer dans la maison. Après une tentative de forcer la porte principale, il fut trouvé plus facile d'effectuer une entrée par une autre porte dans le soussol, communiquant avec la cave. A première vue, cette cave ne présentait qu'une rangée de tonneaux et de bouteilles, mais bientôt la lanterne portée par le gardien de nuit jeta sa lumière sur un objet sinistre. C'était le corps de M. Williamson, l'aubergiste, étendu par terre à l'autre bout de la cave, de telle façon que sa tête reposait sur une des marches de l'escalier. Une inspection faite à la hâte du cadavre, révéla d'horribles blessures à la tête — absolument comme dans le cas de Marr — et, de plus, la gorge de la victime était coupée. Plusieurs indices témoignaient d'une lutte acharnée entre la victime et son assassin ; en effet, M. Williamson, malgré ses cinquante-six ans, était doué d'une force peu commune, et, à moins d'être réduit à l'impuissance par un coup imprévu, il était parfaitement capable d'opposer une résistance vigoureuse à son assaillant.

A côté du cadavre, on trouva par terre un instrument formidable, ressemblant aux pinces, ou leviers de fer, dont se servent les maçons, taché de sang. Il avait évidemment servi à l'exécution du crime.

Toute émue de l'affreux spectacle qui s'offrait à ses yeux, la troupe d'une vingtaine de personnes qui avait envahi la cave à la suite de ses conducteurs, restait silencieuse et presque sans mouvement, ne songeant pas pour le moment à pousser plus loin les recherches, quand tout à coup une voix s'écria : Où est la vieille femme ? — Alors, quelques individus de l'assistance remontèrent précipitamment l'escalier et gagnèrent le parloir situé au rez-de-chaussée. Dans cet appartement un spectacle encore plus affreux les attendait. Mme Williamson et sa servante gisaient inanimées, par terre, dans une mare de sang. Toutes deux avaient le crâne brisé à force de coups, et, pour surcroît de sûreté, l'assassin leur avait coupé la gorge, comme à Williamson, de façon à presque séparer la tête des épaules.

Des recherches subséquentes établirent que cette fois encore, les assassins s'étaient évadés par le derrière de la maison. Sur ce côté, une fenêtre restait ouverte, le châssis marqué de l'empreinte de mains couvertes de sang : sans nul doute, les malfaiteurs avaient passé par là. La fuite de chez Williamson n'offrait pas les mêmes difficultés que dans l'entreprise précédente. Il ne fallait qu'un saut de quelques pieds pour toucher le sol, et, une fois par terre, le meurtrier se trouvait sur un grand terrain sans constructions, appartenant à la compagnie des docks, et communiquant avec plusieurs ruelles, d'où il était facile de gagner le large.

Ce massacre n'avait pas été aussi complet que celui des Marr, puisque deux personnes avaient échappé, une petite-fille de M. et Mme Williamson, qui couchait au premier, et le locataire du second. Pourtant il n'avait pas tenu à l'assassin que son œuvre ne fût complète. Il n'avait pas encore eu le temps de monter au premier quand le locataire (celui que nous avons vu suspendu en l'air) éveillait déjà le voisinage. Voici, en résumé, ce que ce dernier raconta, le soir même, aux assistants, et le lendemain à la justice.

« Il y avait à peine dix minutes que j'étais couché, lorsque j'entendis un cri terrible partant du rez-de-chaussée. — Mon Dieu ! nous serons tous assassinés ! — Il m'a paru que ces paroles étaient proférées par la servante. Je descendis l'escalier sur la pointe des pieds, jusqu'à ce que, arrivé au palier qui communiquait avec le parloir, j'aperçus le corps de Madame Williamson couché par terre. Un homme fouillait dans la poche de sa robe. Cet homme était de haute taille et portait un habit large et de couleur foncée, descendant très bas. *Il était habillé en gentleman*. Je remontai aussitôt, sans faire de bruit, et à l'aide des draps de lit attachés ensemble, je m'évadai par la fenêtre de ma chambre à coucher, de la manière qu'on sait. »

Voilà la déposition de John Turner, le locataire, et, pour dire vrai, elle résume tout ce qu'on a jamais appris de certain sur le compte de l'assassin. C'était un homme d'environ six pieds (anglais) bien mis et ayant l'air très comme il faut : du moins tel il a été jugé par le témoin.

Cependant quatre jours après la découverte du second crime, (le lundi 23 décembre) par suite de certains renseignements qui lui étaient parvenus, la justice se crut autorisée à arrêter provisoirement le nommé John Williams, matelot d'origine irlandaise, âgé d'à peu près trente ans et habitant un garni du voisinage. Cet établissement hébergeait un nombre de marins, tant étrangers qu'anglais, et ce fut sur des indications données par quelques-uns d'entre eux que la police conçut des soupçons sur le compte de Williams. Voici les faits qui avaient motivé ces soupçons.

L'accusé était allé souvent boire un coup chez Williamson. Le soir du crime, on l'y avait vu vers les sept heures. Il avait quitté la taverne à cette heure, et n'était rentré chez lui qu'à minuit.

Il avait ensuite prié un de ses camarades (un marin allemand) d'éteindre une chandelle qui brûlait dans le dortoir.

On ne lui connaissait pas d'argent, et au moment de son arrestation on trouva sur lui un billet de banque d'une livre (25 fr.) et quelque monnaie blanche.

Le lendemain de l'assassinat de Williamson, un de ses camarades de pension avait remarqué dans le dortoir de l'établissement une paire de bas crottés.

Williams venait de raser ses favoris.

Toutes ces circonstances, on le voit d'abord, n'ont que peu de valeur et s'accorderaient parfaitement avec l'innocence de l'accusé.

S'il avait l'habitude de fréquenter la taverne des Williamson, on pouvait en dire autant de tous les marins du quartier. Cette taverne, établie depuis quinze ans, était très achalandée. De sa présence habituelle en ce lieu, il ressort même une considération qui lui est favorable. Il paraît que, dans le courant de la soirée, Williamson, la tête toute pleine de la catastrophe récente des Marr, avait dit au watchman. — J'ai remarqué un étranger, en habit brun, qui semble faire le guet à la porte. Si vous le voyez, arrêtez-le, je vous en prie. — Aurait-il parlé de la sorte de Williams, qu'il avait l'habitude de voir chez lui ?

De ce que l'accusé n'est rentré qu'à minuit, on ne peut rien conclure. Les matelots à terre, comme on le sait bien, sont presque toujours en goguette, et trouvent mille manières de passer leurs soirées jusqu'à une heure très avancée dans la nuit, sans que pour cela ils commettent des assassinats.

L'affaire de la chandelle est tout bonnement puérile. Williams a affirmé que son camarade, l'allemand, s'était couché, fumant une pipe et lisant un livre, et qu'il l'a prié d'éteindre la lumière, de peur d'un accident.

La paire de bas crottés n'est pas non plus d'un grand poids. Tout ce quartier est, ou du moins était, sale et boueux. De plus, il n'a jamais été prouvé que les bas fussent ceux de Williams.

Il avait rasé ses favoris. C'était une circonstance à noter, et qui, en certains cas, eût pu appuyer une accusation, mais qui, dans l'espèce, ne constituait aucune preuve de culpabilité. Les marins en congé ressemblent à des enfants ; il leur plaît de changer leur physionomie de la sorte, d'essayer l'effet, tantôt de favoris, tantôt de moustaches, et ainsi de suite.

A ces considérations il faudrait ajouter une particularité qui est très favorable à Williams. Turner, le locataire, avait eu le temps de bien observer, à travers la porte, l'assassin occupé à fouiller dans les poches de Mme Williamson. Il connaissait Williams, il l'a dit lui-même, pour l'avoir vu *souvent* à la taverne. Pourtant, en ce moment, il ne le reconnaît pas. Et, plus tard, confronté en justice avec l'accusé, il avoue « qu'il ne peut pas jurer sur sa conscience qu'il existe une ressemblance entre Williams et l'homme du 23 décembre. »

Pourtant on ne relâcha pas Williams, et, en cela on avait sans doute raison. Les magistrats portèrent surtout leur attention sur le premier crime, qui était évidemment de la même main que le second. Existait-il des faits de nature à établir la complicité de Williams dans l'assassinat des Marr ? Voici ce que l'on trouva :

Une blanchisseuse déposa avoir lavé deux chemises appartenant à l'accusé. Elles étaient toutes couvertes de sang.

A quoi Williams répondit que ce sang avait coulé dans des querelles qu'il avait eues, à deux reprises, avec un de ses camarades. En effet, il fut prouvé que le blanchissage d'une de ces chemises remontait à une époque antérieure à l'assassinat des Marr et ne pouvait avoir aucun rapport avec ce crime. Quant à ce vêtement, l'explication de l'accusé était parfaitement admissible et, dans ce cas, elle n'était pas impossible à l'égard de l'autre.

Vint ensuite ce que l'on pourrait appeler l'indice capital et qui parut de nature à résoudre tous les doutes. Nous avons raconté que le maillet trouvé dans la boutique de Marr était marqué aux initiales J. P. Or, parmi les locataires de Mme Vermilloe, la maîtresse du garni où logeait l'accusé, il y avait eu un certain John Peterson, marin suédois, qui, étant parti en voyage, il y avait de cela environ trois semaines, avait confié à M. et Mme Vermilloe une boîte d'outils, tous marqués aux initiales « J. P. ». Dans ces espèces d'établissements, on n'a pas toujours grand soin des dépôts confiés aux patrons et il se trouvait que les enfants de la maison avaient souvent joué avec un maillet provenant de la boîte et qu'ils croyaient reconnaître dans celui qui avait été ramassé chez les Marr, non seulement à cause des initiales, mais par suite d'une espèce d'entaille à la tête de l'instrument, qui constituait un signe particulier.

Voilà certes un fait grave : mais nous avouons que nous ajoutons beaucoup plus de foi au témoignage des initiales qu'aux prétendus signes reconnus par les enfants. En tout cas, il semble résulter de l'instruction que l'instrument qui a servi à assommer les Marr, est provenu de la maison où logeait l'accusé. Un tel indice eût peut-être suffi pour le faire renvoyer devant la cour d'assises ; mais est-il de nature à établir sa culpabilité d'une manière évidente ?

Il est à noter que les enfants parlent d'avoir joué quelquefois avec ce maillet dans le square public devant la maison Vermilloe. Rien ne prouve qu'ils ne l'aient pas oublié un jour, selon l'habitude des enfants de laisser traîner leurs jouets. Cet objet a pu parfaitement être ramassé par un étranger et passer en d'autres mains. Si la maison Vermilloe eût été à l'autre bout de Londres, l'incident du maillet eût été tout autrement important. Dans ce cas, les chances devenaient énormes contre un concours de circonstances qui aurait remis cet instrument aux mains d'une personne pour aller frapper un coup à l'autre extrémité de la ville, et qui aurait en même temps désigné une autre personne *déjà soupçonnée de ce coup*, comme ayant eu ce même instrument à sa portée justement avant l'époque où le véritable assassin l'avait ramassé au loin. Mais il faut se souvenir que toutes ses habitations, les maisons Marr, Williamson, Vermilloe, étaient comprises dans un tout petit rayon et environnées de garnis, de tavernes, de mauvais lieux, abritant ce qu'il y avait au monde de plus vil, des Lascars, des matelots du Levant, des pirates de l'Archipel, des négriers, des hommes capables de n'importe quel forfait. Dans ces conditions, il n'y avait rien d'impossible à ce qu'un instrument ramassé à un bout d'une ruelle eût servi à tuer du monde à l'autre bout.

Quoiqu'il en soit, cette affaire n'a jamais été jugée, Williams s'étant pendu en prison le soir du jeudi 24 décembre, veille de Noël. Encore, dira-t-on, une preuve concluante de sa culpabilité. Nous admettons que cette action de l'accusé donne à penser, mais nous n'admettons pas qu'elle soit absolument concluante. Combien de prévenus, surtout des classes ignorantes, en se voyant accusés, se sont crus perdus. On cite plusieurs cas d'hommes qui se sont donné la mort, dont l'innocence a été plus tard pleinement reconnue.

La justice, toutefois, probablement en vue de tranquilliser les habitants de la métropole, fit ce que certes elle ne ferait pas aujourd'hui; elle agit comme si la culpabilité de Williams eût été prouvée. En se suicidant, sans avoir eu l'excuse de la folie, il s'était rendu coupable du crime de *felo de se*, et le code barbare de l'époque portait que les félons de cette espèce devaient être enterrés au point d'intersection de quatre routes formant croix, le corps traversé d'un pieu pointu. En traitant de la sorte le cadavre de Williams, l'autorité était dans son droit, ou pour mieux dire, elle ne pouvait que se conformer à la loi. Mais on eut le tort d'organiser une procession et d'y faire figurer le corps de l'accusé, étendu sur une planche, avec le maillet, le ciseau à froid et la pince, disposés autour de lui, le tout monté sur une charrette traînée par deux chevaux, pendant que la foule, qui l'accompagnait, poussait des cris d'allégresse. La procession arrivée à un endroit qui remplissait les conditions exigées par la loi, on jeta le corps dans un trou déjà préparé, en se servant du maillet homicide pour enfoncer le pieu dans le cœur ; ensuite de la chaux fut étendue sur les restes et l'opération terminée par le replacement des pavés. Cinq minutes plus tard, les charrettes et les fiacres roulaient au-dessus de la tête du « monstre. » (1)

Pour résumer, Williams fut-il, oui ou non, l'auteur de ces crimes monstrueux, connus si longtemps sous le nom des tragédies de Ratcliff Highway ? Nous sommes portés à conclure qu'il les a commis, sans en être certains ; un jurisconsulte plus autorisé, qui se donnerait la peine de puiser, comme nous, aux sources originales, exprimerait sans doute mieux que nous sa pensée, mais nous croyons qu'elle serait la même au fond.

XXVII

UN CAS DOUTEUX

Parmi les lecteurs qui nous ont fait l'honneur de parcourir le chapitre précédent consacré aux assassinats de

(1) Nous avons en notre possession, une gravure fort curieuse de l'époque, représentant cette scène. De Quincey, le célèbre écrivain, a raconté au long toute cette affaire dans l'appendice à son fameux jeu d'esprit « L'assassinat considéré comme un des beaux arts. » C'est un écrivain toujours original, et dans cette pochade il a fait preuve d'originalité en brodant à plaisir sur son texte.

Ratcliffe Highway, quelques uns trouveront peut-être
que les doutes que nous y avons émis, sur le compte
de la culpabilité de Williams, sont peu justifiés. Que ceux-
là poussent la complaisance jusqu'à lire la véridique histoire qui suit :

Nous avons, comme de coutume, abrégé le récit des
faits, mais en n'en omettant aucun qui soit de nature à
contribuer à la solution du problème.

Dans la matinée du 11 Juin 1861, la femme Halliday,
préposée à la garde du presbytère de Kingswood, dans
le comté de Surrey, pendant l'absence du ministre et de
sa famille, fut trouvée assassinée dans sa chambre à coucher. Le cadavre vêtu d'une robe de nuit était fortement lié avec des cordes de chanvre. La mort avait été
causée par une chaussette, enfoncée avec violence dans
la gorge de la victime, sans doute afin d'étouffer ses
appels à l'aide.

Tout prouvait que le vol avait été l'unique mobile de
ce crime. La fenêtre était ouverte, et c'était par là que les
assassins avaient dû pénétrer. Les commodes avaient
été visitées, mais les voleurs n'avaient rien trouvé à emporter. Enfin, ce qui était un point capital, et devait singulièrement faciliter la tâche de la justice, on trouva sur
le plancher un paquet de papiers, évidemment appartenant aux auteurs du crime, et qui, probablement, était
tombé de la poche de l'un d'entre eux.

Ces papiers étaient au nombre de six :

1º Un passeport en allemand, contenant le signalement
du porteur.

2º Un extrait de naissance.

3º Un certificat de baptême.

Ces trois papiers étaient délivrés au nom de Karl Franz, de Schandau, Saxe.

4º Une lettre sans adresse, demandant la charité, et signée du nom Krohn.

5º Une autre lettre, datée du 7 Juin, écrite de la main de Mme Titiens, la célèbre cantatrice, en réponse à un appel du même genre.

6º Un feuillet de papier, portant les adresses d'un grand nombre de personnages.

C'était toute la pacotille d'un mendiant de profession, et, grâce à ces documents, il ne devait pas être difficile, surtout en raison de sa nationalilé, de dépister le coupable.

Le coup avait été évidemment fait par des Allemands en état de vagabondage, ou du moins parmi eux se trouvait un Allemand. En effet, plusieurs personnes affirmèrent avoir vu deux étrangers de mine suspecte, qui rôdaient dans le voisinage, à l'époque du crime, et le signalement de l'un d'eux correspondait assez bien avec celui qui était porté sur le passeport. On arrêta partout un grand nombre d'étrangers, mais sans succès. Quelques semaines s'étant écoulées dans ces démarches, on commençait à désespérer d'une réussite, lorsque la police fut frappée par la figure d'un jeune Allemand, arrêté à Londres pour un délit peu grave. Son signalement était en tout conforme à celui qu'elle tenait entre les mains. Il avait pourtant donné un autre nom, et, à la première audience, devant le magistrat instructeur, il nia énergiquement être Karl Franz. Plus tard, il se rétracta, en avouant son identité, et en admettant que les documents portant son nom étaient bien à lui. Il fut aussitôt renvoyé devant la cour d'assises de Croydon.

Au procès définitif, qui eut lieu le 6 août, l'accusation se fit fort d'établir la culpabilité de l'accusé d'une manière irrévocable. Voici, en résumé, les preuves sur lesquelles elle s'appuyait et qu'il est difficile, à première vue, de ne pas envisager comme concluantes.

L'accusé admettait être Karl Franz, et, par conséquent, avoir été le possesseur de trois des papiers trouvés à côté de la victime. Par surcroît de précaution, la justice avait fait venir de Saxe un agent de police, qui avait reconnu, non seulement l'accusé, mais aussi les certificats, livrés à celui-ci le 6 avril précédent. Puisque ces trois documents étaient les siens, il ne paraissait pas douteux que les trois autres, réunis dans le même paquet, fussent également à lui, mais ce point, à vrai dire n'avait qu'une importance secondaire.

De plus, un témoin jura positivement reconnaître Franz pour un des deux hommes qu'il avait vus dans le voisinage de Kingswood, dans la journée du lundi 11 juin. Un autre déposa que, dans l'après-midi du même jour, il avait passé une heure dans un cabaret à Reigate, en compagnie de deux personnes parlant une langue étrangère. — L'accusé, dit-il, était un de ces deux hommes — Il paraît que ce témoin avait été conduit à la prison de Newgate, et mis en présence d'une foule de détenus assemblés dans le préau. Sans hésitation, il s'était avancé, et avait mis la main sur l'épaule de l'accusé — Voilà mon homme ! — avait-il dit. Ces dépositions écrasantes furent confirmées d'une manière moins formelle par plusieurs autres témoins, parmi lesquels il est important de citer la servante d'un marchand de brosserie à Reigate. Celle-ci avait vu entrer chez le patron, ce même lundi, deux étrangers parlant une langue qui lui était inconnue. Ils avaient acheté un rouleau de corde. Sans l'affirmer sous serment, elle croyait fortement que l'accusé était un de ces hommes.

Y avait-il encore quelque chose à ajouter à des preuves si accablantes ? Oui, la justice tenait encore un atout, pour le jouer le dernier. La corde qui avait servi à lier la victime (évidemment formant partie du rouleau acheté à Reigate) était d'une fabrique spéciale, et n'était vendu que par un seul manufacturier de Londres. Nous n'entrerons pas ici dans les détails de la confection des cordes, genre d'industrie dont nous sommes, nous-mêmes, profondément ignorant. Qu'il suffise de dire que le fabricant et des experts, cités à l'audience, établirent le fait que cette espèce de corde était immédiatement reconnaissable, par tout homme du métier, pour le produit d'une seule maison à l'est de Londres, et que l'on ne pourrait se tromper à ce sujet.

Or, dans l'appartement de l'accusé, une chemise avait été trouvée enveloppée précisément d'un morceau de corde de cette espèce.

A tout cela que pouvait répondre l'accusé ?

En premier lieu, pourquoi avait-il cherché à passer sous un faux nom ?

C'est ainsi qu'il explique cette substitution. Peu de temps après l'événement, un de ses compatriotes lui avait lu, sur un journal anglais, le compte-rendu de l'assassinat de Kingswood. Très effrayé d'y voir mêlé son nom, il l'avait aussitôt changé. Les papiers étaient bien à lui, mais on les lui avait volés.

Voici comment il raconta cette circonstance.

« En arrivant d'Allemagne, je débarquai à Hull, dans l'intention de suivre le chemin de Londres à pied. En route, je fis par hasard connaissance avec deux de mes compatriotes, des marins, Adolphe Krohn et Muller, allant dans la même direction, et il fut convenu que nous voyagerions ensemble. Muller n'avait pas de papiers, et m'importunait constamment, en me demandant de lui céder les miens, ce que je refusai chaque fois de faire. Enfin, un soir, arrivés sur les frontières du Northamptonshire, nous nous couchâmes tous les trois derrière une meule de paille. Le lendemain matin en m'éveillant, je m'aperçus que mes compagnons m'avaient quitté, en emportant un petit sac qui m'appartenait et qui contenait, outre un habillement complet et quelques autres objets, les papiers en question. »

Telle avait été l'histoire racontée, en premier lieu, par Franz aux magistrats instructeurs. Elle ne parut pas de nature à ébranler la justice, assez habituée à entendre des explications de ce genre. En effet, c'est presque toujours en prétextant d'un vol commis à leur préjudice par un camarade, que les criminels expliquent la présence d'objets qui leur appartiennent, trouvés sur le lieu d'un crime.

Cependant, le 9 Juillet, vingt-quatre heures après que l'accusé eut fait cette déclaration, deux mendiants de grande-route trouvèrent, cachés dans un monceau de paille, sur les frontières du Northamptonshire, quelques papiers que, dans l'espoir d'avoir une récompense, ils s'empressèrent de porter chez le magistrat le plus voisin.

Ces papiers comprenaient un petit journal, écrit de la main de l'accusé, enregistrant son arrivée à Hull et ses étapes successives jusqu'à ce point, le tout complétement conforme à ce qu'il avait raconté à la justice. A côté de ce journal, il y avait un certificat de confirmation, également au nom de l'accusé.

Tout portait donc à croire que celui-ci avait dit vrai et qu'il avait été volé de la manière et au lieu indiqués, les voleurs s'étant défaits des papiers qui leur paraissaient inutiles. Cette trouvaille fut une véritable aubaine pour la défense. Un peu plus tard, il fut prouvé, d'une façon positive, que la personne à laquelle Madame Titiens avait remis la lettre trouvée à Kinswood, ne pouvait être l'accusé. A la rigueur, il eût pu être son complice, mais alors il eût fallu que l'histoire de la perte des documents fût une invention (et le jury était disposé à la croire vraie) et de plus que Krohn et l'accusé eussent eu l'habitude de faire un seul paquet de leurs papiers, ce qui n'était guère probable.

Restait l'identification de l'accusé par plusieurs témoins. Mais, par suite d'un *contre-examen* rigoureux (1) (admirable procédé trop peu pratiqué en France) l'avocat de la défense réussit à amoindrir singulièrement la force de ces dépositions. Par exemple, un de ceux qui l'avaient reconnu à Newgate ne l'avait reconnu, en réalité, qu'à la troisième visite, et ainsi de suite. La plupart des autres témoins, sévèrement interrogés, finirent par « ne pas vouloir jurer » se bornant à des impressions : « Je crois qu'il est l'homme que j'ai vu », formule qui n'est jamais écoutée des jurés anglais.

(1) J'ai exposé, en détail, l'instruction judiciaire d'un procès en Angleterre dans un pamphlet, *De la procédure criminelle en France et en Angleterre. Paris, Charavay frères. 1881,* qu'un journal de Paris, *la Justice,* a eu l'obligeance de reproduire.

Restait toujours un incident sur lequel l'accusation avait fortement appuyé, la correspondance de la corde d'une fabrique spéciale, trouvée chez l'accusé, avec celle qui avait servi à lier la victime. A ce point se produisit une nouvelle coïncidence dans ce procès remarquable. Franz prétendait avoir ramassé son bout de corde sur le pavé d'une rue de Whitechapel (quartier]de Londres) vis-à-vis la porte d'un débit de tabac. La défense n'eut pas de peine à prouver qu'à cette époque il logeait dans cette rue, et, de plus, que la corderie de MM. X... était située à deux pas de son logement. Et, pour comble, son avoué (attorney) étant allé faire l'inspection de cette rue, en vue du procès, ramassa un morceau de la même corde devant la porte d'un magasin attenant au bureau de tabac.

Le jury fit ce qu'il avait à faire. Il acquitta nécessairement l'accusé. Mais l'accusé était-il innocent ? Nous n'en mettrions pas la main au feu, pas plus que pour la culpabilité de Williams.

XXVIII

ASSASSINAT DE LORD WILLIAM RUSSELL.

L'assassinat dont nous allons parler brièvement, celui de Lord William Russell par son valet de chambre suisse, Benjamin Courvoisier, ne pouvait manquer d'intéresser au plus haut point le public anglais. Le rang de la victime, quelques particularités se rapportant à l'exécution du crime, et de plus, un incident dramatique qui se produisit au procès, toutes ces circonstances ont eu pour résultat de fixer cette cause dans le souvenir populaire. Le barreau en a également conservé la mémoire, mais pour une autre raison. Elle a soulevé — *indirectement* comme on le verra — une question fort délicate de ce qu'on appelle en Angleterre « l'étiquette professionnelle » question qui a été vivement débattue, *et adhuc sub judice lis est*. La voici : un avocat, auquel son client a fait la confidence de sa culpabilité, est-il, oui ou non, autorisé à affirmer, nettement, devant le jury, l'innocence de son client ?

Précisons, pour ne point nous tromper sur le sens de cette question. Qu'il soit permis, dans ces conditions, à un défenseur de chercher à arracher au jury une réponse favorable, en appuyant sur toutes les considérations qui sont de nature à innocenter l'accusé, cela n'a jamais fait de doute. Non seulement il lui est permis d'agir de la sorte, mais tel est son devoir. Mais, pourra-t-il, sans encourir le blâme, s'exprimer ainsi : « Je prends Dieu à témoin que je crois mon client innocent », alors qu'il vient de recevoir de celui-ci, sous le sceau du secret, les aveux les plus complets ?

Lord William Russell, vieillard appartenant à l'une des familles les plus illustres de la Grande-Bretagne, et oncle de Lord John Russell, le célèbre homme d'Etat, habitait un petit hôtel dans le voisinage de Hyde Park. Son âge et ses goûts l'avaient, depuis longtemps, éloigné du monde. Célibataire et ne jouissant que d'une fortune relativement modeste, il se trouvait parfaitement servi par trois domestiques, un valet, une cuisinière, et une femme de chambre.

Le 6 mai 1840, de bonne heure, la femme de chambre ayant ouvert comme de coutume les volets du salon de derrière (au 1er étage), fut très étonnée de remarquer l'état de l'appartement. Un secrétaire, qu'elle reconnut pour celui de son maître, était renversé, tout ouvert, par terre, à côté d'un trousseau de clefs, et d'une foule de papiers éparpillés sur le tapis. La salle à manger (au rez-de-chaussée) qu'elle visita ensuite, était également bouleversée. Une commode avait été enfoncée, deux candélabres et quelques autres pièces d'argenterie trainaient par terre. Ces apparences semblaient indiquer la présence de voleurs qui, surpris par quelque bruit inattendu, avaient dû abandonner une partie de leur butin.

Très émue de ce qu'elle venait de voir, la fille appela le valet de chambre et la cuisinière. Tous les trois conclurent à un vol avec effraction. — Pourvu que rien ne soit arrivé à milord! — s'écria une ces femmes. On se décida aussitôt à monter chez le maître de la maison et Courvoisier, le valet, ouvrit la porte de sa chambre à coucher.

Lord William était toujours au lit, la tête cachée sous un oreiller. En écartant cet objet, on s'aperçut que la gorge du vieillard avait été coupée. Sa chemise de nuit, le lit, le tapis, étaient inondés du sang qui avait coulé de sa blessure.

Un médecin, appelé à la hâte, affirma que la mort avait dû être instantanée, et qu'elle remontait à quatre heures environ, c'est-à-dire que le crime avait dû être commis vers les deux heures du matin.

Au début de l'affaire, tout semblait indiquer une effraction. Une des portes du sous-sol avait été forcée, et des traces de pieds étrangers étaient visibles au dehors.

La police d'aucun pays n'est douée de la centième partie de l'intelligence que des écrivains, tels que MM. Gaboriau et du Boisgobey, prêtent à leurs agents de fantaisie. Au contraire, notre expérience des policiers nous porte à croire qu'ils ne sont pas plus fins que la masse de leurs concitoyens. Cependant, ce ne sont pas des imbéciles. Et, cette fois, en regardant les choses de plus près, ils conçurent des soupçons qui les firent garder à vue les trois domestiques de la maison.

Le surlendemain leur donna pleinement raison, du moins en ce qui concernait le valet de chambre. Dans une cachette, pratiquée dans le mur de l'office où il lavait la vaisselle, on trouva des billets de banque, des montres, des bagues, et d'autres objets appartenant à Lord William. Courvoisier fut aussitôt arrêté. Plus tard, à la suite d'une foule de nouvelles indications, qui s'étaient produites, il fut renvoyé devant la cour criminelle de Londres.

Une seule circonstance avait quelque peu intrigué la police. Il était presque impossible que le crime eût pu être commis dans les conditions qui se présentaient, sans qu'une partie du sang eût rejailli sur la personne de l'assassin. Or, les habits de Courvoisier n'offraient aucune trace ni de sang ni de lavage.

Ce fait, soit dit en passant, fut expliqué plus tard, lorsqu'on sut que l'assassin, avant de se mettre à la besogne, s'était déshabillé tout nu, et qu'il avait poussé la précaution jusqu'à boire dans un verre d'eau les quelques gouttes de sang dont ses mains étaient tachées.

Le 18 Juin, les débats de cette affaire s'ouvrirent à l'old Bailey. La cour était présidée par le Lord Chef de justice Tindal, aidé du baron Parke. C'étaient peut-être là les deux magistrats les plus éminents de l'Angleterre, et il importe de préciser le fait, en raison de ce qui s'ensuivit. La statue de Tindal figure aujourd'hui dans la grande place de la ville de Chelmsford ; c'est à peu près le seul juge anglais qu'on ait honoré de la sorte ; et Parke (créé plus tard pair du royaume uni) a laissé des traces ineffaçables sur la jurisprudence de son pays.

A la deuxième audience un incident imprévu se présenta. La veille du procès, Mme Charlotte Piolaine, Française, tenant l'Hôtel de Dieppe, Leicester Square, s'était tout à coup souvenue que l'accusé (autrefois garçon dans son établissement) lui avait rendu visite une semaine environ avant l'assassinat, et qu'à cette occasion il lui avait confié un paquet, en la priant de le garder pour son compte. Dans ce paquet, lorsqu'on l'ouvrit, furent trouvés une quantité d'objets appartenant à Lord William Russell. Mme Piolaine fit aussitôt part de sa découverte à la police.

Les défenseurs s'opposèrent à l'admission de cette déposition, se fondant sur ce qu'ils n'en avaient pas reçu avis avant l'ouverture des débats, et que le nom du témoin ne se trouvait pas parmi ceux qui étaient inscrits au verso de l'acte d'accusation comme, dirent-ils, la loi l'exige. Mais, après une discussion toute spéciale, la cour passa outre, et décida que le témoignage était admissible.

Ce fut pendant un ajournement des débats, occasionné par cette discussion, que Courvoisier, dans un entretien avec son avocat, M. Charles Phillips, s'avoua coupable du crime qui lui était imputé. M. Phillips, membre distingué du barreau et homme fort honorable, se trouvant singulièrement embarrassé par suite de cet aveu, fit ce qui paraîtrait assez étrange à un avocat français ; il résolut de consulter les juges. Il demanda donc une entrevue particulière au président et au baron Parke, (1) et leur exposa la situation qui lui était faite. Ils furent d'avis qu'il n'y avait pas à choisir et qu'il incombait à un défenseur en pareil cas de continuer son rôle. Mais ils firent une réserve assez importante. Certaines questions posées par M. Phillips aux témoins de la couronne, dans le cours de son contre-interrogatoire, faisaient prévoir une défense qui mettrait sous les yeux du jury la possibilité d'un vol commis de connivence avec les deux femmes. — Maintenant que vous connaissez le vrai criminel — dirent les juges à M. Phillips — de telles insinuations ne sont plus permises. — L'avocat accepta cette condition, et il ne nous paraît pas qu'il l'ait violée. (2)

Voici la partie de son discours qui souleva plus tard une critique assez amère.

« Ce n'est pas sur des soupçons, ce n'est pas même en se reposant sur une certitude morale qu'un jury est autorisé à rendre un verdict de culpabilité. Si, malgré les soupçons que vous avez pu concevoir sur son compte, vous acquittez l'accusé, il aura toujours à répondre devant

(1) Ou à M. le baron Parke seul, selon quelques-uns. La divergence est sans importance, car les conseils du baron Parke ont dû être approuvés de son chef.

(2) M. Samuel Warren, membre du barreau, et auteur distingué raconte dans ses « Essays » sur la foi du baron Parke lui-même, que celui-ci dit à l'oreille du président, lorsque M. Phillips eût terminé sa plaidoirie, « Vous voyez quel soin il a mis à éviter de rejeter le crime sur d'autres. »

la justice du vol qu'il a commis, en supposant qu'il l'ait commis. Et même en le supposant coupable de l'assassinat — *ce qui n'est connu que de Dieu seul, et dont, par égard pour le salut de son âme immortelle, j'espère qu'il est innocent* — mieux vaudrait le condamner à expier son crime par des remords poignants, dans l'affreuse solitude de l'exil, que de l'envoyer périr sur un échafaud, dans un cas où la vérité n'est pas claire. »

Dans un autre compte-rendu de la plaidoirie de M. Phillips, ses paroles déjà, selon nous, fort innocentes vu la circonstance, se trouvent singulièremunt mitigées. Il aurait dit :

« Vous me demandez qui a commis le crime ? Demandez-le à Dieu. Dieu le sait ! »

Voici notre avis sur toute cette question : *valeat quantum*. Un défenseur peut, sans forfaire à l'honneur, se proclamer certain de l'innocence de son client, alors même que celui-ci lui aura avoué son crime ; parce que (comme l'a dit un éminent jurisconsulte) un avocat est tenu de faire dans l'intérêt de celui qu'il représente ce que ce dernier ferait pour lui-même, s'il jouissait des mêmes avantages que son avocat. Cette règle, comme on vient de le voir, n'est pas illimitée. Comme dans l'exemple cité, il n'est plus permis au défenseur d'incriminer des personnes dont l'innocence lui a été démontrée. Mais affirmer celle de son client, ce n'est pas violer cette loi.

Cependant, tout en admettant qu'une telle affirmation n'est pas de nature à déshonorer son auteur, nous la croyons — du moins vis-à-vis d'un jury anglais — de mauvais goût et, qui plus est, complètement inutile. Il est rare que les jurés y fassent la moindre attention.

Seize ans plus tard, M. Shee, défenseur de l'empoisonneur Palmer, exprima au jury, dans le cour de sa plaidoirie, son intime conviction de l'innocence de l'accusé.
Cette fois, l'avocat était parfaitement sincère, et son client
ne lui avait, en aucune façon, fait soupçonner sa culpabilité. Cependant, voici comment le Lord Chef de justice,
dans son résumé, a relevé cette affirmation.

« Quand un avocat vous dit qu'il croit son client innocent, souvenez-vous qu'une observation de cette espèce ne peut être considérée que comme ayant été faite
pour la forme : elle est analogue aux paroles *non coupable*, prononcées par un accusé, et elle n'a pas plus de
valeur que ces paroles. Ce serait ouvrir la porte à des abus
sérieux que d'y attacher la moindre importance. »

Pour en finir avec Courvoisier, il fut exécuté le 6 juillet,
après avoir fait des aveux complets.

XXIX

L'EMPOISONNEUR.

Le mardi 13 novembre 1855, jour des courses de
Shrewsbury, deux hommes se faisaient remarquer dans
l'enceinte des tribunes par le grand intérêt qu'ils semblaient
prendre au *handicap* et par les nombreux paris qu'ils
engageaient. Ils n'avaient pas de peine à trouver des te-
nants, car tout le monde des *bookmen* paraissait les connaître et à chaque pas ils échangeaient des saluts et des
poignées de main. L'ardeur qu'ils mettaient à parier pour
un cheval en particulier, « Polestar », s'expliquait facile-

ment : ce cheval était la propriété de l'un d'eux, M. John Parsons Cook, et l'autre, M. William Palmer, passait pour être en quelque sorte son associé dans les affaires du turf. En tout cas, ces deux hommes étaient devenus depuis un certain temps inséparables ; aux nombreuses courses qu'ils fréquentaient, ils descendaient au même hôtel, et d'ordinaire prenaient leur repas ensemble.

L'aîné de ces hommes, Palmer, âgé d'environ une trentaine d'années, était chirurgien de profession, pratiquant nominalement à Rugeley, petite ville du Shropshire, mais s'occupant bien plus de ses chevaux que de ses malades. C'était, en apparence, ce que l'on appelle un bon enfant, ayant tout l'air d'un gentilhomme campagnard, taille moyenne, épaules larges, teint fleuri, le visage encadré de gros favoris tirant sur le roux. Très répandu dans les cercles du sport, il s'était rendu fort populaire parmi les turfmen par ses manières sans façon, son sourire de bonhomme, ses poignées de main accentuées et le mot gai qu'il savait toujours placer à propos.

Son compagnon Cook était plus jeune de quelques années, grand, mince, le teint pâle, la lèvre supérieure ombragée d'une petite moustache noire, suivant la mode française qui commençait à s'insinuer. Il portait un certain cachet de distinction qui manquait à son ami, ayant tout l'air d'être ce qu'en effet il était réellement, c'est-à-dire un jeune homme d'assez bonne famille en train de se ruiner.

Polestar gagna le *handicap* à la grande joie de Cook qui, pendant quelques minutes, était occupé à recevoir et à serrer dans son portefeuille les billets de banque qui lui arrivaient de tous les côtés, et tout fier de son triomphe, il invita ses amis à un grand banquet qui eut lieu le soir même à l'hôtel du Corbeau.

Jamais on ne l'avait vu plus gai qu'à l'occasion de ce festin, jamais il ne s'était montré plus agréable ; comme on dit en Angleterre : « Ennemi de lui-même, mais autrement de personne. »

Le lendemain il reparut aux courses toujours frais et dispos, et dans l'après-midi il dîna à l'hôtel en compagnie de Palmer.

Ici se place une particularité qui plus tard devait avoir une terrible signification.

Une certaine Madame Brooks, ayant affaire à Palmer, alla le trouver à l'hôtel vers les onze heures du soir. Arrivée dans le vestibule sur lequel s'ouvraient les portes des chambres à coucher de Palmer et de Cook, et celle de leur salon, elle vit Palmer qui tenait à la main un grand verre à vin contenant au fond une petite quantité de ce qui paraissait être de l'eau, et l'examinait attentivement à la lumière d'un bec de gaz. Il passa un instant dans une chambre à gauche, puis revint, toujours portant le verre à la main, et finit par entrer dans le salon ou était Cook, en priant Madame Brooks d'attendre son retour.

Il est à remarquer que les turfmen en général, tout vertueux qu'ils puissent être, n'ont ni l'habitude de voir lever l'aurore, ni celle de se coucher avec le soleil. Il n'est donc pas surprenant que les associés aient reçus une seconde visite à onze heures passées, celle d'un certain M. Fisher et d'un autre habitué des courses. A cette occasion un autre incident se produisit, comme le deuxième anneau dans la longue chaîne de preuves qui se forgeait déjà sur l'enclume fatale. Palmer et Cook se tenaient tête, en buvant de l'eau-de-vie trempée d'eau, et voyant paraître Fisher, Cook dit à celui-ci : « Vous allez boire un coup, n'est-ce pas ? » en lui versant du cognac. Puis se tournant du côté de Palmer : « Et vous, vous prendrez un autre verre ? » — « Non pas, à moins que vous-même vous ne fassiez rubis sur l'ongle ». — « C'est vite fait » répondit Cook en ingurgitant prestemeut ce qu'il avait devant lui. Il ne l'avait pas plus tôt fait qu'il s'écria : « Mais il y a quelque chose là-dedans, la gorge me brûle horriblement. » Palmer avala d'un coup leste la petite goutte qui restait. « C'est de la fantaisie », dit-il. Puis s'adressant à Fisher — « Goûtez ». — « Comment voulez-vous que je goûte » répondit celui-ci, « puisque vous avez bu ce qui restait. »

Cependant Cook, en proie à un violent malaise, fut forcé de se retirer. Il appela Fisher, pour lui remettre une somme de sept à huit cents livres qu'il avait dans son portefeuille, en lui adressant ces étranges paroles : « Ce maudit Palmer m'a empoisonné. » Il fut aussitôt pris de vomissements réitérés, à tel point que Fisher envoya chercher un médecin. Celui-ci lui ayant administré des remèdes, il devint plus calme et finit par s'endormir.

Le lendemain matin, il était assez rétabli pour pouvoir se lever et même pour passer dans le salon. Mais avant son apparition, Fisher y avait rencontré Palmer. Celui-ci lui dit à brûle-pourpoint (et ces paroles sont encore à noter) : « Cook se figure que j'ai mêlé quelque chose à son eau-de-vie. Il n'en est rien ; je n'ai pas l'habitude de jouer des tours pareils. Le fait est qu'il était complétement ivre. » « Je ne me suis pas aperçu qu'il fût ivre », répondit sèchement Fisher.

Après ce qui venait de se passer, et en songeant aux soupçons exprimés par Cook, on a de la peine à s'expliquer comment celui-ci n'avait pas immédiatement rompu avec son compagnon. Étrange conduite ! que plus tard le juge, présidant le procès, s'avouera incapable de comprendre. Mais « le vrai peut quelquefois n'être pas vraisemblable » ; et c'est surtout dans les annales judiciaires que l'on trouvera des exemples à l'appui de ce vers tant cité. Quoi qu'il en fût, Palmer n'eut pas de peine à persuader à son jeune ami de l'accompagner dans l'après-midi à Rugeley, et à l'installer à l'hôtel du « Talbot-Arms » en face de sa propre maison. Le jour suivant se passa sans incidents, mais le surlendemain (samedi 17 novembre), Cook fut repris de vomissements, immédiatement après avoir avalé un bouillon que Palmer lui avait envoyé. Celui-ci court au chevet de son ami et lui administre des remèdes de sa propre main, mais l'état du malade ne fait que s'empirer. Le docteur Bamford (vieillard de quatre-vingt-deux ans) mandé en toute hâte, à l'instigation de Palmer, prescrit des opiats. Le lendemain, dimanche, il est appelé de nouveau. Cook vient d'avaler un autre bouillon, que son ami lui a envoyé, et les vomissements recommencent de plus belle. Mais cette fois la femme de chambre de l'hôtel en a goûté deux cuillerées avant de le porter à la chambre à coucher. Cette femme se sent violemment indisposée, elle est forcée de se mettre au lit et y reste jusqu'à six heures du matin.

On est étonné de tant d'audace, mais enfin nous racontons les faits tels qu'ils se sont produits. Il est évident que Palmer croyait pouvoir faire passer la maladie de sa victime pour une attaque de bile. C'est ainsi qu'il s'est exprimé au vieux docteur Bamford, qu'il avait choisi à cause de son grand âge, et qu'il espérait facilement duper. C'est aussi dans ce sens qu'il a écrit à M. Jones, un des amis de Cook. « M. Cook est tombé malade à Shrewsbury. Je fus forcé d'appeler un médecin. Depuis lors, il est alité sous le coup d'une fièvre bilieuse qui s'est compliqué d'une diarrhée. »

Le lundi matin, Cook allant un peu mieux, il fut convenu que Palmer partirait pour Londres afin de régler les affaires de course, et de toucher le montant des paris. Mais avant de partir, il fit prendre une tasse de café à son ami qui, comme d'habitude, fut saisi d'un malaise.

A dix heures du soir, Palmer était de retour à Rugeley. Aussitôt, il administra deux pilules à Cook qui, un peu plus tard, fut saisi de nouveaux symptômes. Les yeux du malheureux étaient fixes, les muscles contractés, le corps était en proie à des convulsions atroces, mais l'intelligence restait libre. Il ne cessait de crier : « Jésus, sauvez mon âme ! » et, chose incroyable, insistait pour que l'on envoyât chercher Palmer. « Je mourrai » exclama-t-il, en voyant arriver celui-ci. « Non, mon pauvre garçon, vous ne mourrez pas », fut la réponse. On lui frotta les membres et il devint plus calme ; la nature revendiquait ses droits, et, tout épuisé par l'horrible crise qu'il venait de subir, il finit par s'endormir.

Le lendemain (mardi 20 novembre), il se trouvait mieux, quoiqu'il conservât un vif souvenir des terribles angoisses qu'il avait éprouvées. Il jouissait pleinement de ses facultés et s'entretint pendant quelque temps avec la femme de chambre de l'hôtel. Ce jour-là, Palmer ayant rencontré le docteur Bamford, de bonne heure, dans la rue, le pria de ne pas rendre visite au malade. « Il faut absolument le laisser tranquille » dit-il, « il a eu une attaque de nerfs cette nuit. » Puis il s'en alla dans la ville, nous verrons bientôt dans quelle intention.

Vers les trois heures de l'après-midi, M. Jones arriva : c'était l'ami de Cook, auquel Palmer avait écrit. M. Jones était lui-même médecin, il examina le malade en compagnie de Palmer et finit par dire : « Vous m'avez parlé de bile, mais cette langue n'est pas celle d'une personne bilieuse. »

Vers les sept heures du soir, l'état du malade s'était sensiblement amélioré : il se trouvait presque à son aise. Les trois médecins (Palmer, Bamford et Jones) eurent alors une consultation ensemble, mais au moment où ils sortaient de la chambre à coucher, dans cette intention, le malade leur cria : « Souvenez-vous que je ne veux plus de pilules ! » Il fut cependant convenu que deux pilules composées de certains ingrédients lui seraient administrées et que le docteur Bamford se chargerait de les préparer. Palmer accompagna le vieux praticien jusqu'à sa pharmacie, y attendit la confection des pilules, puis s'en empara, disant qu'il veillerait avec Jones à ce qu'elles fussent dûment administrées. Mais au dernier moment il pria le docteur Bamford d'écrire son ordonnance sur le couvercle de la boîte. Une telle demande parut à Bamford assez singulière de la part d'un autre médecin, qui venait d'assister à une consultation où tout avait été réglé. Cependant il mit sur la boîte : « A prendre à l'heure du coucher. »

Quarante minutes plus tard, Palmer se présente au

chevet du lit de Cook, la boîte à la main. Il en retire *deux pilules* que, non sans peine, il fait avaler au malade. En même temps il a grand soin de faire remarquer à Jones l'écriture sur le couvercle. « Quelle main ferme pour un vieillard de quatre-vingt-deux ans » dit-il. Enfin il fait ses adieux. Jones qui s'est chargé du soin de veiller le malade, occupe un lit de supplément qui a été arrangé dans la chambre. Vingt minutes se sont écoulées lorsqu'il est effrayé par des sons terribles, ce sont les symptômes de la nuit précédente qui se renouvellent. « Un médecin ! cherchez un médecin ! » tels sont les cris de Cook.

Les domestiques n'étaient pas encore couchés et la femme de chambre traversa vite la rue pour appeler Palmer. En réponse au coup de sonnette, une tête d'homme parut à une fenêtre du premier. « Votre ami est très malade» s'écria la femme, et en *deux minutes*, Palmer était dans la chambre à coucher de sa victime. « Jamais de ma vie » dit-il à Jones « je ne me suis habillé si vite.» Tout ce temps, Cook ne cessait de prier Palmer de lui donner quelque remède, n'importe lequel, pourvu qu'il fût de nature à le soulager. « Je m'en vais vous chercher quelque chose. » répondit Palmer, et il sortit de la chambre. Quelques minutes après, il rentra, apportant deux nouvelles pilules. « Elles sont d'ammoniaque » dit-il « elles vous feront du bien sur-le-champ. » Cette fois le malade ne fit aucune difficulté d'avaler le remède, mais il le rendit aussitôt.

Alors commença l'agonie. Le patient fut tout à coup saisi de convulsions encore plus affreuses que celles de la nuit précédente, son corps se roidit, il semblait suffoquer. « Tournez-moi de grâce » dit-il et ce furent ses dernières paroles. Ses efforts pour respirer étaient horribles à contempler, mais peu à peu ils semblèrent devenir moins violents et enfin cesser complétement. Jones appliqua son oreille à la poitrine de son ami. Tout était fini.

Cette mort, très commentée dans la petite ville de Rugeley, était certes de nature à éveiller l'attention du coroner. Ce fonctionnaire, on le sait, est chargé de prendre des informations sur la cause de toute mort violente ou suspecte, avec l'aide d'un jury. Cette enquête s'appelle « coroner's inquest » ; dans le cas d'un assassinat, sa décision n'est en tout cas que provisoire. C'est-à-dire que si elle affirme que tel ou tel a commis un homicide, soit avec préméditation soit sans préméditation, ce verdict suffit pour faire envoyer la personne nommée devant la cour d'assises, sans l'intervention d'un tribunal de police (correspondant au juge d'instruction français), mais sans toutefois exclure la compétence de ce tribunal qui pourra se livrer à des recherches indépendantes de son côté et fortifier, si elle se trouve en état de le faire, les preuves déjà accumulées contre l'accusé. Si la décision est négative à l'égard d'un individu qu'on soupçonne, par exemple si dans le cas de Palmer le jury eût rendu ce verdict « Nous sommes d'avis que John Parsons Cook est mort par la visitation de Dieu » (formule signifiant : *d'une mort naturelle*) les magistrats n'auraient pas été pour cela empêchés de pousser leurs recherches et ne se seraient pas crus dans la nécessité de relâcher Palmer, à supposer qu'ils l'eussent fait arrêter pour leur compte. Un tel verdict n'absout personne. Il ne signifie que ceci : « D'après les dépositions qui ont été produites devant nous, et réserve faite de ce qui pourra être produit plus tard, nous ne concluons pas à une mort autre que naturelle. » Loin d'entraver le cours de la justice en lui jetant une espèce de défi (comme on pourrait le croire à première vue) la procédure de cette cour, même dans le cas d'un résultat négatif, facilite souvent la tâche des autorités, par suite des témoignages qu'elle fait sortir et des indices auxquels elle donne lieu ; comme on le verra dans cette affaire de Palmer.

Il y a encore un autre verdict, se rapportant aux homicides, qui est souvent rendu par ce tribunal : « Le défunt a été assassiné par une personne, ou par quelques personnes qui nous sont inconnues. » Cela équivaut à remettre la poursuite du crime purement et simplement aux mains de la justice qui est chargée de rechercher ces personnes. Il est évident, soit dit en passant, qu'un tel verdict ne pouvait être rendu dans le cas de Palmer. De deux choses l'une; Cook était mort de sa belle mort, ou mort empoisonné. En admettant cette dernière hypothèse, l'auteur du crime était nécessairement Palmer.

Une enquête de cette espèce est habituelle, non seulement en Angleterre, mais dans tous les pays d'origine anglaise, tels que les Etats-Unis, le Canada, l'Australie, etc. Sans oser affirmer qu'il serait bon de l'introduire en France, nous avons le droit de nous réjouir qu'elle existe chez nous.

Le surlendemain de la mort de Cook, M. Stephens, son beau-père, informé de l'événement, sans doute par Jones, parut à Rugeley. Cela ne faisait pas du tout l'affaire de l'empoisonneur, qui ne put s'empêcher de dire tout haut devant plusieurs témoins « Je ne lui connaissais pas de parents. » Dans l'intervalle, sous prétexte de sauvegarder les intérêts de son ami, il avait rendu plusieurs visites à la chambre à coucher du défunt. On l'avait vu fouillant les habits de Cook, et jusque sous l'oreiller, et emportant tous les papiers qu'il trouvait sous la main.

M. Stephens, homme intelligent, mis au courant de ce qui venait de se passer, flaira aussitôt un crime. Il commença par mettre ordre aux agissements de Palmer en lui interdisant l'entrée de la chambre où reposait le mort. et en même temps il prit des mesures pour qu'il fût immédiatement procédé à une autopsie par des hommes compétents.

Ici se présentent deux incidents fort curieux. Palmer, on ne sait trop comment, s'était faufilé parmi les médecins chargés de l'autopsie. Il est probable qu'en l'admettant parmi eux ils ont cédé à un sentiment de délicatesse; puisqu'il était soupçonné, il ne fallait pas lui fermer la porte. Aucun poison n'ayant été retrouvé dans les intestins, ceux-ci furent placés dans une grande jarre, laquelle par précaution on eut soin d'insérer dans une autre, le tout ficelé et scellé de manière à être fermé hermétiquement. Cette jarre ayant tout à coup disparu de la table sur laquelle elle reposait, on la trouva dans un coin de la chambre, tout près d'une porte de derrière. « C'est moi qui l'ai mise là » dit Palmer, « croyant qu'elle serait ainsi mieux à votre portée en sortant de la chambre. » Inspection faite du couvercle de parchemin on constata qu'il avait été percé de deux coups de canif.

Il venait d'être décidé que ces intestins seraient expédiés sur-le-champ au docteur Taylor, le médecin légiste le plus célèbre de l'Angleterre très connu pour ses études, sur la toxicologie. M. Boycott, homme de loi employé par M. Stephens, se chargea de les porter en personne à Londres et de les livrer entre les mains du professeur. Une voiture attendait devant la porte de l'hôtel pour le conduire à la gare de Stafford. Ce voyant, Palmer s'aboucha avec le postillon. « Je vous promets dix livres, dit-il, si vous faites verser la voiture. Dieu sait ce que ces gens-là sont capables de mettre dans la jarre pour me perdre. » Le postillon répondit tranquillement : « Je ne ferai rien de la sorte. »

En attendant, le coroner avait ouvert une enquête, mais le jury ne pouvait formuler son opinion avant d'avoir reçu les réponses du docteur Taylor et du docteur Rees, qui lui avait été adjoint. Ces deux hommes éminents, tout en admettant qu'ils n'avaient trouvé dans les intestins qu'une quantité minime d'antimoine, furent d'avis que les symptômes de Cook ressemblaient à ceux qui sont produits par la strychnine, poison végétal qui dans certains cas est complétement absorbé dans le sang, de manière à défier toute analyse.

Or, et ce fut là une déposition fatale pour Palmer, un pharmacien de Rugeley ayant déposé devant la cour d'avoir vendu une quantité de ce poison à l'accusé le jour même de la mort de Cook. Ajoutons, quoique ce fait ne fût connu que plus tard, que la nuit précédente, aussitôt après son retour de Londres, il en avait également fait une forte provision chez un autre pharmacien de la ville.

Évidemment il y avait de quoi renvoyer Palmer devant une cour d'assises, et le jury sans hésiter prononça son verdict affirmant l'empoisonnement de Cook. Palmer fut aussitôt arrêté et conduit à la prison de Stafford.

Ce verdict, comme nous venons de le dire, n'est que celui de douze bourgeois de l'endroit, et le coroner une fois qu'il a lancé son mandat d'arrêt n'a plus rien à voir à l'affaire. Alors commence la tâche de la justice, ou comme on dirait en France, du parquet.

La justice s'empressa aussitôt de fouiller dans les antécédents de l'accusé et de chercher quel intérêt il avait pu avoir à se défaire de Cook ; tandis que d'un autre côté elle se fortifiait des premières opinions médicales de l'Angleterre sur l'action de la strychnine, poison dont les effets étaient moins connus alors qu'ils ne le sont à l'heure actuelle.

Ici, il nous est absolument nécessaire de résumer, mais la situation de Palmer peut être présentée de manière à être comprise dans son ensemble, sans aborder les détails et les chiffres.

Cette situation était en effet désespérante. Partout il avait semé des traites, dont l'échéance s'approchait, et il se trouvait menacé d'une ruine complète à moins de pouvoir fournir, dans un bref délai, une somme de quelques mille livres nécessaire pour la satisfaction de ses créanciers les plus urgents. Ce n'était pas seulement la ruine pécuniaire qu'il avait à redouter. La plupart de ces billets portaient l'acceptation de sa mère, et cette acceptation était fausse. Palmer père, de son vivant, marchand de bois de construction, avait laissé une grande fortune partagée entre sa veuve et ses sept enfants. William Palmer, le second fils, avait vite dissipé sa part de l'héritage, mais sa mère, femme rangée et économe, passait pour riche, et c'était bien à son nom que les usuriers et les escompteurs avaient fait crédit. Qu'adviendrait-il lorsque les faux seraient découverts ce qui arriverait nécessairement à la suite de la protestation d'une de ces traites ? Il ne fallait pas y songer ; il s'agissait de se procurer à tout hasard une somme suffisante pour différer l'heure du paiement, en attendant quelque heureuse chance telle qu'en espèrent toujours les parieurs et les joueurs, une réussite à New-market, une récolte magnifique au Derby, apportant de quoi retirer ces maudits effets qui d'un jour à l'autre pouvaient tourner en pièces de conviction.

Ce fut alors qu'il jeta les yeux sur Cook. Celui-ci devait recevoir deux mille livres environ, chez Tattersall, le lundi 19 novembre, et la justice apprit que Palmer s'était approprié une partie de cette somme lors de sa visite à Londres. Cook, s'il eut vécu quelques jours de plus, se fût nécessairement aperçu du vol. De plus, il est probable que l'assassin savait Cook porteur de billets de banque montant à six ou sept cents livres et que c'était bien ces billets que l'héritier cherchait dans les poches de la victime, ignorant qu'ils avaient été confiés à Palmer. Ce n'est pas tout. Le 25 novembre, celui-ci envoie chercher Cheshire, un individu qui lui est dévoué, et le prie de revêtir de sa signature, en qualité de témoin, un acte par lequel Cook aurait reconnu devoir une somme de quatre mille livres à son ami Palmer. — Mais je n'ai pas vu signer Cook, répond Cheshire. — C'est une pure formalité, réplique Palmer ». Cependant l'autre tient bon et se refuse à cette complaisance. — N'importe, dit Palmer, le document tel qu'il est suffira probablement.

Il est rare, comme l'a dit plus tard le Lord Chef de justice, qu'un crime commis dans ces conditions soit un coup d'essai de la part de son auteur. On y voit l'imprudence poussée à ses dernières limites, et cette imprudence devait naître de la conscience d'une longue série de forfaits restés impunis.

On apprit que sa femme était morte, il y avait environ une année (29 septembre 1854), et son frère Walter en août, 1855. Il avait fait assurer la vie de sa femme pour une somme de 13,000 livres (après avoir cherché à porter ces assurances au double, mais les compagnies s'y étaient refusées). Les circonstances accompagnant la maladie de M^{nie} Palmer étaient de nature à éveiller les soupçons, quoiqu'il ne paraît pas qu'on en ait conçus à l'époque, du moins à Rugeley : chaque fois qu'elle prenait quelque chose de la main de son mari, Mme Palmer était saisie de vomissements. Cependant Palmer n'avait pas eu de peine à faire signer un certificat de décès par deux médecins du voisinage, le vieillard Bamford, âgé de 81 ans, et un autre invalide, le docteur Knight, du même âge. Le choléra y figurait comme la cause déterminante de la mort, et sur la foi de ce certificat, les compagnies, non sans quelques hésitations et après s'être consultées les unes les autres, avaient fini par s'exécuter.

Palmer employa une partie de cet argent à payer ses dettes criardes ; le reste fut vite dissipé sur le turf. Il se trouvait encore une fois à sec, mais le succès de sa première entreprise l'avait enhardi et il en conçut une seconde beaucoup plus grandiose. Il s'agissait d'assurer sur la vie de son frère, Walter Palmer, une somme de 80,000 livres (deux millions de francs). Cette somme devait être répartie entre six compagnies, mais une seule (le « Prince of Wales ») accepta l'affaire pour 13,000 livres. Quelques jours plus tard Walter mourut subitement au

Junction Hotel Stafford, ayant son frère William à ses côtés. Comme c'était un ivrogne, on ne fit pas beaucoup d'attention à cette mort, qui fut attribuée à l'apoplexie. Plus tard, seulement, on sut que Palmer avait acheté une once d'acide prussique et d'autres poisons, avant de se rendre à l'hôtel. Ce fait, connu plus tôt, eût probablement motivé son arrestation : mais en tout cas, là ou la justice ne voyait rien, les hommes d'affaires commençaient à entrevoir quelque chose. William Palmer éprouva un échec inattendu. La compagnie refusa net de payer, ce qui équivalait à le mettre en demeure de lui intenter un procès dans le cas où il ne se résoudrait pas à rester coi. Comme on le pense bien, ce fut à ce dernier parti qu'il s'arrêta. Recourir aux tribunaux, c'était affronter des investigations qui ne pouvaient manquer d'être dangereuses.

Pourtant, Palmer ne se tenait pas pour battu. Il avait conçu l'idée d'une nouvelle spéculation, cette fois sur la tête d'un petit fermier nommé Bates, résidant dans les environs de Rugeley. Dans la lettre de demande adressée à l'une des compagnies, on voit figurer ce paysan comme George Bates Esquire, propriétaire d'un beau domaine dans le comté de Stafford. La loi anglaise, soit dit en passant, ne permet pas à A., sauf certains cas exceptionnels que nous ne croyons pas nécessaire d'expliquer ici, d'effectuer une assurance sur la vie de B., mais il n'est pas défendu à B. d'effectuer une assurance sur sa propre vie et d'assigner la police à A. C'était de cette façon que Palmer avait manipulé l'affaire de son frère, et il comptait agir de même dans celle de Bates. Bates donc écrivit la lettre sous la dictée de Palmer qui, une fois la police validée, comptait sans doute se l'approprier en échange d'une légère avance faite à son complice.

Malheureusement pour lui, la nouvelle compagnie à laquelle on s'était adressé, mise en éveil par les autres compagnies d'assurances que, selon l'habitude de ces associations elle n'avait pas manqué de consulter, fit des difficultés. Elle envoya un agent spécial à Rugeley, chargé de prendre des informations sur le prétendu propriétaire d'un grand domaine, qui fut trouvé béchant un champ derrière sa cabane. L'affaire rata, et Bates put se vanter plus tard de l'avoir échappé belle.

Informée de ces détails, la justice ordonna l'exhumation des restes de Mme Palmer et de Walter Palmer. Nulle trace de poison dans le corps de ce dernier, ce qui n'est pas de nature à étonner, en supposant que l'acide prussique ait été l'agent employé, puisque, après un certain temps, il se dissipe par l'évaporation. Mais dans le cas de Mme Palmer, le doute était impossible. Elle avait été empoisonnée par l'antimoine.

A mesure qu'on remonte plus haut dans la vie de cet homme, on se trouve continuellement en présence d'une mort subite et mystérieuse, dont il bénéficie. Nous n'en citerons que deux exemples. Déjà en 1849, deux ans après son mariage, sa situation embarrassée l'avait poussé à faire plusieurs emprunts à sa belle-mère, Madame Thornton. Il l'invita à venir loger chez lui, ce qu'elle refusa de faire à plusieurs reprises, mais enfin elle céda à ses instances. Quinze jours après, elle était morte, et ce décès valut à Palmer la possession de plusieurs maisons importantes dans la ville de Stafford.

L'année suivante, ce fut le tour d'un nommé Bladon,

turfman qui, comme beaucoup de ses pareils, avait l'habitude de porter sur lui l'argent gagné aux courses, et on savait qu'il venait de gagner une forte somme. Bladon, invité à passer quelque temps chez Palmer, mourut subitement, et le vieux docteur Bamford, comme d'habitude, signa tous les certificats de décès qu'on lui demandait. Le mort fut enterré à la hâte, sur l'affirmation de Palmer que le corps était entré rapidement en décomposition. Mais on fut surpris de ne trouver dans les poches de Bladon qu'une somme de 15 livres, et de plus son carnet de paris avait disparu. Or, on avait tout lieu de croire que ce carnet aurait démontré que Palmer était fortement endetté à Bladon.

Cette mort si singulière était bien de nature à éveiller des soupçons ; et en effet, elle ne manqua pas de les éveiller, et l'on ne peut que s'étonner de ce que la famille Bladon n'y ait donné aucune suite. Mais il en est presque toujours ainsi dans le cas d'empoisonneurs sur une grande échelle et d'autres criminels du même acabit. Une fois que la justice les tient, elle n'a pas de peine à recueillir une foule de dénonciations, toutes servant à prouver que leur carrière eût dû être arrêtée longtemps avant. Cette apathie, vraiment criminelle, des témoins, qui se fait sentir si souvent dans les annales judiciaires, a été la cause de bien des morts subséquentes, qui, avec un peu de bon vouloir, eussent pu être évitées. A quoi l'attribuer ? A une répugnance, surtout dans les basses classes, à avoir à faire en aucune façon avec la justice ; quoique ce sentiment ne soit pas aussi accentué en Angleterre qu'en France. Quelquefois on peut l'attribuer à la peur, comme dans le cas des assassinats en

Irlande et souvent, sans doute, à une hésitation toute naturelle, à donner suite à des soupçons qui peuvent ne pas être fondés et de risquer ainsi par une accusation injuste de flétrir la vie de celui qui en sera l'objet. C'est ce dernier scrupule qui, comme on le verra, a influé sur la veuve de Bladon. Voici ce qu'elle écrit à un ami qui lui avait conseillé de recourir à la police :

« Il serait affreux, sans de plus fortes preuves que celles qui sont nées de simples conjectures, d'accuser quelqu'un d'un crime abominable tel que votre lettre suggère. Si vous êtes toujours inquiet, allez vous-même, je vous en prie, à Rugeley, et prenez des informations. Mais vous devez hésiter avant de faire le malheur de Madame Palmer, en lui donnant à entendre que vous soupçonnez son mari. »

En tout cas, Palmer ne fut pas poursuivi. Mais il est certain que sa femme avait conçu quelques doutes sur son compte. Elle dit ces paroles remarquables à l'une de ses amies : « L'an dernier c'était ma mère, cette fois c'est Bladon. Qu'en dira le monde ? »

Pour ne pas poursuivre ce triste catalogue, nous nous bornerons à ajouter qu'on a fait remonter à quatorze ou quinze le nombre des victimes expédiées par cet homme, assassin de son état, s'il en fut jamais.

D'où sortait-il ce monstre ? Quels avaient été ses antécédents ? Voilà ce que la société se demandait dans son épouvante, dans cette espèce de frayeur qui l'avait saisie, ressemblant à celle du villageois Indien à la vue du tigre, mangeur d'hommes. (Man-eating tiger.)

Nous n'avons pas l'intention de faire la biographie de Palmer, mais quelques points sont bons à noter.

Fils, comme nous venons de le dire, d'un marchand de bois de construction, et d'une mère, fille d'une espèce de fermier, il appartenait essentiellement à la bourgeoisie. Un de ses frères se fit négociant, un autre fut notaire, un troisième devint ministre de la religion. Lui, le second, après avoir fait ses études à Liverpool, et plus tard à Londres, où il reçut son diplôme, exerça pendant quelque temps à Rugeley, sa ville natale. Mais son goût pour le sport l'avait de bonne heure empêché de poursuivre sérieusement sa carrière, et il est évident qu'il n'était chirurgien que de nom.

A l'âge d'environ vingt-trois ans, il avait épousé une demoiselle Brooks, fille d'un ancien colonel de l'armée des Indes, décédé. Madame Palmer était citée partout pour la douceur de son caractère, et pour ses œuvres charitables. C'était, au dire des voisins, une bonne femme, aimable, patiente, souffrant sans murmurer les écarts de son mari. Cette réputation tranche assez singulièrement avec une prétendue révélation de Palmer, sur le compte de son épouse, que nous citerons tantôt. Palmer lui-même n'était pas généralement vu d'un œil aussi favorable, malgré les prétentions à la religion qu'il affichait et peut-être même, en partie, à cause de ces prétentions. Il allait tous les dimanches à l'office, communiait régulièrement, et donnait sa guinée, de temps en temps, aux sociétés bibliques et de missionnaires. Mais il courait sur son compte des bruits qui n'étaient pas dénués de fondement, de séductions, de détournements opérés dans sa jeunesse, et même le mot « poison » avait été lâché.

Tout cela n'empêchait pas qu'il fût très populaire dans les cercles qu'il fréquentait. C'était, comme nous l'avons

dit, « un bon enfant », « un homme charmant », et Paul de
Kock, dans un roman aujourd'hui oublié, qui porte ce
titre, nous a montré ce que la première de ces qualifications
peut quelquefois signifier. « Vous devez vous souvenir
de la personne dont je parle », dit un usurier à un autre,
dans le *Nicholas Nickleby* de Charles Dickens : « cet
homme si charmant qui maltraitait sa femme ? » « Ma
foi », répond l'autre, « je ne suis guère plus avancé ; ce
trait me fait revenir dans la mémoire la moitié des hommes
charmants que j'ai connus. »

En attendant le procès criminel, l'attention publique se
porta vivement sur un procès civil, auquel l'accusé se
trouva nécessairement mêlé. Nous avons raconté comment il s'était procuré de fortes sommes, par le moyen
de fausses traites portant le nom de sa mère. Celle-ci, à
l'échéance, ayant refusé de payer, M. Padwick, détenteur
d'un de ces effets, lui intenta un procès, pour tirer l'affaire
au clair, et Palmer fut cité comme témoin.

On le dirigea sur Londres, où il parut à la cour de
Westminster, assiégée de bonne heure par une foule de
curieux, que le bruit de sa présence avait attirés. Là, on
lui demanda tout simplement : — « Qui a écrit ce nom
de « Sarah Palmer? » — « Anne Palmer. » — « Qui
est-elle ? » — « Elle est morte. » — « Vous voulez dire
votre femme ? » — « Oui. » — « Vous pouvez vous
retirer. »

Immense fut la sensation produite par ces réponses.

L'assassin disait-il vrai ? Avait-il réussi, à force de
menaces, à faire de sa femme l'instrument de ses machi-
nations ? S'il en avait menti, dans quelle intention avait-il
cherché à ternir la mémoire de sa victime ? Car il ne pou-

vait espérer de rejeter sur elle la responsabilité d'un faux qui avait été évidemment fait à son propre avantage. Ajoutons que ce problème n'a jamais été résolu.

Le procès de Palmer donna lieu à un procédé inouï dans les fastes judiciaires de l'Angleterre. Suivant la marche régulière des affaires, cette cause aurait dû être jugée à Stafford, chef-lieu du comté de Stafford. Mais le sentiment populaire était arrivé à un tel point de surexcitation, dans ce voisinage, où tout le monde connaissait l'accusé, que ses défenseurs se méfiant de l'impartialité des jurés qu'il aurait à affronter, insistèrent auprès du gouvernement, pour que le procès fût transféré à Londres. Il fallait pour cela une loi expresse, que le gouvernement à son honneur finit par accorder. Un bill fut donc passé par les deux chambres, et reçut l'assentiment de la couronne, transférant la connaissance du procès, à la cour centrale criminelle de Londres.

Les débats s'ouvrirent le 14 mai 1856 et ne durèrent pas moins de douze jours. Ils furent présidés par le Lord Chef de justice, Campbell, le premier juge criminel de l'Angleterre.

Nous n'avons pas l'intention de raconter ce procès qui n'a fait que reproduire *in extenso* les faits que nous avons indiqués sommairement. L'accusation concluait à l'empoisonnement de Cook par la strychnine, dont l'effet aurait été facilité par l'administration précédente de l'antimoine. La défense se fondant sur ce qu'aucune trace du premier poison n'avait été trouvée dans les intestins, cherchait à faire prévaloir la théorie d'une mort naturelle accompagnée de convulsions. De part et d'autre furent entendus les médecins les plus célèbres de l'Angleterre, mais il est impossible de lire leurs témoignages sans voir clairement de quel côté penche la balance. Tel fut l'avis du jury dont le verdict (rendu à l'unanimité comme cela est de rigueur en Angleterre) fut celui de « coupable ».

Palmer fut exécuté à Stafford, le 14 juin, sans avoir avoué son crime. « On m'a assassiné », telles furent ses dernières paroles avant de monter sur l'échafaud. Quelques excentriques parurent partager cet avis et inondèrent les journaux de lettres démontrant l'innocence de Palmer. Mais sa culpabilité ne fait pas l'ombre d'un doute pour celui qui, sans parti pris, a étudié la cause.

XXX

AMOUR ET FOLIE

Le comte de Sandwich, premier lord de l'amirauté sous Georges III, est principalement connu aujourd'hui pour avoir donné son nom aux îles Sandwich — découvertes au temps du drame que nous avons à raconter — et aussi à ce petit pain doublé de viande qui s'est naturalisé en France, et dont il fut l'inventeur.

C'était, comme on le voit, un homme de goût, et ce goût se révélait surtout dans le choix qu'il faisait de ses maîtresses. En 1778-9, sa maîtresse attitrée était miss Martha Reay. La légende a fait de miss Reay une femme charmante. Nous ne nions pas qu'elle fût charmante; plusieurs de ses contemporains l'ont affirmé, et ce qui suit semble le prouver. Mais le fait est qu'à cette époque elle avait trente-six ans bien sonnés. C'est un âge auquel les femmes peuvent encore plaire, et il est certain que Mlle Reay plaisait.

Ses antécédents, eu égard au temps où elle vivait, n'étaient pas défavorables. Issue d'une famille de la petite bourgeoisie, et livrée de bonne heure au comte, elle avait su conserver sur ce seigneur un empire que, depuis bien des années, il subissait avec plaisir. Elle était à la tête de sa maison, recevait ses invités, bref, jouait le rôle d'une comtesse, sans en avoir les droits, mais en s'arrogeant quelques-uns des privilèges d'une grande dame. Il existait, à cette époque, des irrégulières de cette espèce, fort bien posées, à telles enseignes que lorsque un avocat distingué était promu juge, le mot circulait « : Il faut qu'il épouse sa maîtresse, ou qu'il la répudie. »

A Hinchinbrook House, son château dans le comté de Huntingdon, Lord Sandwich avait l'habitude de recevoir de temps en temps une nombreuse société dans la saison des chasses, et Mlle Reay, bien entendu, faisait les honneurs de la maison. Parmi les invités du mois de décembre 1774, se trouvait un jeune enseigne du soixante-huitième régiment, qui avait été envoyé à Huntingdon pour y lever des recrues. Ce jeune officier, nommé Hackman, dérivait d'une source respectable dans le Hampshire; il était beau garçon et de plus, spirituel causeur ; quelques-unes de ses lettres qui ont été publiées, accusent des connaissances bien supérieures à celles du gros des officiers anglais de l'époque. Il savait le français, et prononçait des jugements, qui n'étaient pas sans quelque valeur littéraire, sur des écrivains tels que Pascal et Rousseau. Il n'eut pas plutôt vu Mlle Reay, qu'il s'éprit pour elle d'un amour violent, d'un de ces amours de roman qui se rencontrent si rarement dans la vie réelle. Mlle Reay partagea ce sentiment, il n'y a pas à en douter, mais en y mettant pour son compte beaucoup plus de réflexion et un peu de coquetterie. Y eut-il, entre ces deux personnes une liaison intime ? Au commencement de leur connaissance, non ; mais plus tard, évidemment, oui. Pourtant ce fait importe peu ; le principal est que Hackman, qui trouvait toujours quelque nouveau prétexte pour se rendre à Hinchinbrook, finit par offrir sa main à Mlle Reay. Elle lui répondit par une lettre très digne. « Quant à me prendre pour femme, vous ne devez jamais y songer. Jamais je ne consentirai à voir l'homme que j'estime, montré au doigt, pour avoir épousé l'ancienne maîtresse d'un lord. Je possède une âme au-dessus de ma situation. D'ailleurs, je ne veux pas profiter de ce qui peut bien n'être qu'une infatuation de jeune homme. »

Cependant, plus tard, elle céda à ses instances, et consentit à devenir un jour sa femme. Mais pour cela, il fallait être à la tête de quelque argent. Or, Hackman n'avait, pour le moment, que sa solde de sous-lieutenant, et miss Reay n'avait rien, moins que rien, puisqu'elle avait contracté quelques dettes. Lord Sandwich, il est vrai, lui avait constitué une rente viagère, payable après son décès, mais Lord Sandwich était un vieillard vigoureux, et, en eût-il été autrement, elle n'était pas femme à spéculer sur la mort de son protecteur.

Elle donna donc à son amant de fort sages conseils. « Partez » lui écrivit-elle « pour l'Irlande, où votre régiment est en garnison, votre devoir vous y appelle. Nous pouvons toujours attendre deux ou trois ans, et, d'ici là, il pourra arriver quelque événement imprévu, de nature à faciliter notre union. De plus, il est essentiel que nous ne nous voyions pas si souvent que dans le passé : les soupçons de milord finiraient par s'éveiller. »

Hackman se conforma aux conseils de sa fiancée. Il passa quelques années en Irlande, pendant lesquelles il entretint une correspondance assez suivie avec miss Reay. Cette correspondance, nous l'avons entre les mains, elle fut publiée, au moins en partie, après la mort de Hackman, sous le titre de *Love and Madness* (amour et folie). Malgré les doutes qu'elle a soulevés, plusieurs circonstances, auxquelles nous n'avons pas le temps de nous arrêter, en démontrent l'authenticité.

Nous en citerons un passage, qui se rapporte parfaitement au sujet de notre livre, et mérite l'attention à plus d'un titre. Nous avons raconté le crime du Révérend Dodd ; eh bien, Hackman, destiné lui-même à devenir révérend, et à mourir au même endroit que Dodd, a assisté, en spectateur, à l'exécution de celui-ci. Voici comment il décrit la scène dans une lettre qui, outre quelques détails caractéristiques de l'époque, contient un passage singulièrement prophétique.

Cannon Coffee-House, 27 juin, 5 heures.

« J'ai perdu l'appétit, je ne suis plus disposé à toucher au repas qui m'attend depuis dix minutes. Je ne me fais donc aucun mérite de vous écrire. Puissiez-vous, dans votre séjour des bords de la Tamise, jouir d'une félicité que nul séjour, nulle circonstance de la vie, ne m'apporteront jamais, tant que je resterai éloigné de vous.

« » Vous me demandez ce qui m'a attristé aujourd'hui. Ne me grondez pas quand je vous dis que je viens d'assister aux derniers moments du pauvre Dodd. Oui, le *pauvre* Dodd, quoiqu'il ait mérité de payer son crime de sa vie. Le spectacle a été des plus affligeants. C'est ma première expérience dans ce genre, et, à coup sûr, ce sera la dernière.

» Et, cependant, si j'avais été en Angleterre lorsqu'on exécuta, au mois de février, Pierre Toloso, pour l'assassinat de sa maîtresse, la Duarzey, une jeune française, je crois que j'aurais pu assister au supplice d'un homme capable de tuer sa bonne amie. Heureusement pour le crédit de mon pays, cet homme — mérite-t-il le nom d'homme ? — était un espagnol.

» Ne me croyez pas dépourvu de sensibilité pour avoir voulu être témoin d'une scène pareille. Vous-même, vous ne vous donnerez jamais pour insensible, parce qu'il vous est arrivé parfois de contempler la folie du roi Lear ou celle d'Ophélia. Non, croyez-moi, et vous devez m'en croire, je ne suis ni *artiste*, ni *amateur* en ce genre, ni *spectateur de profession*, comme Georges S... (1).

» Vous avez lu, et vous admirez, le livre de l'Abbé Raynal. En effet, ses sentiments humains méritent l'admiration. Cet abbé n'est pas homme à encourager le monde à assister aux exécutions, du moins par ses écrits, mais il le fait par son exemple. Et la pratique vaut bien la théorie. Eh bien, sur ma parole d'honneur, j'ai vu l'abbé Raynal, en compagnie de Charles Fox, sur le lieu du sup

(1) Il fait allusion à Georges Selwyn, homme célèbre du siècle dernier, qui avait la manie des exécutions capitales. Il assista à celle de Damiens en 1757. Voir une anecdote fort curieuse, à ce sujet, dans le Dictionnaire Encyclopédique d'anecdotes de M. Guérard. Tom I, p. 29.

plice. Malgré la pluie, il a tout vu, perché au haut d'une maison en état de construction, à côté de la tribune où j'avais pris place.

» Malgré la bassesse que Dodd a montrée en quelques occasions, on ne peut lui contester le courage devant la mort. Ce courage, je l'ai aujourd'hui plusieurs fois entendu attribuer à l'espérance qu'il avait conçue que son ami Hawes (le fondateur si humain de la *Société humaine*) réussirait à le rappeler à la vie. Mais je préfère, pour ma part, rapporter à des motifs plus nobles la résolution dont il fit preuve. Voltaire a remarqué que le courage d'un homme devant la mort est proportionné au nombre des assistants, et saint Evremond a découvert que « les Anglais surpassent toutes les nations, à mourir. » Quant à moi, je souhaite de surpasser tous les humains en bonheur, en possédant ma Ninon pour la vie, et peu m'importe de quelle façon je mourrai.

» Quelques incidents m'ont frappé ce matin, et, même si vous ne consentez à me pardonner d'avoir passé ma matinée comme je viens de le faire, je suis sûr que vous ne me pardonneriez pas de les omettre. Quelques minutes avant l'arrivée du triste cortège, une truie, qui avait échappé à son conducteur, vint se réfugier dans l'espace laissé libre pour la dernière cérémonie. Sur-le-champ, la foule, oubliant la cause qui l'avait rassemblée, se mit à hurler, à rire, et à se régaler de la détresse du pauvre animal, comme si tous, ils n'étaient venus que pour chasser un cochon.

» Après l'arrivée du cortège, au milieu des apprêts de la toilette du malheureux, un incident se produisit, qui mêla quelque chose de ridicule à la solennité. Les cœurs

les plus tendres durent éprouver cette impression du comique, même en regrettant de l'éprouver. Le bonnet
qu'on avait apporté pour le patient était trop petit, il a
fallu lui arracher sa perruque, et, même alors, ce ne fut
pas sans peine que l'exécuteur fit entrer la tête dans le
bonnet. Les valets de chambre sont toujours les ennemis
des héros ! J'aurais donné toutes les guinées que j'avais
dans ma poche pour que Dodd n'eût pas porté de perruque ou pour que le bonnet eût été plus grand.

» Enfin vint le moment suprême. L'instant auquel on
fit avancer les chevaux de la charrette, en laissant la victime en l'air, fut suivie d'un bruit qui expliquait assez les
sensations des spectateurs. N'avez-vous jamais remarqué
comment, à la vue ou à l'ouïe de quelque chose de cho-
quant, vous avez serré les dents, et ensuite, aspiré l'air
avec force, de manière à produire une espèce de siffle-
ment ? Tel fut le bruit qui sortit de la foule, et je suis
sûr qu'on eût pu l'entendre à une distance considérable.
Pour mon compte, je me vis accompagnant, presque à
mon insu, les oscillations du corps, d'un mouvement mé-
canique, qui correspondait aux siens, à peu près comme
vous avez vu, aux jeux champêtres, des gens se tordre
et se tortiller après avoir lancé une boule sur le gazon. »

Cependant, Hackman, ne recevant pas d'avancement
dans l'armée, et se voyant toujours éloigné du mariage
auquel il visait, résolut d'échanger l'épée contre la soutane, et se fit recevoir ministre de l'église d'Angleterre.
Une transformation si rapide serait impossible de
nos jours, mais, au dix-huitième siècle, on ne mettait pas
tant de formes à certaines choses, et les changements
de ce genre s'opéraient quelquefois presque à vue. Un

patron, désigné dans sa correspondance par des initiales, lui conféra aussitôt le bénéfice de Wiverton, dans le Norfolk, et il crut enfin toucher au but.

Le dénouement de ce drame n'est pas, en tout point, absolument clair; cependant, en lisant les lettres de Hackman (celles de Miss Reay manquent pour cette époque et même la collection n'en contient que fort peu) il est facile de saisir la situation générale des acteurs. Jusqu'au 1er mars 1779, miss Reay s'est tenue prête à remplir son engagement. Le 28 janvier de cette année, son amant lui écrit : « J'ai dix mille choses à vous dire. Le presbytère est admirablement placé, dans un site qui vous charmera. On pourra le rendre habitable à peu de frais. Comme je suis content d'avoir pris les ordres ! » Le 24 février, il parle de « l'affaire qui seule peut faciliter notre mariage et me rendre heureux. » Cette « affaire » est évidemment l'acquittement des dettes de miss Reay, celle-ci lui ayant dit, à plusieurs reprises, qu'elle ne voulait pas se marier sans que cette condition eût été remplie. Elle était d'ailleurs, parfaitement raisonnable. Mlle Reay pouvait fort bien accepter un pareil don de la part d'un fiancé, qui, en le lui offrant, dégagerait par cela même son propre avenir, tandis que, en apportant ses dettes à un mari, elle risquait de le ruiner, la loi anglaise rendant le mari responsable en pareil cas. Ce que Hackman entend par « l'affaire » résulte encore plus clairement de la lettre suivante, en date du 1er mars, la dernière qu'il écrivit à miss Reay. La voici en entier :

1er Mars 1779.

« Je vous verrai demain, mais je ne puis m'empêcher

de vous écrire deux ou trois mots, ce soir, pour vous dire que, selon les apparences, d'ici à dix jours environ, tout sera terminé. Vos objections auront disparu avec vos dettes. Rien n'empêchera que nous soyons heureux, et cela *bientôt*. Dans un mois, ou six semaines au plus tard, vous serez à moi, seulement souvenez-vous que ma position actuelle m'engage à ne pas mettre de retard à notre union. J'ai écrit à Norfolk, pour ce qui concerne les réparations à faire à notre presbytère. A demain ! G... me témoigne une amitié qu'il m'est impossible de reconnaître suffisamment. »

Vingt jours plus tard, Hackman, la mort dans l'âme, écrit a un de ses amis, M. C... qu'il craint une rupture. Il vient d'avoir un entretien avec G... dont les bonnes intentions à son égard sont indiscutables. Cependant, il ne fera rien à la hâte, et sans avoir une pleine assurance de son malheur. Dans le cas où ses craintes seraient fondées, il ne lui restera qu'à se brûler la cervelle.

Le 6 avril, il est fixé ; la perfide l'abandonne. Il écrit à M. C... pour lui annoncer son suicide prochain. Sa lettre témoigne d'une grande excitation d'esprit. Mais il faut avouer qu'elle n'est nullement incohérente. Ce n'est pas la lettre d'un fou furieux : au contraire, elle abonde en tours littéraires à la mode du siècle. Le lendemain, 7 avril, il écrit, dans le même sens, à son beau-frère, M. B... « Quand ces lignes vous seront parvenues, j'aurai cessé d'exister. »

Qu'était-il arrivé entre le 1ᵉʳ et le 20 mars ? On ne le saura jamais, au juste, parce que, dans les procès criminels, en Angleterre, on n'a pas l'habitude de fouiller l'affaire à fond, comme cela se pratique en France. Nous

nous expliquerons à ce sujet, tout à l'heure : pour le moment, poursuivons notre récit.

Hackman avait-il échoué dans son projet de liquider les dettes de miss Reay ? Il ne paraît pas que ce fût là la cause de la rupture. « G... » était une signora Galli, chargée par lord Sandwich de donner des leçons d'italien à sa maîtresse, et qui jouait en quelque sorte le rôle de duègne. La signora Galli — s'il faut en croire un pamphlet publié par un des amis de Hackman, peu de temps après sa mort — était allé le |trouver pour l'informer que lord Sandwich avait tout découvert, et qu'il était résolu de rompre avec miss Reay, et de plus, que celle-ci ne voulait plus entendre parler du mariage projeté, ayant pris de nouveaux engagements avec un gentleman qu'elle préférait à Hackman. Il paraît encore qu'à cette entrevue, ou vers ce temps, une lettre fut remise à Hackman, de la part de miss Reay, le priant d'abandonner toute idée d'une union avec elle.

De tout cela, il résulte assez clairement que miss Reay avait changé d'avis. Dès le commencement de cette affaire, on l'a vu, malgré le sentiment qu'elle éprouvait, du moins alors, pour Hackman, elle hésite visiblement à s'engager. Elle prétexte sa situation, ses dettes, plus tard elle parlera de ses enfants — elle en a eu deux ou trois de Lord Sandwich — de la différence d'âge, onze ans pour le moins, qui la séparent de son amant. Il est probable qu'au moment décisif, ces répugnances se sont accentuées, qu'elle a cru que mieux vaudrait rompre ce mariage, et que, pour que cela fût fait d'une manière définitive, elle a signifié à son amant en termes polis, sa résolution de ne plus le voir.

Quoiqu'il en fût, cette rupture porta un coup fatal à Hackman. C'était évidemment un homme faible et obstiné. Tout ce qu'il possédait de force de volonté ayant été dépensé à la poursuite d'un objet, devenu impossible, il se trouvait devant la fortune dans la condition d'un soldat qui aurait tiré sa dernière cartouche. Il n'avait plus de but dans la vie. Aux cerveaux quelque peu fêlés comme était le sien, une telle situation inspire naturellement des idées de suicide. Et ce fut à cette idée, comme le prouve sa lettre du 7 avril, qu'il s'arrêta.

Il a affirmé, avant de mourir, que son intention avait été d'abord de se tuer en présence de celle qui l'avait trahi. Le 7 avril, aussitôt sa lettre écrite, il alla rôder aux environs de l'hôtel de l'amirauté, résidence officielle de Lord Sandwich. Le carosse de milord stationnait devant la porte ; il y vit entrer miss Reay en compagnie d'un inconnu, et ensuite suivit l'équipage jusqu'à la porte du théâtre de Covent Garden qui n'était pas très éloigné de l'amirauté, et où, ce soir-là, on donnait l'opérette : « *L'amour dans un village.* »

L'occasion lui paraissant bonne, il courut à son appartement de Duke's Court, St- Martin's Lane, à deux pas du théâtre, s'arma d'une paire de pistolets, et vint faire le guet devant la porte principale, donnant sur une colonnade. A la sortie, la voiture de la « comtesse de Sandwich » fut une des premières annoncée par les *linkmen* (porteurs de flambeaux) ; aussitôt Mlle Reay parut, s'appuyant sur le bras d'un gentleman, et accompagnée par la signora Galli. La signora avait déjà pris place dans la voiture, et Mlle Reay s'apprêtait à y monter, lorsque Hackman, cédant à un mouvement qu'il ne pouvait réprimer — c'est ainsi que lui-même expliquera le fait — tira sur cette dernière, à bout portant, un coup de pistolet qui la tua raide. Ensuite, il dirigea le canon de son second pistolet sur sa propre tête, mais ne parvint, dans sa confusion, qu'à s'infliger une légère blessure.

Il comparut, comme coupable d'assassinat, devant la cour criminelle de Londres, présidée par le juge Blackstone, auteur des *Commentaires*, et l'un des magistrats dont s'honore l'Angleterre. Le fait était constant et il n'y avait d'autre défense possible que celle de la folie. Voici ce qu'il dit, à ce sujet, au jury.

« Je n'aurais pas voulu imposer à cette cour la peine d'interroger les témoins à charge, s'il ne m'avait pas paru qu'en plaidant « coupable » j'aurais l'air d'afficher un mépris de la mort, peu convenable dans ma situation actuelle. C'eût été, pour ainsi dire, attenter à mes jours une seconde fois. Et, de plus, je devais à la justice de mon pays de consentir à ce que le crime fût prouvé et les faits établis.

» Vous voyez devant vous le plus malheureux des êtres humains, un homme qui se reconnaît au plus haut point coupable. Mais, tout en avouant, avec honte, une intention fortement arrêtée de ma part de me donner la mort, je proteste, avec cet égard pour la vérité qui convient à ma situation, que je n'ai jamais conçu l'idée de tuer celle qui me fut toujours plus chère que la vie, non, jamais avant cet instant de folie passagère, qui m'a poussé à commettre l'acte que je déplore.

» La lettre que j'ai écrite à mon beau-frère, et qui ne devait lui être livrée qu'après ma mort, sera, sous ce rapport, de quelque poids auprès des hommes de cœur.

» Avant ce crime terrible, on ne trouvera, je l'espère, dans ma vie, que des actions auxquelles la charité ne refusera pas le pardon. Je n'ai nulle envie de me soustraire à la peine que j'ai méritée. Je suis trop malheureux pour craindre la mort, ou pour jouir de la vie, et je me soumets en pénitent, au jugement de Dieu et aux conséquences de cette enquête. »

Il est à remarquer que, suivant la loi anglaise, même si Hackman n'avait pas eu l'intention de tuer miss Reay, si, par exemple, un de ses pistolets était parti par hasard, et la balle avait frappé sa maîtresse, il aurait été coupable d'assassinat. D'après ses propres aveux, il s'était rendu à la porte du théâtre, dans une intention que la loi regarde comme criminelle, c'est-à-dire dans l'intention de se suicider. Or, celui qui, engagé dans une œuvre criminelle, occasionne, même involontairement, la mort d'un autre, est passible de la peine capitale. Cette doctrine a été poussée si loin, qu'un braconnier qui, en tirant sur un faisan, a tué par mégarde un de ses camarades, a été jugé coupable d'assassinat. Sans doute, aujourd'hui, ces conséquences extrêmes ne s'ensuivraient pas dans la pratique, et quelques éminents jurisconsultes anglais (tels que sir Fitzjames Stephen, l'auteur du code indien) se sont prononcés en faveur d'une modification de la loi. Mais cette loi existe toujours, et, à cette époque, on avait l'habitude de l'appliquer rigoureusement. Il s'agissait donc, tout simplement, de constater la mort de miss Reay par la main de Hackman. La justice n'avait à s'occuper ni de la question de préméditation, ni des relations antérieures des deux parties.

Hackman, condamné à mort, mourut avec courage.

Avant d'aller à Tyburn, il reçut la visite de Boswell, qui avait assisté à son procès, et de quelques personnes en vue.

A propos de Boswell, celui-ci, dans sa vie si célèbre de Johnson, raconte une scène amusante à laquelle cette affaire donna lieu. Trônant au milieu de son cercle habituel, Johnson, comme toujours, cherchait à imposer ses opinions à la société. — Je suis, dit-il, de l'avis du juge Blackstone. Ce qui prouve que Hackman a voulu tuer miss Reay, c'est qu'il a pris *deux* pistolets.

— Mais, lui répond Beauclerc, il a pu en prendre deux, dans la prévision que le premier coup manquerait son effet. (C'est ce que Hackman avait affirmé). Ensuite il cite le cas d'un homme qui s'est brûlé la cervelle : à côté du pistolet qui avait servi, on en a trouvé un qui était chargé.

— Vous voyez bien qu'un seul lui a suffi, riposte Johnson.

Ajoutons qu'un des enfants de miss Reay marqua plus tard dans la littérature. Mais nous ne croyons pas que sa filiation fût généralement connue, et ses parents pourraient ne pas nous savoir gré de le nommer.

XXXI

LA FEMME, LE MARI ET L'AMANT

Dans l'après-midi du jeudi, 9 août 1849, M. Patrick O'Connor, commissaire de la douane, âgé d'une cinquantaine d'années, fut rencontré par deux de ses amis, aux environs de London Bridge, se dirigeant du côté de Bermondsey. Sa toilette était soignée et il leur jeta en passant les mots : « Je vais dîner chez Maria. »

Ses amis comprirent qu'il s'agissait d'une certaine Maria Manning, qu'au su de tout son monde il avait l'habitude de fréquenter.

Cette Maria Manning, née de Roux, belle suissesse de vingt-neuf ans environ, avait servi comme femme de chambre chez la duchesse de Sutherland. O'Connor lui avait fait autrefois une offre de mariage, mais s'était vu préférer Manning, ex-employé du chemin de fer de l'Ouest, qui, disait-on, l'avait emporté sur son rival en se prévalant de la possession d'une fortune purement imaginaire. S'étant emparé par ce moyen des économies de Maria, qui, par parenthèse, furent vite dissipées, il ne fit nullement le mari jaloux et parut s'accommoder fort bien des visites assez fréquentes que sa femme recevait de son ancien adorateur.

O'Connor ne s'étant pas présenté aux docks les jours suivants, quelques-uns de ses camarades, sans s'inquiéter sérieusement de son absence, crurent de leur devoir d'aller aux informations, surtout en apprenant qu'il n'avait pas reparu à son logement. M. Flynn, un d'entre eux, se rendit d'abord à la demeure des Mannings, n° 3, Miniver Place. Cette démarche indiquait assez combien la liaison entre l'homme disparu et la femme Manning était notoire.

Celle-ci, interrogée par M. Flynn, répondit qu'elle n'avait pas vu O'Connor depuis le mercredi 8 août. « N'êtes-vous pas allée chez lui jeudi soir ? » demanda

Flynn. « Oui » répondit-elle et j'ai été fort surprise d'apprendre qu'il n'était pas rentré chez lui. »

Plusieurs jours s'étant écoulés sans nouvelles d'O'Connor, ses amis se décidèrent à communiquer avec la police. Sur leur demande, on chargea deux agents des recherches. Après quelques perquisitions préliminaires, ceux-ci furent d'avis de rendre une nouvelle visite à Miniver Place, ce qu'ils firent le vendredi 17 août.

La maison était complètement vide. Non seulement les habitants avaient disparu, mais aussi les meubles avaient été enlevés. Aux étages supérieurs rien qui éveillât l'attention : les agents descendirent à la cuisine placée comme dans la plupart des maisons de Londres au sous-sol. Là, un d'eux, Barnes, en examinant les dalles crut s'apercevoir que deux d'entre elles avaient été récemment posées. « Prêtez-moi votre couteau »; dit-il à son camarade Burton. « En effet ce mortier est encore humide. Je ne sortirai pas d'ici avant que nous n'ayons soulevé ces dalles-là. »

Burton courut emprunter dans le voisinage une pioche, une pelle, et un levier en fer, et les hommes se mirent à l'œuvre. « Tenez » dit Barnes, « de la façon dont on a appliqué le mortier, je vois que cette pierre n'a jamais été posée par un maçon. Et puis la terre en dessous a été fraîchement remuée. O'Connor est là. »

En effet, en creusant jusqu'à trois pieds de profondeur, ils heurtèrent un cadavre, ou plutôt un squelette enveloppé de chaux. Les jambes étaient repliées en arrière et attachées aux côtés au moyen d'une corde. Les officiers supérieurs de la police, avertis aussitôt, parurent sur le lieu accompagnés de deux médecins. Une première ins-

pection des restes révéla deux blessures dont chacune
suffisait pour occasionner la mort. Une balle avait pénétré dans la tête au-dessus de l'œil droit, et la partie postérieure du crâne avait été fracturée par un instrument contondant tel qu'un marteau. Il y avait une certitude morale
que ce que l'on avait sous les yeux c'était le cadavre du
malheureux O'Connor, mais l'état des restes rendait
l'identification difficile. En attendant, que ce fût celui
d'O'Connor ou d'un autre, il était évident que ce corps appartenait à quelqu'un qui avait été assassiné par les
Manning ou avec leur connaissance, puisque eux seuls
habitaient la maison. Par conséquent, un mandat d'arrêt
à leur adresse fut immédiatement lancé.

Les auteurs de ce qu'on appelle « Romans de cours
d'assises » nous ont si souvent fait voir à l'œuvre les
Lecoq et autres *detectives* de leur cru, qu'il n'est pas sans
intérêt de comparer avec les procédés ingénieux de la
fiction ceux de la police anglaise dans cette occasion.

La première idée qu'elle conçut, fut que le vol avait
été le mobile du crime. O'Connor était réputé riche et
ses amis savaient qu'il avait l'habitude de garder chez lui
des certificats d'actions de chemins de fer et d'autres papiers représentant des valeurs. Les avait-il sur sa personne quand il alla dîner à Miniver Place ? Ce n'était
guère probable. Il était à croire que, [le crime consommé,
Mme Manning s'était rendue à la demeure de son amant,
où en raison de leurs relations elle devait se trouver à peu
près comme chez elle, et qu'elle avait profité de l'occasion pour escamoter les valeurs.

Une visite à la maison où O'Connor occupait un garni
confirma cette théorie. La femme qui tenait la maison

déclara que la nuit même du 9 août, la femme Manning était venue frapper à la porte, et qu'elle avait demandé O'Connor. Sur la réponse qu'il était absent, elle était montée à sa chambre, ce que du reste elle avait l'habitude de faire. La police visita cette chambre et y découvrit une cassette du genre de celles dont on se sert en Angleterre pour serrer les « bank notes », les coupons et papiers de valeur. Elle était vide et de plus la serrure avait été forcée.

Plus de doutes possibles. Mais comment découvrir les fugitifs ? Etaient-ils partis ensemble, ou, ce qui paraissait plus probable, séparément, avec l'intention de se rejoindre plus tard ?

A force de questionner les voisins, on en trouva un qui avait vu la femme Manning dans un fiacre le lundi 13 août. Ce fiacre était chargé de trois ou quatre malles. C'était donc le lundi qu'elle était partie.

Ensuite il s'agissait de retrouver le mobilier. On découvrit sans beaucoup de difficulté le brocanteur qui l'avait acheté. C'était dans l'après-midi de ce même lundi que le marché avait été conclu; mais les meubles n'avaient été transportés chez lui que le lendemain. Trait assez significatif, Manning avait demandé à ce marchand, qui était de sa connaissance, la permission de coucher chez lui le lundi soir et il y avait couché également le mardi. Le jour suivant, mercredi 15 août, il était parti dans un cabriolet.

Il était urgent pour la police de Londres de trouver ces deux voitures de place, pendant que la police de province armée du sigalement des fugitifs travaillerait de son côté. Restait encore une autre chose à faire ; il fallait s'informer de la nature des papiers volés à O'Connor. Les recherches de ce genre ne sont pas aussi difficiles en Angleterre, qu'on pourrait le supposer, et sont loin d'exiger la finesse d'un Lecoq quelconque. Par exemple, pour ce qui concerne les actions de chemin de fer, il ne s'agit que d'écrire aux différentes compagnies pour apprendre le nombre et les numéros des actions ou des obligations inscrites au nom de Patrick O'Connor. Et même cette démarche n'est pas nécessaire, là où la justice est informée de ce que les amis de la victime peuvent généralement lui communiquer, c'est-à-dire le nom de l'agent de change qu'elle employait. En tout cas, on sut vite qu'O'Connor avait été nanti de certaines actions. Un inventaire en fut dressé, inséré dans les journaux, et envoyé aux divers agents de change.

Pour en revenir aux fiacres, le lundi 20 août, on finit par mettre la main sur le nommé Kirk, cocher de la voiture 1186. Cet homme, interrogé, se souvint parfaitement avoir été appelé à Miniver Place dans le courant du lundi précédent. Conduit devant le nº 3 il reconnut la maison pour celle où il avait pris une voyageuse, avec trois colis et un sac de nuit, et de plus, il détailla avec beaucoup de précision la course qu'il avait faite et qui avait été de nature à frapper son attention. En montant dans la voiture, la dame lui avait donné l'ordre de la conduire à l'embarcadère du South Eastern Railway. En route elle avait fait arrêter à un magasin de papeterie, d'où elle était sortie portant à la main quatre cartes d'adresse, qu'elle avait ensuite attachées à ses colis. Deux de ces cartes destinées à deux d'entre eux, portaient l'inscription : *Madame Smith, allant à Paris ; à réclamer.* Les deux autres, affixées au troisième colis et au sac de nuit portaient tout simplement les mots *Madame Smith*. Il avait, après cela, repris le chemin de la gare du South Eastern, où sa voyageuse avait consigné les deux colis à l'étiquette de Paris. Ensuite elle s'était fait conduire au North Eastern, où elle avait débarqué, en emportant le troisième colis et le sac de nuit.

Informé de ce témoignage, M. Haynes, surintendant de la sûreté, se rendit, le mardi matin de bonne heure, à la gare du South Eastern, où parmi les bagages consignés il trouva les deux malles en question. Elles contenaient des robes et du linge marqués au nom de Maria de Roux, plusieurs objets reconnus pour avoir appartenus à O'Connor, et un paquet de lettres adressées par celui-ci à la femme Manning. Plus de doute possible : on était sur la bonne voie.

Le surintendant se transporta ensuite à l'embarcadère du North Eastern, situé à l'autre extrémité de la ville. A ce point, sa tâche semblait devenir plus difficile. Une semaine entière s'était écoulée depuis la fuite de la soi-disant Mme Smith. (Smith est le nom le plus commun de l'Angleterre) et, eu égard aux milliers de voyageurs qui avaient dû partir par le North Eastern, dans l'intervalle, il ne pouvait guère espérer obtenir un renseignement. Cependant, il eut la main heureuse, car, après avoir interrogé toute une armée d'employés, il tomba sur un d'eux qui croyait se souvenir d'une femme correspondant au signalement, et de plus, il lui semblait qu'il avait vu le nom de *Smith* écrit sur ses étiquettes. Si c'était là la femme qu'on cherchait, il lui avait indiqué le compartiment d'Edimbourg, dans le train de six heures quinze, le matin du mardi 14 août.

M. Haynes télégraphia immédiatement à M. Moxey, chef de la police d'Edimbourg, avec prière de rechercher instamment une certaine « madame Smith » arrivée à Edimbourg dans la soirée du 14 et qui n'était autre que madame Manning.

Le jour était beau, et M. Haynes, après avoir fait tout ce qu'il était en mesure de faire pour le moment, revint à Scotland Yard, à pied, ayant mis à peu près une heure à faire le trajet. Comme il montait à son bureau, il se heurta à un commissionnaire, arrivé en toute hâte en voiture, porteur d'une dépêche en réponse à celle qu'il avait expédiée, et lui annonçant l'arrestation de madame Manning.

Voici comment avait été effectuée cette capture si importante. A son arrivée à Edimbourg, madame Manning avait pris un logement dans Haddington Place, sous le nom de madame Smith. Elle s'était ensuite enquise d'un agent de change, et la maison Hughson et Dobson lui ayant été recommandée, elle s'était rendue chez eux, et leur avait demandé un bon placement pour une somme de cinq cents livres, leur montrant en même temps, quelques coupons de titres de chemin de fer, au sujet desquels elle désirait des renseignements.

Ces messieurs trouvèrent quelque chose de louche dans les façons de leur visiteuse. Toutefois, ils promirent de s'occuper de l'affaire et, en attendant, lui demandèrent son nom et son adresse, qu'elle leur donna. Quelques jours plus tard, ils reçurent de leur correspondant à Londres, l'avis d'un vol important de coupons de chemin de fer, et il leur parut que « Madame Smith » pourrait bien être de l'affaire. Ils allèrent donc trouver M. Moxey et lui racontèrent les faits : il fut, comme eux, frappé de cette circonstance et promit d'avoir l'œil sur la dame Smith. Peu d'instants après, arriva le télégramme de M. Haynes, qui mit fin à ses doutes, et en moins d'une demi-heure, la femme Manning était sous les verrous.

Nous ne nous étendrons pas sur les détails de l'arrestation de Manning qui fut effectuée à Jersey, le 27 du même mois, et à laquelle contribuèrent, comme dans le cas de sa femme, des circonstances indépendantes de la police. Plus haut, nous avons écrit que la recherche des criminels n'est pas une œuvre aussi difficile qu'on le suppose, et nous avons ajouté, avec intention, les mots « du moins en Angleterre. » Le fait est que, lorsqu'il s'agit d'un crime, et surtout d'un assassinat, tout le monde se met à la disposition de la police, ce qui facilite singulièrement sa tâche. En France, il en est autrement, et nous avons vu dernièrement un bon bourgeois de Paris recevant les félicitations du préfet de police, pour avoir eu le courage de fournir aux autorités des renseignements, qu'un bourgeois, ou même un portefaix, de Londres se fût cru déshonoré en cachant. Et ce bonhomme de Paris est chassé de son habitation par le mépris des voisins !

Cette manière déplorable d'envisager les fonctions de la police, cette habitude de regarder celui qui, en vérité, aide la justice dans son œuvre salutaire, comme un vil dénonciateur — à peu près comme des écoliers traiteraient un condisciple, capable de dénoncer leurs peccadilles au pion — tout cela tient, nous le croyons, à ce que la police a été si souvent fatalement mêlée à des arrestations et à des espionnages politiques. Ce sentiment n'est que pour ainsi dire une survivance des tyrannies d'autrefois. Espérons que, sous une république, rien ne se passera, de nature à justifier cette défiance, et que, peu à peu, la police aura conquis comme en Angleterre, l'estime des hommes libres.

En attendant l'arrestation de Manning, l'enquête sur le crime s'était poursuivie sans relâche. L'horreur qu'il avait excité fut de beaucoup augmentée, en apprenant la préméditation froide et calculée qui y avait présidé. Six semaines avant le 9 août, les voisins avaient entendu des bruits insolites dans le sous-sol du n° 3, et c'était surtout la nuit que ces bruits se produisaient, à telles enseignes qu'un des habitants du n° 2 avait fait la remarque que ces gens d'à côté avaient l'air de creuser un trou dans leur cuisine ! On pourrait même faire remonter à plus loin la préméditation, Manning ayant fait des démarches en vue de se débarrasser de son mobilier au moins deux mois avant le crime. Le 11 juillet, il avait acheté une barre de fer, et le 5 août, sa femme s'était procuré une pelle. L'achat de la chaux était également antérieur, de trois semaines, à l'assassinat. De sorte que le malheureux O'Connor, qui se rendait presque toutes les après-midi chez les Manning, a dû souper, bien des fois, au-dessus du trou préparé pour son cadavre. Pourquoi ne l'ont-ils pas tué plus tôt ? Ce délai s'explique facilement en tenant compte de la construction des maisons de Miniver Place. Comme on vient de le voir, les murs mitoyens en sont minces, les bruits sont facilement entendus d'une demeure à une autre et, par conséquent, il fallait que le crime fut accompli sans bruit. Sans doute, on aura attendu une occasion où O'Connor serait ivre ou se serait endormi sur sa chaise. Alors on lui aura appliqué à la tempe le canon d'un fusil ou d'un pistolet à vent — car aucune détonation n'a été

entendue au dehors — et comme, après le coup, il donnait quelque signe de vie, Manning l'aura achevé, en le
frappant de la pioche.

Les débats de cette affaire importante s'ouvrirent le
26 octobre, devant la Cour criminelle de Londres. Comme
nous avons déjà raconté les incidents principaux se rapportant au crime, nous ne ferons allusion qu'à une seule
déposition. Le cadavre d'O'Connor, comme nous l'avons
déjà dit, n'avait pas été identifié juridiquement au début
de l'affaire, mais la lacune fut comblée d'une manière satisfaisante. On avait retiré du crâne un râtelier de fausses
dents, d'une forme peu commune, correspondant à la
mâchoire, qui avait beaucoup de saillie et ressemblait
déjà en cela à celle d'O'Connor. Ce râtelier fut reconnu
par le chirurgien-dentiste qui, peu de temps avant, l'avait
fourni à ce même O'Connor.

Une particularité de ce procès, c'est la situation difficile, ou plutôt impossible, qui fut faite aux deux principaux avocats de la défense. Chacun des deux accusés re-
jetaient le crime sur l'autre, de sorte que le défenseur de
Manning, pour le sauver, était tenu de démontrer la culpabilité de la femme, et *mutatis mutandis*, le même
rôle incombait à l'avocat de la femme Manning. De sorte
qu'entre ces deux hommes éminents et le procureur général, il y avait une espèce de duel à trois (qu'on nous
passe l'expression) absolument comme celui qui a été imaginé par le capitaine Marryatt, dans un de ses meilleurs
romans. Chacun tirait sur ses deux adversaires.

Cependant, en aucun cas, l'issue ne put être douteuse.
Les Manning, condamnés à mort, furent exécutés à Hor-
semonger-Lane, le 13 novembre, en présence d'un con-

cours de trente mille spectateurs. Mme Manning parut sur l'échafaud, les yeux bandés, voilée et vêtue d'une robe de satin noir. Son apparition fut presque un événement historique, car, depuis ce jour, les robes de satin noir, très portées dans ce temps, sont complètement passées de mode.

J'ai assisté à cette exécution, comme à bien d'autres, et de toutes les figures de condamnés devant le gibet que mon imagination est à même de reproduire, c'est celle de Manning qui m'impressionne le plus. Je vois toujours, pâle comme la mort qui l'attendait, la figure empreinte d'un désespoir sans nom. J'ai remarqué aussi que les habits du misérable flottaient, pour ainsi dire, autour du corps. Dans quelques mois, d'un homme gras, les angoisses de sa position en avaient fait un homme maigre.

Qu'on me permette de placer ici deux souvenirs jusqu'à présent inédits. Le jour même de l'exécution, un des agents qui avaient pris Manning me dit : « Si ce scélérat avait seulement laissé partir sa femme, s'il était resté tranquille au n° 3, Miniver Place, en affirmant à la police qu'O'Connor avait enlevé sa moitié, cette explication de la disparition de ce dernier eût paru tellement vraisemblable que nous aurions probablement pris le change, et le crime n'aurait jamais été découvert. »

L'autre souvenir se rapporte à mon illustre ami, Charles Dickens. Quelque temps après, j'eus le plaisir de le rencontrer au bureau de *Household Words*, recueil hebdomadaire dont il fut le fondateur. Nous parlâmes de l'exécution. — J'étais là, lui dis-je. — Et moi aussi. — Je le sais bien, puisque vous avez publié vos impressions dans le *Times*, et que vous les avez signées de votre nom. — Eh bien, avez-vous remarqué quelle a été le dernier mouvement de la femme Manning avant la chute de la bascule ?

— J'ai remarqué qu'on était parvenu à lui faire tendre la main à son mari, en signe de réconciliation et que, comme elle était voilée, un des assistants a pris sa main droite et l'a placée dans la main gauche de Manning. — Elle a fait quelque chose d'autre plus tard que cela. — Peut-être bien : mon attention était tellement fixée sur Manning, que je ne pouvais pas détacher les yeux de sa personne. — Elle s'est retournée du côté du chirurgien de la prison et s'est entretenue quelques instants avec lui. L'incident m'a paru curieux. J'aurais compris qu'elle eût dit quelques mots à l'aumônier, mais que pouvait-elle avoir à communiquer, à un pareil moment, à un chirurgien ? Je connais ce brave homme et, quelques jours plus tard, me trouvant en sa société, je lui fis part de ce qui m'intriguait. J'ajoutai : Ne me croyez pas indiscret ; vous avez sans doute reçu quelque confidence que vous ne vous trouvez pas libre de divulguer. En ce cas, mettez que je ne vous ai rien demandé. — Du tout — répondit-il. — Et je vous dirai que l'incident qui vous a frappé a été, en effet, excessivement curieux, comme révélant la passion dominante (c'est-à-dire dans le cas de la Manning, la coquetterie, la vanité) devant la mort. Voici ce qui s'est passé entre nous. — Monsieur le docteur — m'a-t-elle dit — un mot. N'est-ce pas que les corps des suppliciés sont déshabillés avant d'être mis dans le cercueil ? — Hélas, oui, lui répondis-je. — Tâchez — dit-elle, que le mien soit exposé le moins possible. — Ce furent ses dernières paroles.

C'était bien là la même femme qui, les mains encore rouges du sang d'O'Connor, et portant sur elle la fortune de sa victime, avait fait la connaissance, entre Londres et Edimbourg, d'un jeune garçon de haute famille, l'avait séduit (c'est le mot propre) et l'avait ensuite invité à passer la nuit chez elle.

Environ trente ans plus tard, la vieille prison de Horsemonger Lane, dernier séjour de tant de condamnés, ayant été condamnée à son tour, le cours des démolitions rendit nécessaire le transport en un autre lieu des restes des suppliciés qui y étaient enterrés. Le cadavre de Manning était si bien conservé, que deux ou trois des plus anciens gardiens de la prison n'eurent pas de peine à le reconnaître.

TABLE DES MATIÈRES

IMPRIMERIE

DU FORT-CARRÉ

A

SAINT-DIZIER

(HAUTE-MARNE)